utb 5765

Eine Arbeitsgemeinschaft der Verlage

Brill | Schöningh – Fink · Paderborn
Brill | Vandenhoeck & Ruprecht · Göttingen – Böhlau Verlag · Wien · Köln
Verlag Barbara Budrich · Opladen · Toronto
facultas · Wien
Haupt Verlag · Bern
Verlag Julius Klinkhardt · Bad Heilbrunn
Mohr Siebeck · Tübingen
Narr Francke Attempto Verlag – expert verlag · Tübingen
Ernst Reinhardt Verlag · München
transcript Verlag · Bielefeld
Verlag Eugen Ulmer · Stuttgart
UVK Verlag · München
Waxmann · Münster · New York
wbv Publikation · Bielefeld
Wochenschau Verlag · Frankfurt am Main

Prof. Dr. Boike Rehbein lehrt Gesellschaften Asiens und Afrikas an der Humboldt-Universität zu Berlin.

Boike Rehbein

Die kapitalistische Gesellschaft

UVK Verlag · München

Umschagmotiv: © istockphoto, bCracker

Bibliografische Information der Deutschen Nationalbibliothek
Die Deutsche Nationalbibliothek verzeichnet diese Publikation in der Deutschen Nationalbibliografie; detaillierte bibliografische Daten sind im Internet über http://dnb.dnb.de abrufbar.

– ein Unternehmen der Narr Francke Attempto Verlag GmbH + Co. KG
Dischingerweg 5 · D-72070 Tübingen

Internet: www.narr.de
eMail: info@narr.de

Einbandgestaltung: Atelier Reichert, Stuttgart
CPI books GmbH, Leck

utb-Nr. 5765
ISBN 978-3-8252-5765-1 (Print)
ISBN 978-3-8385-5765-6 (ePDF)
ISBN 978-3-8463-5765-1 (ePub)

Inhalt

1 Einleitung 9

2 Vorgeschichte 13

2.1 Handel und Finanzen 16
2.2 Kolonialismus 20
2.3 Der Nationalstaat 23
2.4 Enteignung 24
2.5 Staatsfinanzen 27
2.6 Technologie und Industrie 29
2.7 Ausbeutung der Natur 33
2.8 Politische Legitimation 35
2.9 Entstehung von Klassen 39
2.10 Gleichheit und Freiheit 41
2.11 Kapitalismus und Markt 43

3 Kapital und Arbeit 47

3.1 Was ist Kapital? 48
3.2 Wachstum 51
3.3 Großunternehmen und Konkurrenz 54
3.4 Arbeit und Tätigkeit 56

4 Ungleichheit und Herrschaft 59

4.1 Ökonomische Klassen 59
4.2 Soziale Klassen 61
4.3 Die Produktion sozialer Klassen 66
4.4 Soziale Klassen in Deutschland 68
4.5 Soziale Klassen im internationalen Vergleich 72
4.6 Überblick über die institutionelle Vermittlung der Klassenherrschaft 78

5 Die globale Ordnung 83

5.1 Der Kalte Krieg und der Neoliberalismus 83
5.2 Förderung der Kapitalkonzentration 88
5.3 Transnationale Unternehmen 91
5.4 Eigentum und Großunternehmen 93
5.5 Grundbesitz und Immobilien 96

6 Finanzkapital 99

6.1 Staatsschulden 99
6.2 Konzentration des Finanzkapitals 101
6.3 Finanzmärkte 104
6.4 Der Internationale Währungsfonds 106
6.5 Welthandel 110
6.6 Ratingagenturen 113
6.7 Buchhaltung 114

7 Politik 117

7.1 Postdemokratie 117
7.2 Herrschende Klasse und politische Ämter 119
7.3 Think Tanks 122
7.4 Stiftungen und Nichtregierungsorganisationen 124
7.5 Ein Beispiel: Die Bertelsmann-Stiftung 126
7.6 Finanzierung der Politik 129
7.7 Kriege 132
7.8 Weltherrschaft 136

8 Recht 141

8.1 Verrechtlichung 141
8.2 Gesetzgebung 143
8.3 Privatisierung 145
8.4 Berater 146
8.5 Legalisierung von Ausbeutung 148

9 Medien, Bildung und Wissenschaft ... 153

9.1 Vereinheitlichung der Medien ... 153
9.2 Finanzierung der Medien ... 158
9.3 Mittel der Manipulation ... 160
9.4 Wissenschaft ... 161
9.5 Schule ... 165
9.6 Beispiel: Gesundheit ... 166

10 Die herrschende Klasse ... 173

10.1 Definition ... 173
10.2 Die Zusammensetzung der herrschenden Klasse ... 176
10.3 Porträt der herrschenden Klasse in Deutschland ... 180
10.4 Porträt der herrschenden Klasse der USA ... 183
10.5 Meritokratie ... 186
10.6 Verschleierung des Vermögens ... 189

11 Fazit ... 193

Abkürzungsverzeichnis ... 199

Literaturverzeichnis ... 201

Endnoten ... 209

Register ... 237

1 Einleitung

Das Buch bietet einen Gesamtüberblick über die Funktionsweise der kapitalistischen Gesellschaft. Es erklärt, wie Wirtschaft, Politik, Recht, Medien und Wissenschaft zusammenwirken, um eine hierarchische Ordnung zu errichten und zu erhalten. Dabei geht es nur am Rande um ökonomische Daten. Die grundlegende These des Buches lautet, dass Kapitalismus eine Form der Ausbeutung ist, die ohne andere Formen des Wirtschaftens – beispielsweise Tausch, freundschaftliche Hilfe, Ehrenamt und Markt – nicht existieren kann. Der Kapitalismus ist auf nicht-kapitalistische Gesellschaftsstrukturen angewiesen, usurpiert und transformiert sie jedoch. Damit verwandelt er die Gesamtheit der Strukturen in eine kapitalistische Gesellschaft. Diese These stützt sich auf die Kapitalismustheorie des Historikers Fernand Braudel.

Über Braudel hinausgehend ergänze ich die These um die Behauptung, dass es sich bei der kapitalistischen Gesellschaft um eine Herrschaftsordnung handelt. Kapitalismus ist demnach nicht vorrangig eine Wirtschaftsform oder eine Produktionsweise, sondern eine Vermittlung von Herrschaft. Der Kapitalismus dehnte sich über die Welt aus, nachdem er von den Herrschenden Europas als Prinzip angenommen wurde, zunächst im Kolonialismus, sodann mit der Produktion einer Lohnarbeiterschaft.

Im Kapitalismus sind fast alle Menschen Abhängige, wie das in vorkapitalistischen Herrschaftsordnungen auch der Fall war. Die kapitalistische Gesellschaft unterscheidet sich von früheren Ordnungen, indem sie auf der Trennung von Kapital und Arbeit beruht. Die Einführung der Lohnarbeit drehte die Beziehung zwischen Kapitalismus und Gesellschaft um – die Gesellschaft ist nun auf das Kapital angewiesen. Ohne Arbeit oder eine Hilfe durch die Besitzer des Kapitals würden wir verhungern. Die Bedingungen stellt nicht die Gesellschaft, sondern das Kapital. Die Besitzer des Kapitals oder Kapitalisten sind Menschen, die Profite aus Investitionen nutzen, um ihr Kapital zu vermehren und sich Privilegien zu sichern, die ich in ihrer Gesamtstruktur als Herrschaft bezeichne. Die Kapitalisten umfassen weniger als 0,1 Prozent der Bevölkerung und rekrutieren sich fast vollständig aus einer sozialen Klasse. Die unsichtbare Ordnung sozialer Klassen ist die charakteristische Struktur kapitalistischer Gesellschaften.

Im Gegensatz zur landläufigen Meinung geht es im Kapitalismus nicht um Geld, sondern um Kapital. Geld und andere Formen von Vermögen dienen den meisten Menschen nur als Mittel zum Konsum, verringern sich also. Kapital hingegen wirft einen Profit ab, der zur Kapitalvermehrung eingesetzt werden kann. Der Einsatz von Geld und Profit für den Konsum hat mit Kapitalismus nichts zu tun. Kapital hingegen ist ein Mittel, um die ungleiche Verteilung von Privilegien zu sichern. Diese Ungleichverteilung begründet die kapitalistische Herrschaftsordnung. Die so genannte Wirtschaft ist lediglich ein Aspekt der kapitalistischen Gesellschaft, zu deren Verständnis man die Gesamtheit der Institutionen und Strukturen betrachten muss. Das ist Aufgabe des Buches.

Auch wenn ich die Forschung für dieses Buch noch nicht abgeschlossen habe und viele Thesen einen vorläufigen Charakter haben, erscheint es mir notwendig, das Manuskript in der vorliegenden Form zu veröffentlichen. Denn es gibt meines Wissens leider kein Buch, das verständlich zeigt, wie das System der kapitalistischen Gesellschaft in seiner Gesamtheit funktioniert. Bislang verfügbare Werke konzentrieren sich auf einzelne Aspekte, Auswüchse und Regeln. Überblickswerke beschäftigen sich fast ausschließlich mit wirtschaftswissenschaftlichen Sachverhalten. Die Fragmentierung des Wissens, also die Konzentration auf isolierte Probleme, stärkt das System, weil jede isolierte Erkenntnis oder Maßnahme sich in die Gesamtheit der Zusammenhänge einfügt und diese dadurch in ihrer Funktion verbessert oder so angepasst werden muss, dass sie mit ihrer ursprünglichen Intention nichts mehr gemeinsam hat. Das vorliegende Buch will demgegenüber den Zusammenhang von Wirtschaft, Politik, Recht, Gesellschaft und Öffentlichkeit im Kapitalismus erklären.

Das Verständnis der kapitalistischen Gesellschaft wird durch die gegenwärtige politische Konstellation erschwert. Die vorherrschende Meinung, die ich als Naturalismus bezeichne, suggeriert, das System beruhe auf naturwissenschaftlichen Grundlagen, die nicht verändert und vielleicht nicht einmal verstanden werden können. Die Gegner der vorherrschenden Meinung tendieren zu Verschwörungstheorien, da die beobachtbaren Prozesse dem Naturalismus ganz offensichtlich widersprechen und eine kohärente Erklärung der gegenwärtigen Gesellschaft nicht zur Verfügung steht.

Die kapitalistische Gesellschaft ist sehr komplex. Sie wird sicher nicht von einer winzigen Gruppe gesteuert. Vielmehr tragen wir alle zum System bei, und wir alle haben ein – wenn auch meist geringes – Maß an Macht, Veränderungen zu bewirken. Fast jede Verschwörung ist kontraproduktiv. Sie sorgt für Sand im Getriebe und bei Aufdeckung für Ärger, weil das Wissen über die Zusammenhänge seitens der Verschwörer nie ausreicht, um alle Folgen zu überblicken. Das Buch wird zeigen, dass das System besser funktioniert, als eine Verschwörung es sich hätte ausdenken können. Andererseits handelt es sich beim Kapitalismus auch nicht um ein selbsterzeugendes System, das unveränderlichen Naturgesetzen unterliegt. Das System wurde durch das Zusammenspiel von Menschen mit unterschiedlichen und oft entgegengesetzten Interessen geschaffen und wird auf die gleiche Weise aufrechterhalten. Es ist keine natürliche oder naturgesetzliche Angelegenheit.

Das vorliegende Buch sucht beide Richtungen zu widerlegen. Beide verdecken, dass der Kapitalismus und die dahinterstehende Herrschaftsordnung sich an der Wurzel des Problems befinden. Sie befürworten undemokratische Lösungen für eine entstehende Katastrophe, die nicht durch *zu viel* Demokratie erzeugt wurde, sondern durch *zu wenig*. Sie identifizieren Marktwirtschaft und Kapitalismus, Demokratie und Expertenherrschaft, Öffentlichkeit und Meinungsmache, Gerechtigkeit und Interessenpolitik, Wissenschaft und Manipulation – sei es zustimmend, sei es ablehnend. Diese Gleichsetzungen sind jedoch falsch. Sie verhindern das Verständnis des kapitalistischen Systems und führen in einen totalitären Staat. Nur das Verständnis des gesamten Systems eröffnet das Verständnis seiner Teile und Wege zu einer sinnvollen Veränderung.

Die ersten drei Kapitel des Buches beschäftigen sich mit den Grundlagen. Das erste Kapitel zeichnet die historische Entwicklung der kapitalistischen Gesellschaft und ihrer wesentlichen Komponenten nach. Das zweite Kapitel sucht den Kapitalismus systematisch zu fassen. Im dritten Kapitel wird die kapitalistische Gesellschaft als Herrschaftsordnung interpretiert und genauer analysiert. Die folgenden Kapitel erläutern, wie die Elemente des Systems – Wirtschaft, Politik, Recht, Gesellschaft und Öffentlichkeit – ineinandergreifen, sich gegenseitig stützen und es nahezu unangreifbar machen. Das letzte Kapitel ist einer genaueren Untersuchung der Herrschaft gewidmet.

Die Vorgeschichte des heutigen Kapitalismus wurzelt in Oberitalien und sodann in der kolonialen Welt, die zwischen dem 17. Jahrhundert und dem Ersten Weltkrieg von England dominiert wurde. Mit dem Ersten Weltkrieg übernahmen die USA zunehmend die Führungsrolle. Daher stehen diese drei Länder im Zentrum der Darstellung, vorrangig die Vereinigten Staaten,

England etwas weniger und Italien nur auf den ersten Seiten. Darüber hinaus beschäftigt sich das Buch vor allem mit Deutschland und an einigen Stellen mit Österrreich, da es auf Deutsch verfasst ist und ein Großteil der Leserschaft im deutschsprachigen Raum ansässig sein dürfte.

Vor allem der Lesbarkeit wegen verzichte ich auf eine gendergerechte Sprache. Diese Entscheidung beruht aber auch darauf, dass die bisherigen hierarchischen Gesellschaften mehr oder weniger stark patriarchalische Gesellschaften waren. Die männliche Domination kommt auch in der Sprache zum Ausdruck.

Für ihre präzise Kritik früherer Versionen des Manuskripts danke ich Gerhard Fröhlich, Jochen Rehbein, Martin Seeh, Jessé Souza und Christopher Wimmer.

2 Vorgeschichte

Zu Beginn muss ich vorläufig definieren, was ich unter Kapitalismus verstehe. Diese Definition kann erst am Ende des Buches vervollständigt werden. Es gibt viele Formen des Kapitalismus. Daher sind der Ursprung und die Definition des Kapitalismus umstritten. Wie der Soziologe Max Weber verdeutlicht hat, lassen sich kapitalistische Handlungen bis in die Frühgeschichte vieler Erdteile zurückverfolgen.[1] Für alle kapitalistischen Handlungen gilt ihm zufolge dieselbe Definition: Sie sind Investitionen von Kapital mit der Erwartung eines Gewinns. Ähnliches schrieb übrigens auch Adam Smith, der oft als theoretischer Begründer des Wirtschaftsliberalismus und des heutigen Kapitalismus bezeichnet wird: „Die Erzielung eines eigenen Gewinnes ist das einzige Motiv, welches den Besitzer eines Kapitals leitet".[2] Nun müssen wir hinzufügen, dass der Gewinn erzielt wird, um das Kapital zu vermehren oder zumindest zu bewahren. Die Erzielung eines Gewinns und der folgende Konsum des Gewinns sowie des investierten Kapitals sind nicht als kapitalistisch zu bezeichnen.

Diese Definition ist noch sehr unspezifisch. Sie wird sich verbessern und verfeinern, indem wir die wichtigsten Elemente des Kapitalismus identifizieren und seine Geschichte zumindest in Ansätzen nachverfolgen, um die heutige Konfiguration seiner Elemente zu verstehen. Das soll das vorliegende Kapitel leisten. Die darauffolgenden Kapitel werden die Konfiguration der Elemente in ihrem heutigen Zusammenspiel untersuchen. Erst dann, am Ende des Buches, ist ein vollständiges Verständnis des Kapitalismus möglich. Verbesserte Definitionen des Kapitalismus werde ich jedoch schon am Ende der ersten beiden Kapitel vorbringen.

Das wichtigste Element des Kapitalismus ist Kapital. Wir müssen mit Weber das Kapital als eine Investition mit Gewinnerwartung von anderen Formen des Besitzes abgrenzen.[3] Die bloße Verfügung über ein Vermögen ist kein Kapital, weil keine Gewinnerwartung vorliegt. Verbrechen oder Bettelei zielen auch auf einen Gewinn ab, aber der Gewinn wird nicht durch das Kapital selbst erzielt. Oft hat das Kapital die Form von Geld, aber letztlich können alle Gegenstände als Kapital genutzt werden, die einen ökonomisch deutbaren Wert haben und zur Gewinnerzielung eingesetzt werden können, also beispielsweise Häuser, Maschinen, Schiffe oder Wertpapiere.

Das Kapital ist eine Investition, die von Menschen getätigt wird. Ein Mensch, der über Kapital verfügt, wird als Kapitalist bezeichnet. Der Kapitalist setzt sein Kapital ein, um einen Gewinn zu erzielen, der über die ursprüngliche Menge des Kapitals hinausgeht. Dazu muss er das Kapital vor der kapitalistischen Handlung besitzen. Das Kapital als Ressource ist die Voraussetzung des Kapitalismus, nicht sein Resultat. Ferner darf das Kapital im Sinne einer kapitalistischen Investition nicht Gemeineigentum oder für die unterschiedlichsten Leute zugänglich sein. Der Gewinn kommt nur dem Kapitaleigner zugute. Kapital, Investition und Gewinn sind Privateigentum. Das Privateigentum zeichnet sich dadurch aus, dass andere Menschen rechtlich von ihm ausgeschlossen sind.

Die kapitalistische Investition kann unterschiedliche Formen haben. Sie muss nicht, wie Adam Smith und Karl Marx behauptet haben, in der Ausbeutung von Arbeitskraft bei der Produktion von Gütern bestehen.[4] Vielmehr sind zahlreiche Arten von Kapitaleinsatz möglich, vom Rohstoffabbau über Sklavenarbeit bis hin zum Finanzgeschäft. Historisch weit bedeutsamer als die Ausbeutung von Arbeitskraft ist die Ausnutzung des Unterschieds zwischen Angebot und Nachfrage an zwei Orten: Was an einem Ort relativ billig zu erwerben ist, wird an einem anderen Ort teurer verkauft. Auch der gleichsam kostenlose Abtransport von Rohstoffen und ihr Verkauf an einem anderen Ort ist eine kapitalistische Transaktion, wenn der Profit das Ziel ist. In diesem Fall investiert der Kapitalist Kapital, um Gegenstände an einem Ort zu kaufen oder abbauen zu lassen und an einem anderen Ort zu verkaufen. Der Erlös muss ihm das ursprüngliche Kapital ersetzen und einen zusätzlichen Gewinn liefern, der auch den Lebensunterhalt finanziert.

In diesem Sinne existierte der Kapitalismus, wie Max Weber argumentiert hat, seit Jahrtausenden an unterschiedlichen Orten und zu unterschiedlichen Zeiten – allerdings immer nur begrenzt auf eine kleine Gruppe von Kaufleuten – oder Kapitalisten. Er hat bis ins 19. Jahrhundert nie die gesamte Gesellschaftsordnung erfasst, weil die Gesellschaft entweder wie eine Familie strukturiert war oder von einer Familie oder einer kleinen Gruppe beherrscht wurde und die Kapitalisten als besonderer Stand eine untergeordnete Position einnahmen. Wir haben es heute jedoch mit einer Form des Kapitalismus zu tun, die alle Bereiche der Gesellschaft durchdringt und nicht auf eine kleine Gruppe beschränkt ist.[5] Die Durchdringung aller Bereiche der Gesellschaft durch den Kapitalismus ist das entscheidende Merkmal der kapitalistischen

Gesellschaft, auch wenn sie nie vollständig gelingen kann, und wurde zuerst im neuzeitlichen Europa durchgesetzt. Daher handelt dieses Buch vom *westlichen* Kapitalismus.[6]

Mit der Entstehung des westlichen Kapitalismus in der Neuzeit wurde einerseits die persönliche Herrschaft eines Fürsten oder Königs über das Gemeinwesen in die unpersönliche Institution des Nationalstaats verwandelt, andererseits geriet der Staat in finanzielle und soziale Abhängigkeit von den führenden Vertretern des Kaufmannsstandes und der alten Aristokratie, die zu einer herrschenden Klasse verschmolzen. Diese Klasse monopolisierte mehr oder weniger das gesamte gesellschaftliche Kapital, von dem der Staat abhängig wurde. Insgesamt kann die kapitalistische Gesellschaft als eine staatlich institutionalisierte Schuldknechtschaft der Bevölkerung durch die Kapitalisten charakterisiert werden. Wenn im Folgenden von Kapitalismus die Rede ist, meine ich den derart *institutionalisierten* Kapitalismus, der durch die westliche Weltherrschaft verbreitet wurde. Dieser Kapitalismus ist von den Begriffen Markt, Marktwirtschaft und Wirtschaft zu unterscheiden, die eine materielle Reproduktion der Gesellschaft zum Ziel haben.

Vor diesem Hintergrund lassen sich die Definitionen zu Beginn des vorliegenden Abschnitts etwas präzisieren, auch wenn eine vorläufige Definition des Kapitalismus erst am Ende dieses Kapitels geliefert werden kann. Kapitalisten sind – zu allen Zeiten – zunächst Menschen, die Kapital mit der Erwartung eines Gewinns investieren. In der kapitalistischen Gesellschaft bilden sie eine Gruppe, die Investition mit Herrschaft verknüpft und das Kapital in einem beträchtlichen Maße monopolisiert, während die restliche Bevölkerung zum Überleben auf Lohnarbeit angewiesen ist, weil sie weder Zugang zu Kapital noch zu Subsistenzmitteln wie Ackerland oder Waldprodukten hat und durch die Institutionen von Staat und Wirtschaft zu Arbeit gezwungen wird. Ein Charakteristikum der kapitalistischen Gesellschaft ist die Verschmelzung von Kapital und herrschender Klasse. Investoren, die lediglich vom Ertrag ihrer Investition leben, ohne Herrschaft auszuüben, bezeichne ich in diesem Buch nicht als Kapitalisten. Dass und wie der Staat von einer kleinen herrschenden Klasse abhängig ist, werde ich im Folgenden zu zeigen versuchen. Ich werde außerdem aufweisen, in welchem Maße das Kapital von dieser Klasse monopolisiert und zur Aufrechterhaltung ihrer herrschenden Position eingesetzt wird. Dabei wird sich zeigen, dass das ohne Verschwörung möglich ist.

2.1 Handel und Finanzen

Die am meisten verbreitete Version der Geschichte lautet, dass sich der Aufstieg des Kapitalismus der überlegenen Produktivität verdankte, die er entfaltete.[7] Die Entwicklung der Wissenschaft, technische Erfindungen, die betriebliche Arbeitsteilung und der freie Markt sollen den Erfolg des Kapitalismus begründet haben. Tatsächlich spielten diese Faktoren eine Rolle, aber erst in einer Zeit, als der westliche Kapitalismus einen Großteil der Welt schon erobert hatte. Technik und Industrie waren nicht die Triebkräfte des Kapitalismus. Großindustrie, die Dampfmaschine, das Gusseisen, das Schießpulver und viele andere Entwicklungen, die wir für entscheidende Neuerungen des westlichen Kapitalismus halten, gab es in Asien schon Jahrhunderte früher als in Europa.[8] Und die Großindustrie entwickelte sich in Europa erst, als die wichtigsten Elemente des Kapitalismus schon existierten. Die Industrialisierung war ebenso wie der Einsatz von Technologie nur ein Element der Entfaltung des Kapitalismus. Das zeigt sich, wenn man die Entwicklung des (westlichen, institutionalisierten) Kapitalismus Schritt für Schritt nachvollzieht.

Die Anfänge des (westlichen, institutionalisierten) Kapitalismus reichen weit in das mittelalterliche Italien zurück, und die vollständige Transformation westlicher Gesellschaften in kapitalistische Systeme ist erst für das 20. Jahrhundert festzustellen. Die Erfindung des handelbaren Kredits, der Kolonialismus, der Nationalstaat, die Staatsverschuldung, die Industrialisierung und die wissenschaftliche Grundlegung der Volkswirtschaft waren wichtige Etappen auf dem Weg zum heutigen Kapitalismus, aber keine Etappe allein hat *den* Kapitalismus begründet. Diese Etappen werden die folgenden Abschnitte skizzieren, da sie zentrale Elemente des heutigen Kapitalismus begründeten.

Den heutigen Kapitalismus können wir in die oberitalienischen Städte zurückverfolgen, wo Kapitalgesellschaften entstanden, die von Banken finanziert und von der Aristokratie kontrolliert wurden.[9] Eine für den Kapitalismus entscheidende Neuerung war um 1200 die Wiederentdeckung des so genannten Wechsels.[10] Der Wechsel ist ein Stück Papier, für das ein Kreditnehmer Geld erhält und im Gegenzug auf dem Papier die Zahlung einer entsprechenden Geldsumme zu einem späteren Zeitpunkt verspricht. Der Kreditgeber erhielt normalerweise einen Zins auf den Wechsel, also einen Gewinn. Im 16. Jahrhundert wurde der Wechsel dahingehend weiterentwickelt, dass er gemeinsam mit dem Anspruch auf Rück- und Zinszahlung weiterverkauft werden konnte – ähnlich wie eine Staatsanleihe heute.[11]

Beim Kreditgeschäft sitzt der Verleiher – oder der Kapitalist oder die Bank – immer am längeren Hebel. Für das Verständnis des Kapitalismus ist es wichtig, sich zu verdeutlichen, dass beim Kreditgeschäft nicht zwei gleiche Partner einander gegenübertreten. Der Verleiher gewinnt (fast) immer, der Kreditnehmer verliert (fast) immer. Nehmen wir als Beispiel einen Kredit von 1000 Euro mit einer Laufzeit von einem Jahr und einem Zinssatz von fünf Prozent. Ein Geldverleiher hat zu Beginn des Geschäfts 1000 Euro, am Ende 1050. Der Kreditnehmer hat am Anfang 0 und am Ende 0, erhält aber 1000 Euro und muss 1050 zurückzahlen. Der Kreditgeber verliert nur, wenn der Kreditnehmer das Geld nicht zurückzahlt. Die einzige Möglichkeit für den Kreditnehmer, hinterher nicht ärmer als vorher zu sein, besteht darin, die 1000 Euro so zu investieren, dass nach einem Jahr ein Gewinn von mindestens 50 Euro über die investierten 1000 Euro hinaus erzielt wird.

Dieses Ziel verfolgte und verfolgt der Handel. Kaufleute müssen auch heute noch oft einen Kredit aufnehmen, weil sie erst beim Verkauf der Ware Geld erhalten. Oft besitzen sie zum Zeitpunkt des Kaufs das notwendige Kapital nicht. Der Handel ist kapitalistisch, insofern er mit Gewinnerwartung investiert. Das trifft auf den europäischen Handel seit dem 13. Jahrhundert immer mehr zu. Die meisten anderen Kreditnehmer machen mit einem aufgenommenen Kredit keinen Gewinn, sondern finanzieren beispielsweise ihr Eigenheim oder ihren Konsum. Im Handel wird hingegen gekauft, um teurer zu verkaufen. Der Händler erhält am Ende das eingesetzte Kapital plus einen Gewinn, der nicht (vollständig) konsumiert wird.

Der europäische Fernhandel des Mittelalters wurde zunehmend durch Kredite finanziert, und der Wechsel spielte eine wichtige Rolle. Händler bezahlten mit einem Wechsel, kauften also auf Kredit, bevor sie die Ware verkauften. Darüber hinaus handelten die oberitalienischen Kaufleute schon im 13. Jahrhundert mit Währungen oder Edelmetallen, indem sie Gold in goldarmen Gegenden verkauften und Silber dort, wo Silber knapp war.[12] Die Kredit- und Währungsgeschäfte wurden immer mehr von Banken übernommen, die in Italien ihre erste Blüte erfuhren. Ein Finanzkapital entstand, das in Banken institutionalisiert und konzentriert war.

Die Herrscher der norditalienischen Stadtstaaten waren oft gleichzeitig Inhaber großer Bankhäuser und Organisatoren des Fernhandels. Das vielleicht bekannteste Beispiel ist die Familie Medici, die Jahrhunderte lang Florenz beherrschte und mehrere Päpste stellte. Gleichzeitig gehörte ihr das wichtigste

Bankhaus der Stadt Florenz.[13] Die Medicis brauchten etwa ein Jahrhundert für ihren Aufstieg von einer wohlhabenden zur reichsten Familie der Stadt, bis Cosimo de' Medici zu Beginn des 15. Jahrhunderts Bankier des Papstes wurde. Zu dieser Zeit war die Familie mit den anderen mächtigen Familien von Florenz bereits durch Heirat verflochten.[14] Zunehmend entstand ein Konflikt zwischen den Medicis und dem Papst um die Vorherrschaft in Italien, den die Medicis im 16. Jahrhundert dadurch für sich entschieden, dass sie sich selbst zu Päpsten wählen ließen, während sie sich gleichzeitig auf ihre Bank und die Herrschaft über Florenz stützten.[15]

Zur mächtigsten Handelsstadt entwickelte sich ab etwa 1000 u.Z. Venedig. Der Stadtstaat kontrollierte den Fernhandel im östlichen Mittelmeer, in dem Konstantinopel den Austausch mit Asien vermittelte.[16] 1204 gelang Venedig der Durchbruch, indem es Konstantinopel eroberte und dadurch den Handel zwischen Europa und Asien weitgehend unter seine Kontrolle brachte. Einige Jahrzehnte später reiste der Venezianer Marco Polo nach China. 1310 wurde die venezianische Verfassung verabschiedet, die der Aristokratie die Macht im Staat verlieh. Die Aristokratie bildete den Großen Rat und wählte den Rat der Zehn, gleichsam die Regierung, und den Dogen, eine Art Regierungschef. Dieser Staat trieb Handel, Piraterie und Kolonialisierung im östlichen Mittelmeer. In den Kolonialgebieten mussten Sklaven für die Venezianer arbeiten. Die venezianische Aristokratie wurde reich.

Heute führen wir die Entstehung des westlichen, institutionalisierten Kapitalismus eher auf die Geschichte Englands[17] als auf die Venedigs zurück. Dafür gibt es gute und weniger gute Argumente. Die soziale und politische Struktur des Staates Venedig sowie die Quellen seines Reichtums waren vom England des 17. Jahrhunderts nicht grundsätzlich verschieden. Die Herrschaft einer kleinen Aristokratie, die sich vermittelt über den Staat durch den Fernhandel, Raub und die Ausbeutung von Sklavenarbeit in Kolonialgebieten bereichert, ist in England und Venedig identisch. Wo der Kapitalismus im heutigen Sinne begann, ist nicht leicht zu sagen. Beide Staaten gründeten sich auf kapitalistisch finanzierten Fernhandel und Kolonialisierung.

Handel und Finanzwesen sind bis heute zentrale Bestandteile des Kapitalismus. Im Handel wird ein Gewinn gemacht, indem man billig kauft und teuer verkauft, im Finanzwesen, indem man Geld gegen Zinsen verleiht. Man mag einwenden, dass der Handel ein Nullsummenspiel sei: Was der eine gewinnt, verliert der andere. Oft wird im Handel tatsächlich eine Seite übervorteilt. Er ist jedoch kein Nullsummenspiel. Erstens hat Adam Smith mit Bezug auf den Gebrauchswert gezeigt, dass im Handel beide Seiten gewinnen können. Als Beispiel führte er den Tausch von polnischem Getreide gegen portugiesischen Wein an – da in Polen kein guter Wein erzeugt werden könne, beziehe man ihn aus Portugal, und das Getreide beziehe Portugal aus Polen.[18] Zweitens hat der europäische Handel schon für Venedig Werte geschaffen, indem nicht nur mit Kaufleuten anderer Staaten gehandelt wurde, sondern Rohstoffe und Sklaven verkauft wurden. Diese wurden zu geringen Kosten akquiriert, verschifft und gehandelt. Ohne die Ausbeutung der Natur ist die Geschichte des Kapitalismus gar nicht denkbar, wie ich weiter unten zeigen werde.[19]

Ähnlich verhält es sich mit dem Finanzwesen. Geld und Wertpapiere sind nicht einfach Symbole für einen „realen" Wert, der durch die Produktion erzeugt wird. Vielmehr sind sie auch Machtmittel und können selbst Werte bilden. Darüber hinaus muss dem Geld oder Wertpapier kein anderer Wert entsprechen.[20] Sie können einfach geschaffen werden, insofern sie als Zahlungs- oder Wertaufbewahrungsmittel akzeptiert werden. Wir tun das jeden Tag, indem wir auf den Staat und die Gesellschaft vertrauen, dass ein bedrucktes Stück Papier uns den Kauf von Waren ermöglicht. Schließlich wird der Wert des Gesamtvermögens einer Gesellschaft nicht allein durch die Produktion gesteigert, sondern, wie erwähnt, auch durch die Ausbeutung der Natur, sowie durch Dienstleistungen aller Art. Es ist wichtig festzuhalten, dass das Finanzsystem keineswegs eine Entartung eines früher einmal gesunden Kapitalismus bildet, sondern von Anfang an ein zentraler Bestandteil des Kapitalismus war – ganz gleich, wo man den Anfang ansetzt. In der Spekulation können Handel und Finanz verbunden werden.

In England wurden jedoch drei weitere Faktoren wirksam, die so in Venedig nicht gegeben waren, nämlich die Enteignung der Landbevölkerung, die Verwandlung des Gemeinwesens in einen Nationalstaat und die Privatisierung der Staatsschulden über eine Staatsbank. Insgesamt sind mindestens diese Faktoren von Bedeutung: Fernhandel, Finanzwesen, Kolonialismus, Nationalstaat, Enteignung, Staatsschulden und Ausbeutung der Natur. Im Folgenden werde ich die zuletzt genannten Faktoren erläutern, die bislang noch nicht eingehend diskutiert wurden.

2.2 Kolonialismus

Der englische Kapitalismus ist eng mit dem Kolonialismus verknüpft. Man könnte in Anlehnung an Walter Mignolo sogar sagen, Kapitalismus und Kolonialismus sind zwei Seiten derselben Medaille.[21] Der Kolonialismus wiederum erwuchs aus den Kreuzzügen und der Verlagerung der Handelswege in den Atlantik, nachdem die Osmanen mit der Eroberung Konstantinopels 1453 die älteren Handelswege zwischen Europa und Asien zu kontrollieren begannen. Für Venedig war der direkte Weg nach Asien versperrt. Venedigs große Konkurrentin, Genua, profitierte davon und erkundete gemeinsam mit Portugal die Seewege über den Atlantik. 1492 landete Christoph Kolumbus im Namen der portugiesischen Krone auf der Suche nach einem Seeweg nach Asien in Amerika. Daraufhin übernahmen Portugal und Spanien die Kontrolle über den europäischen Fernhandel. Der Handel wurde finanziert, indem die Europäer Edelmetalle aus Amerika raubten, in Asien gegen Waren eintauschten und diese mit einem hohen Gewinn in Europa verkauften.[22] Im 16. Jahrhundert verschifften die Europäer 120 Tonnen Silber jährlich aus Amerika allein nach Südostasien.[23]

Zunehmend stiegen andere europäische Atlantikanrainer in das Geschäft ein. Bereits im 16. Jahrhundert griffen europäische Schiffe einander an und versuchten, Handelsschiffen die Ladung abzunehmen.[24] „Der Handel der Europäer in Asien war von Anfang an (ca. 1505) ein bewaffneter Handel."[25] Matthew Restall und Felipe Fernández-Armesto bezeichnen die spanischen Konquistadoren, die zu Beginn des 16. Jahrhunderts einen Großteil des amerikanischen Kontinents eroberten und sich vor allem aus dem niederen Adel rekrutierten, als bewaffnete Unternehmer.[26] Sie mobilisierten Fußvolk und Kapital für ihre Eroberungen, die ihnen ökonomischen Gewinn verschaffen sollten. Erst im 17. Jahrhundert ging Spanien – wie England – zum staatlich organisierten Kolonialismus über.[27]

Piraten waren die Vorhut des englischen Kolonialismus. Sie raubten Schätze an Land, verschifften Sklaven nach Amerika und kaperten fremde Schiffe, alles mit Unterstützung des englischen Königshauses. Das bekannteste Beispiel dafür ist der Freibeuter Francis Drake, der zunächst dem spanischen Sklavenhandel Konkurrenz zu machen suchte, dann in der Karibik Piraterie betriebt und 1575 durch den Earl of Essex für die englische Krone angeworben wurde.[28] In dieser Eigenschaft umsegelte er die Welt und brachte sich und dem englischen Königshaus reiche Beute ein. 1581 wurde er in den Adelsstand erhoben.

1588, nach dem Sieg Englands über die spanische Flotte, die Armada, wurden die staatlich unterstützten Raubzüge in Kolonialgesellschaften auch staatlich institutionalisiert. Die englischen, aber auch die niederländischen Kolonialgesellschaften wurden von Adligen, Vertretern des Staates bzw. der Krone und Kaufleuten gemeinsam geführt. Finanzkapitalisten vergaben Kredite für Expeditionen, deren Investitionen die Schiffe mitsamt Besatzung waren. Die Unternehmen erhielten vom Staat das Monopol für eine bestimmte Region.[29] Sie trieben Handel, errichteten Festungen, stellten Armeen auf und sprachen Recht. Der Staat verkaufte Anteile an den Kolonialgesellschaften als Aktien an Kapitaleigner und machte so einen Gewinn. Die Aktionäre machten Geld, wenn die Gesellschaft Gewinne einfuhr, die sie mit den Händlern und Seeleuten teilten. Die Gewinne konnten astronomisch sein. Im 17. Jahrhundert warfen Gewürznelken einen Profit von rund 2500 Prozent ab.[30]

Die Engländer beraubten die Schiffe anderer europäischer Mächte und der Araber, eigneten sich in den Überseegebieten gewaltsam Waren an, handelten mit gewaltsam entführten Menschen und setzten sie als Arbeitssklaven ein, betrogen örtliche Bevölkerungen und legten in der ganzen Welt Häfen an. Kapital wurde nicht durch Produktion und Handel akkumuliert, sondern durch Piraterie, den Raub von Rohstoffen, Sklaverei und Betrug. Allerdings geschah all das auf der Grundlage von Kapitalinvestitionen und mit staatlicher Unterstützung – und nicht, wie bei Seeräubern, zum eigenen Lebensunterhalt und außerhalb staatlicher Regulierung. „Der Kapitalismus triumphierte nur dann, wenn er mit dem Staat identifiziert wurde, wenn er der Staat war."[31]

Der nationalstaatliche Kolonialismus unterschied sich ab dem 16. Jahrhundert zunehmend vom venezianischen Kolonialismus. Während in Venedig der Handel das Zentrum der Wirtschaft bildete, verdrängte in den portugiesischen, spanischen, niederländischen, englischen und französischen Kolonien die Ausbeutung den Handel, insbesondere in Form von Sklaverei und Rohstoffabbau. Im Laufe der Zeit dehnten sich die europäischen Niederlassungen über die Welt aus und bedeckten ganze Territorien, die in Kolonien verwandelt wurden. Um 1800 beherrschten die Europäer rund 35 Prozent der Erdoberfläche, 1914 waren etwa 85 Prozent unter westlicher Herrschaft.[32]

Die territoriale Weltherrschaft wird auch als Imperialismus bezeichnet und vom Kolonialismus unterschieden, weil weltumspannende Reiche errichtet wurden, die aus den europäischen Nationalstaaten und ihren Kolonien bestanden.[33] Die Kolonien wurden in dieser Zeit auch nicht mehr von privaten

Kapitalgesellschaften, sondern von den europäischen Regierungen beherrscht. Ihr Ziel bestand jedoch weiterhin in einem ökonomischen Profit. Der Profit wurde vom Staat für die zahlreichen Kriege und von der Wirtschaft als Kapital verwendet, das nach und nach in die einheimische Produktion investiert wurde.[34]

Die Frühphase des weltweiten Kolonialismus der Europäer war geprägt von Raub – insbesondere von Edelmetallen in Amerika, von Sklaven in Afrika und von Waren in Asien. Im 18. Jahrhundert ging der Kolonialismus zur Plantagenwirtschaft über, vor allem durch Zwangs- und Sklavenarbeit.[35] Der Raub wich der landwirtschaftlichen Produktion, deren Erträge vor allem in Europa, aber zunehmend auch im Rest der Welt verkauft wurden. Erst dann entwickelte sich in England die Industrialisierung.[36] Die aus den Kolonien abgeführten Güter, von Edelmetallen über Waren bis zu landwirtschaftlichen Produkten, bildeten eine Grundlage der industriellen Revolution.[37]

Wichtig für die Industrialisierung Englands war auch die Funktion der Kolonien als Absatzmärkte.[38] Die Industriezweige, die in den Kolonien bereits existierten, wurden zerstört, die Entwicklung neuer Industrien wurde verboten.[39] So mussten die Bewohner die Produkte kaufen, die in England hergestellt wurden. Das bekannteste Beispiel ist die indische Textilindustrie, deren Qualität zeitgenössischen europäischen Quellen zufolge den englischen Textilien weit überlegen war.[40] Die Engländer, deren Industrialisierung langfristig auf der Produktion von Textilien basierte, zerstörten die indischen Produktionsanlagen, um ihre eigenen Textilien in ihrer indischen Kolonie verkaufen zu können.[41]

Die wichtigste Folge des Kolonialismus bestand in der Herstellung einer integrierten, ungleichen Weltordnung. Außerdem hat er außereuropäische Bevölkerungen stark dezimiert, einige sogar ausgelöscht. Insgesamt kamen mindestens 50, eher aber 262 Millionen Menschen durch den Kolonialismus ums Leben.[42] Dabei ist zu bedenken, dass die Weltbevölkerung 1500 rund 500 Millionen und 1800 etwa eine Milliarde zählte. Darüber hinaus trug der Kolonialismus zur Industrialisierung Europas bei. Ferner hat er einen großen Anteil gehabt, die europäischen Staaten in kapitalistische Nationalstaaten zu verwandeln, indem die Kolonialgesellschaften privates Kapital und staatliche Organisation miteinander verbanden. Dadurch entstand die noch heute zentrale Verzahnung von Staat und Kapital. „Wann immer das Interesse an einer Kolonie von Handel und Räuberei zur planvollen Ausbeutung ihrer

Ressourcen überging, musste der koloniale Staat durch Infrastrukturprojekte (Eisenbahnen, Kanäle, Straßen, Telegraphennetze), durch Landerschließungsprogramme, durch Zoll- und Währungspolitik oder durch städtebauliche Initiativen privaten Geschäftsinteressen den Weg bahnen."[43]

Der Kolonialismus gehört insofern der Vergangenheit an, als die Welt nicht mehr von Europa beherrscht wird. Allerdings ist er immer noch aktuell, da die Struktur der heutigen Welt ein Erbe des Kolonialismus ist. Die heute armen Länder sind allesamt ehemalige Kolonien, die während der Kolonialzeit ausgeplündert, versklavt und gesellschaftlich verwüstet worden sind. Die ehemaligen Kolonialherrscher hingegen gehören auch heute noch zu den reichen und mächtigen Ländern. Nur wenige der einstigen Kolonien haben einen Aufstieg geschafft, beispielsweise die USA, Australien, Neuseeland und die asiatischen Tiger; China war nur teilweise kolonialisiert. Darüber hinaus sind die ehemaligen Kolonien bis heute sprachlich, kulturell und politisch mit ihren ehemaligen Herrschern verbunden. Schließlich wurden ihnen der Kapitalismus und die politische Organisation des Nationalstaats aufgezwungen.

2.3 Der Nationalstaat

In die Zeit der Entfaltung des Kolonialismus fällt die Entwicklung des Nationalstaats. Bis zum Dreißigjährigen Krieg, der 1648 endete, waren die europäischen Staaten gleichsam Besitztümer von Monarchen. Der Staatsapparat der englischen Königin Elizabeth umfasste vor Beginn des Krieges nur wenige hundert Personen und war weitgehend mit ihrem Hof identisch.[44] Nach dem Dreißigjährigen Krieg wurde Europa territorial aufgeteilt, und die Staaten entwickelten sich zu Nationalstaaten mit einer unpersönlichen, umfassenden Bürokratie und einer rechtlich geregelten Herrschaft. Diese Organisationsform wurde mit dem Kolonialismus auf den Rest der Welt übertragen.

Der Nationalstaat ist keine Privatangelegenheit der Monarchen mehr. Erstens ist der Herrscher ein Vertreter der Gesamtheit, also ein Repräsentant und kein persönlicher Machthaber. Zweitens hat der Nationalstaat ein rechtliches Rahmengerüst. Drittens hat er eine territoriale Grenze. Viertens verfügt er über ein Staatsvolk, das seit dem Dreißigjährigen Krieg zunehmend nationalistisch gedacht wurde, also mit einer einheitlichen Geschichte, Kultur und Sprache. In Wirklichkeit gab es zum Ende des Krieges keine Staaten dieser Art, sondern die Herrscher formten die Staaten in diese Richtung um. Die späteren Demokratien, beispielsweise die USA und Frankreich, schlossen daran an.

Bis zum Kolonialismus waren fast alle globalen Zentren expandierende Stadtstaaten gewesen, beispielsweise Babylon, das Industal, Athen, Rom, Venedig und Genua. Aber erst England war keineswegs mehr ein Hof mit umgebendem Territorium, sondern London wurde im 17. Jahrhundert die Hauptstadt eines nationalen Territoriums mit einem einheitlichen Binnenmarkt.[45] Die anderen Staaten der Welt erreichten dieses Maß an Integration erst später. Im Weltmaßstab wurde der Nationalstaat sogar erst im 20. Jahrhundert die allgemeine politische Organisationsform.[46]

Der westliche, institutionalisierte Kapitalismus war von Anfang an ein globales Projekt, das von national organisierten Kapitalistengruppen im Verbund mit ihrem Staatsapparat vorangetrieben wurde. Der Staat diente den Kapitalisten als Beschützer, die Kapitalisten dienten dem Staat als Finanziers. Die Staaten und ihre Politik wurden national organisiert. Sie waren eng mit dem Kolonialismus und dem Kapitalismus verknüpft. Der europäische Nationalstaat sollte „seinen“ Kapitalisten überall auf der Welt profitable Möglichkeiten eröffnen und gleichzeitig im Innern die Arbeit organisieren und die Bevölkerung befrieden. Er stellte die Infrastruktur, bildete die Bevölkerung aus, kontrollierte sie und federte die Auswirkungen des Kapitalismus ab. Im Ausland trat er für die Interessen der auf seinem Staatsgebiet angesiedelten Kapitalisten ein.[47]

Diese Aufgaben sind bis heute die zentralen des Staatsapparates geblieben. Bis heute werden dazu gegebenenfalls Gewaltmittel eingesetzt. Wie die früheren Kolonialherren von Venedig über Spanien bis England befinden sich die heutigen Staaten, die Anspruch auf die Weltherrschaft oder eine regionale Vormachtstellung erheben, in einem mehr oder weniger konstanten Kriegszustand, um überall günstige Bedingungen für die mit ihrem Nationalstaat verbundenen Kapitalisten durchzusetzen und die anderen Staaten sowie ihre Kapitalisten nach Möglichkeit zu beherrschen.

2.4 Enteignung

Vorbedingung für die geografische Verschiebung des Kapitalismus von Oberitalien nach England war die osmanische Eroberung von Konstantinopel. Daraufhin verlagerte sich der europäische Handel vom Mittelmeer an die

Atlantikküsten. Portugal, Spanien und die Niederlande profitierten davon und begannen den Handel mit Piraterie und Kolonialisierung zu verbinden. Dieses Projekt wurde mit dem englischen Sieg über die Armada 1588 von England übernommen. Das nordwestliche Europa, vor allem England, beherrschte zunehmend die Welt.[48]

Über die nationalstaatliche Organisation hinaus war eine weitere Voraussetzung, die England für die Entwicklung des Kapitalismus prädestinierte, die weitgehende Verwandlung des Landes in Privateigentum. Sie begann damit, dass König Heinrich VIII. von England sich scheiden lassen wollte und daher die englische Kirche vom Katholizismus abspaltete, der ihm die Scheidung unmöglich machte. Er ließ seine Ehe 1532 annulieren, heiratete seine neue Liebe Anne Boleyn und erklärte sich zum Oberhaupt der englischen Kirche. Der Besitz der katholischen Kirche ging damit in seine Kontrolle über. Viele der riesigen Ländereien der Kirche verkaufte Heinrich VIII., einen Teil verschenkte er an Günstlinge und einen geringen Teil behielt er.[49] Die Kaufleute und Adligen, die Geld übrighatten, kauften das Land. Da nicht viele Menschen in der Lage waren, genügend Geld für einen Landkauf aufzubringen, kam es zu einer starken Konzentration des Grundbesitzes. Diese Konzentration nahm noch weiter zu, als im 18. Jahrhundert auch das Gemeindeland in Privateigentum verwandelt wurde.[50] Eine kleine Gruppe von Hochadligen eignete sich das Land an. Noch heute sind alte adlige Familien die größten Landbesitzer Englands, darunter auch das Königshaus.[51]

Die Privatisierung des Grundbesitzes führte dazu, dass sich die Menschen nicht mehr selbst ernähren konnten, sondern Lohnarbeit suchen und ihre Lebensmittel kaufen mussten. Allerdings gab es im 16. Jahrhundert noch keine Arbeit für sie außerhalb der feudalen Knechtschaft. Eine Industrie entwickelte sich erst Jahrhunderte später. Es kam zu einer Verelendung der vom Land vertriebenen Bevölkerung und es war der Beginn der Auswanderung in die Kolonien. Die Ausdehnung der europäischen Kolonialgebiete gewährleistete einen stetigen Abfluss „überschüssiger" Menschen aus Europa. Eine große Zahl armer und landloser Gruppen wanderte bis ins 20. Jahrhundert in die Kolonien aus. Die Wanderbewegungen hielten auch nach der Unabhängigkeit der Kolonien an. Erst mit der Entstehung einer Dienstleistungsökonomie und mit der Entwicklung des Sozialstaats gelang es, die eigentumslosen Bevölkerungsmassen in den europäischen Nationalstaaten zu halten. Die Industrialisierung trug – entgegen den allgemeinen Behauptungen – nicht viel dazu bei. Die größten Wellen der Auswanderung fanden während der Blütezeit der Industrialisierung im 19. Jahrhundert statt. Gleichzeitig wurde in England ein Arbeitszwang erlassen, um die Armen in das System zu integrieren.[52]

Die Industrialisierung diente ebenso wenig wie der Kolonialismus zur Verbesserung des Lebens der breiten Masse. Zweck der Fabriken war es auch nicht, den enteigneten Menschen Arbeit zu geben, sondern sie sollten Profit erwirtschaften. Nur wo das durch die Ausbeutung von Arbeitskräften möglich war, erhielten Menschen Arbeit. Die staatlich organisierten Gesellschaften von Mesopotamien und Ägypten bis zu dem indischen Reich der Moguln und dem Habsburger Reich schufen persönliche Abhängigkeitsverhältnisse und Knechtschaft bis hin zur Sklaverei. Auf diese Weise schränkten sie die Freiheit der Menschen stärker ein, als das im Kapitalismus der Fall ist. Wo keine Zwangsverhältnisse bestanden, konnten die Menschen sich jedoch meist selbst ernähren und waren nicht darauf angewiesen, Arbeit zu finden. Die Notwendigkeit, Arbeit zu finden, erwuchs aus der Enteignung und der Befreiung der Menschen aus feudalen Verhältnissen.

Die Folgen der Enteignung können wir noch heute täglich am eigenen Leib spüren. Warum müssen wir eine Arbeitsstelle suchen, warum sind wir von unserem Arbeitgeber abhängig, warum müssen wir das verdiente Geld für den Lebensunterhalt ausgeben? Die Enteignung beantwortet diese Fragen. Bis zum Beginn des westlichen Kapitalismus war Land nur in kurzen Perioden und in begrenzten Gebieten Privateigentum. Fast die gesamte Geschichte hindurch konnten die Menschen sich irgendwo Land suchen, das sie für ihren Lebensunterhalt bearbeiteten. Sie mussten weder für Miete noch für Lebensmittel bezahlen, sondern Land, Haus, die meisten Gegenstände des täglichen Bedarfs und Nahrungsmittel gehörten praktisch ihnen. Sie mussten keine Arbeit suchen und wurden auch nicht dazu gezwungen.

Eine zentrale Maßnahme aller Kolonialherren und der späteren Entwicklungspolitik war es daher, das Land in den eroberten Gebieten in Privateigentum zu verwandeln. Das führte einerseits zur Konzentration des Grundbesitzes und andererseits zur Erzeugung völlig machtloser Arbeitskräfte. In El Salvador beispielsweise gehörte das Land traditionell den Dorfgemeinschaften. Daher wurde 1881 auf Druck der USA ein Gesetz erlassen, das Privateigentum an Land zur einzig rechtlichen Form des Besitzes erklärte. Damit war das Land der Dorfgemeinschaften fortan herrenlos. Kaffeeunternehmen eigneten sich das Land an, vertrieben die Indigenen und stellten sie später teilweise als

Landarbeiter an. El Salvador wurde in der Folge von einer Oligarchie von 14 Familien beherrscht, die wiederum eng mit den USA kooperierte.[53] Ähnliches geschah in jedem kolonialen und postkolonialen Staat der Welt.

2.5 Staatsfinanzen

Die spezifische Konfiguration des Kapitalismus entstand durch die zunehmende Abhängigkeit der Monarchen vom Kapital, das die Kriege finanzierte. In früheren Monarchien monopolisierte der Herrscher selbst das Vermögen. Wo er, wie in Norditalien während der Renaissance, auf Kreditgeber angewiesen war, übten entweder diese selbst die Funktion des Monarchen aus oder wurden letztlich von der Zentralmacht unterworfen und in die Schranken gewiesen. Die Medicis in Florenz waren zuerst Bankiers, stiegen dann zu einer Dynastie auf und wurden am Ende vom Papst unterworfen.[54] Im späteren Kapitalismus wurden die Staaten hingegen vom Finanzkapital abhängig, das die Staatsschulden verwaltete.

Die vorherrschende Meinung lautet, dass die Herrschaft des Finanzkapitals eine Entwicklung der letzten Jahrzehnte gewesen sei. Tatsächlich waren die Händler immer die treibende Kraft des Kapitalismus, vom Kolonialismus bis zur Welthandelsorganisation. Und hinter den Händlern stand stets das Finanzkapital, weil die Händler ihre Investitionen selten vollständig aus eigener Tasche bezahlen können. Über die Kredite kontrollierte das Finanzkapital die Handelsunternehmen und über die Staatsschulden die Regierungen.[55] Das Verhältnis zwischen ihnen veränderte sich allerdings ständig, da neue Instrumente, Organisationsformen und Prozesse entwickelt werden.

Im 16. Jahrhundert wurden die Wechsel, die auf Papier notierten Handelskredite, zunehmend an Dritte abgegeben, also gehandelt. Der Kreditnehmer verkaufte das Stück Papier, auf dem die Kreditsumme vermerkt war, weiter und konnte dabei einen Profit einstreichen, beispielsweise wenn er es in einer anderen Währung verkaufte, deren Wert im Verhältnis zur Ursprungswährung stieg, oder indem er Zinsen verlangte. Der Käufer konnte mit dem Papier das Gleiche machen. Das klingt wie ein Schneeballsystem, tatsächlich aber mussten die Parteien davon ausgehen, dass der ursprüngliche Kredit am Ende zurückgezahlt wurde. Dennoch wurde teilweise reine Finanzspekulation betrieben, ohne dass der Kredit in den Handel investiert wurde, genau wie an den heutigen Börsen.[56]

Eine besondere Form des Kredits entstand mit den Staatsschulden. Wegen der vielen Kriege im Ausland, wegen des Bürgerkriegs im Inland und wegen der Ausweitung des Kolonialismus häufte der englische Staat im 17. Jahrhundert beträchtliche Schulden an. Der Krieg gegen Frankreich allein verdoppelte die englischen Staatsschulden.[57] Auch die Kosten der Kolonialkriege, die England zwischen dem späten 16. Jahrhundert und Mitte des 20. Jahrhunderts überall auf dem Erdball gleichsam kontinuierlich führte, waren enorm. Das Geheimnis dieser Schulden besteht darin, dass sie nie wirklich zurückgezahlt werden, sondern einen ständigen Zinsfluss vom Staat an die Kapitalisten begründen.

Dieser Prozess begann 1694, als im Anschluss an die englische Revolution die Bank of England als Aktiengesellschaft geschaffen wurde.[58] Sie verwandelte die Staatsschulden in Anleihen und verkaufte diese. Die Quittungen waren die „Bank of England Notes“, die zu den ältesten Banknoten zählen. Die Besitzer dieser Noten erhielten vom Staat Zinsen über eine festgelegte Laufzeit. Am Ende der Laufzeit sollten die Banknoten (oder Anleihepapiere) vom Staat zum Nennwert zurückgekauft werden. Dadurch machten die Kapitaleigner einen Gewinn, der bei hohen Zinsen und einer langen Laufzeit die Investition sogar verdoppeln konnte. Der Staat bezahlte die Schulden am Ende der Laufzeit jedoch selten, sondern finanzierte die Rückzahlung durch den Verkauf neuer Anleihen, die wiederum einen Zinsfluss an die Kapitaleigner schufen.

Im 18. Jahrhundert entwickelte sich die Staatsanleihe zum Grundstein des Kapitals, insbesondere des Finanzkapitals.[59] In Europa sind die Rothschilds, die vermutlich bis heute reichste Familie der Welt, das Paradebeispiel für Wohlstand durch die Verwaltung von Staatsschulden. Robert Morris, William Bingham, Stephen Girard und John Jakob Astor sind bekannte Vertreter für die Spekulation mit Staatsanleihen in den USA, wo die Entwicklung von Alexander Hamilton und William Duer vorangetrieben wurde, die allesamt britischer Herkunft waren, hohe politische Ämter innehatten und Anleihen über die Bank of the United States organisierten.

Das Prinzip der Staatsanleihe ist noch heute von großer Bedeutung. Die Staatsschulden bewirken einen ständigen Zinsfluss an die Eigentümer der Anleihen, also an die Kapitalisten. Die Zinsen werden bezahlt durch die Steuern, also höchstens zur Hälfte von den wenigen Reichen und zur anderen Hälfte von der großen Masse der Bevölkerung. Allerdings erhalten die Reichen am Ende ihre eigenen Steuern und die Steuern der Masse in Form der

Zinszahlungen auf die Anleihen, während die Armen keinen Anteil an den Zinsflüssen haben. Darüber hinaus verfällt die Kreditsumme normalerweise nicht, sondern bildet gleichsam den Kapitalsockel der Investoren.

Der Staat hätte die Macht, Geld ohne Rückgriff auf Schulden zu drucken oder die gemachten Schulden einfach zu streichen. Das wurde tatsächlich im Anschluss an große Kriege und Umwälzungen immer wieder vorgeschlagen und teilweise auch durchgeführt. Meist aber wird diese Lösung durch Finanzminister und andere hohe Regierungsmitglieder verhindert, die entweder als Privatpersonen selbst Staatsanleihen besitzen oder vom Großkapital beeinflusst werden. Dafür ist Finanzminister Alexander Hamilton in der Gründungsphase der USA ein Paradebeispiel.[60]

2.6 Technologie und Industrie

Die wissenschaftliche Ausbeutung der Wirtschaft ist ein weiteres Kennzeichen des Kapitalismus, das sich parallel zu dem Kolonialismus, der Enteignung und der Entwicklung des Nationalstaats herausbildete. Die Grundlagen der neuzeitlichen Wissenschaft wurden zunächst von Handwerkern wie Galileo Galilei und Johannes Kepler gelegt.[61] Sie deuteten das Universum als einen Mechanismus, der mathematisch berechnet und technologisch verwertet werden kann. Die Anwendung dieser neuen Naturwissenschaft wurde sodann in England und Frankreich vom niederen Adel vorangetrieben, der mit dem Apparat des Nationalstaats verknüpft war.[62] Erst die Möglichkeit, die wissenschaftlichen Erkenntnisse in einer Massenproduktion anzuwenden, führte zur industriellen Revolution. Diese Möglichkeit ergab sich aus der Verbindung frei verfügbarer Arbeitskraft mit großen Märkten.

Der Kapitalismus durchdrang die gesamte Gesellschaft nicht vor der Ausbeutung formal freier Lohnarbeit.[63] Mit dem Kolonialismus wurde der Kapitalismus zum Prinzip nicht nur der Kaufmannskaste, sondern der herrschenden Klasse. Der größte Teil der Gesellschaft aber lebte weiterhin in feudalen, subsistentiellen und anderen Strukturen. Auch wenn sich der Kapitalismus durch die Kolonialisierung über den ganzen Erdball ausbreitete, blieben alte gesellschaftliche Strukturen sowohl in Europa als auch in den Kolonien größtenteils bestehen. Der Kapitalismus benötigte die Menschen nicht, und daher lebten die Menschen außerhalb kapitalistischer Strukturen. Geld wurde durch Ausbeutung von Rohstoffen und Sklaven, Handel sowie Finanzgeschäfte gemacht. Erst die Entwicklung der Industrie erzeugte einen Bedarf an Arbeit. Da freie Arbeiter letztlich billiger waren als Sklaven, sie selbst alle Risiken und die Last der Versorgung trugen, und ihnen bei Bedarf gekündigt werden konnte, löste Lohnarbeit die Sklaverei weitgehend ab.[64]

In Schulbüchern wird der westliche Kapitalismus gerne mit der Industrialisierung verbunden oder sogar auf sie zurückgeführt. Die industrielle Revolution begann jedoch erst im 18. Jahrhundert, insbesondere mit der (Wieder-) Erfindung der Dampfmaschine 1784 und ihrem Einsatz für die industrielle Produktion und das Transportwesen. Zentral war außerdem die Entwicklung der Spinnmaschine in den 1760er Jahren, die eine Explosion der Produktivität in der Textilproduktion nach sich zog. Die Auswirkungen der technologischen Entwicklung machten sich erst Mitte des 19. Jahrhunderts bemerkbar. 1820 hatte Asien noch einen Anteil von 59 Prozent an der Weltproduktion, also mehr als Europa und der Rest der Welt zusammen.[65]

Bis dahin spielte die Produktion für den Kapitalismus eine geringe Rolle. Es gab kaum Fabriken in Europa, die Produktion war Sache des Handwerks, das in Gilden und Zünften organisiert war, sowie der feudalen und subsistenzmäßigen Landwirtschaft. Das Wirtschaftswachstum innerhalb Europas beruhte vor allem auf dem vermehrten Einsatz von Lohnarbeit, nicht auf einer technologisch bedingten Steigerung der Produktivität.[66] Die wissenschaftliche Steuerung der Massenproduktion, die erst im 19. Jahrhundert voll entwickelt wurde, ist der Schlüssel zur industriellen Revolution gewesen. In diesem Prozess wurden Fabriken errichtet, die große Zahlen von Arbeitern beschäftigten und im Hinblick auf Preise und Produktivität miteinander konkurrierten, also Arbeit einzusparen suchten. Die wissenschaftliche Steuerung und die Massenproduktion begannen zuerst in England. Sie wurden durch die Erträge des Kolonialismus, des Grundeigentums und der Finanzspekulation (insbesondere mit Staatsanleihen) finanziert.

Die industriellen Erzeugnisse Englands wurden in Europa und den Kolonien verkauft, allerdings bis ins 19. Jahrhundert in begrenztem Maße. Erst die Massenproduktion brachte Erzeugnisse hervor, die in Asien nachgefragt wurden.[67] Allerdings half bei diesem Prozess die Unterdrückung der indigenen Industrie durch die Kolonialverwaltung. Unter dem Verbot der einheimischen Textilindustrie, die vor dem Kolonialismus entwickelter war als die europäische, hat Indien bis heute zu leiden, da eine industrielle Basis erst nach der Unabhängigkeit aufgebaut werden konnte, nachdem die einheimischen

Traditionen vergessen waren und der Westen längst eine hochtechnisierte Industrie entwickelt hatte.

Heutzutage spielt die Industrie in den meisten westlichen Ländern eine immer geringere Rolle für die Wirtschaft. Die Produktion ist entweder so technisiert, dass kaum Arbeit notwendig ist, oder sie wird in Billiglohnländer verlagert. In den USA trägt die Industrie heute weniger als 15 Prozent zum Bruttosozialprodukt (BSP) bei – weniger als in den landwirtschaftlich geprägten ärmsten Ländern der Welt wie Nepal oder Niger.[68] Die industrielle Produktion war nur so lange von entscheidender Bedeutung für den Kapitalismus, wie die Profitraten höher waren als in anderen Bereichen der Wirtschaft. Das wiederum war nur unter kolonialen Bedingungen der Fall. In der kolonialen Welt konnten die Kolonialmächte ihre Rohstoffe zu sehr geringen Kosten aus den Kolonien beziehen, sie im eigenen Land verarbeiten und die Endprodukte zu hohen Preisen verkaufen. Mit dem Ende der Kolonialzeit und der Abwanderung der Industrie in die ehemaligen Kolonien verringerte sich die Rentabilität der Industrie im Westen, und das Kapital kehrte zurück in den Handel und die Finanzwelt.

In der Phase der Industrialisierung schrieben Adam Smith, David Ricardo und Karl Marx die Klassiker der Volkswirtschaftslehre. Sie alle hielten die Industrie für das Zentrum des Kapitalismus und die Produktivität der Arbeit für seinen Motor. Infolge der großen Bedeutung der Naturwissenschaften zu jener Zeit bemühten sie sich, den Kapitalismus als ein Phänomen zu erklären, das naturwissenschaftlichen Gesetzen unterlag. Im Nachhinein zeigt sich, dass die Industrie kaum zwei Jahrhunderte lang den Kern des Kapitalismus bildete. Auch der Glaube, dass der Profit allein durch die Ausnutzung von Lohnarbeit gebildet wird, erweist sich als kurzsichtig. Und schließlich stellt sich heraus, dass der Kapitalismus keineswegs naturwissenschaftlichen Gesetzen unterliegt, sondern gesellschaftlich produziert wird.

Marx hat den Kapitalismus als eine Produktionsweise gedeutet, eine historische Stufe der Entwicklung materieller Reproduktion.[69] Der Kapitalismus soll ihm zufolge die historische Aufgabe erfüllen, die Produktivkräfte zu verbessern. Damit lässt sich der Kapitalismus als eine Stufe in einer teleologischen Höherentwicklung der materiellen Reproduktion der Menschheit erklären.[70] Grundlage der kapitalistischen Produktionsweise ist laut Marx die kostenlose Mehrarbeit, die industrielle Lohnarbeiter (Proletarier) für den Kapitalisten leisten.[71] Ihre Ausbeutung soll historisch durch „ursprüngliche

Akkumulation" ermöglicht werden, insbesondere durch den Kolonialismus und die Enteignung, die zu einer Konzentration von Kapital innerhalb einer sozialen Klasse führen.[72]

Diese Erklärung des Kapitalismus ist in vieler Hinsicht plausibel, enthält meines Erachtens aber mehrere Fehler. Erstens schafft die Ausbeutung von Sklaven oder der Natur für Marx keinen ökonomischen Wert. Das ist falsch. Zweitens ist der Aberglaube an historische Gesetze gerechtfertigt, wenn man wie Hegel Gott zugrunde legt, nicht aber aus Marxscher Perspektive. Drittens beruht die gesellschaftliche Hierarchie laut Marx auf dem Grundverhältnis der kapitalistischen Produktionsweise, dem zwischen Kapital und Proletariat. Letztlich ist es genau umgekehrt. Das Verhältnis zwischen Kapital und Proletariat beruht auf der gesellschaftlichen Hierarchie. Schließlich war der Kapitalismus schon vor der Industrialisierung entfaltet, die Kolonialgesellschaften waren kapitalistische Unternehmen und nicht nur ursprüngliche Akkumulation.

Wir werden am Ende des Kapitels sehen, dass der Kapitalismus keinesfalls die historische Aufgabe hat, die Produktivkräfte zu verbessern, auch wenn er das tatsächlich getan hat. Marx hat wie Smith die Bedeutung der Produktion für den Kapitalismus stark überschätzt. Der Kapitalismus setzt vielmehr eine materielle Reproduktion der Gesellschaft außerhalb seiner selbst voraus. Ohne die kostenlose Arbeit in der Familie, ehrenamtliche Tätigkeit, staatliche Sozialmaßnahmen und eine nicht-kapitalistische Wirtschaft würde der Kapitalismus sofort zusammenbrechen, weil die meisten lebensnotwendigen Tätigkeiten nicht kapitalistisch organisiert werden können. Sie bringen keinen Profit. Selbst der größte Teil der Wirtschaft ist nicht kapitalistisch organisiert. Die Kapitalisten monopolisieren nicht die Produktionsmittel. Viele der Produktionsmittel absolut notwendiger Güter, von Bauernhöfen über Bäckereien bis zu Handwerksbetrieben und Präzisionsmaschinen befinden sich im Besitz kleiner und mittlerer Unternehmer, die auch Marx nicht zur Klasse der Kapitalisten gezählt hätte.

Mit höchster Wahrscheinlichkeit gibt es keine historische Aufgabe des Kapitalismus. Wenn es sie gäbe, bestünde sie nicht in der Entwicklung der Produktivkräfte. Die Klasse der Kapitalisten beutet alles aus, was einen Profit bringen kann. Dazu gehört auch die industrielle Lohnarbeit – aber ebenso die Finanzspekulation, Sklavenarbeit und der Abtransport von Ressourcen. Sie dienen allesamt nicht der Produktion eines ökonomischen Werts und nicht einmal vorrangig der Bereicherung einer Klasse, sondern einer Herrschaftsstruktur. Wir müssen den Kapitalismus als Komponente einer bestimmten Gesellschaftsform deuten, die hierarchisch organisiert ist, nicht als Wirtschaftssystem oder Produktionsweise.

2.7 Ausbeutung der Natur

Die Menschen – und alle anderen Lebewesen – leben seit jeher von der Natur. Nur der Kapitalismus aber beutet die Natur systematisch aus, um Profit zu machen. Zwar wurde bereits vor vielen Jahrtausenden mit Naturprodukten gehandelt, von Salz über Wurzeln bis hin zu Muschelschalen. Auch wenn diese Handelstätigkeit gelegentlich auf persönlichen Gewinn abzielte, war sie doch zumeist Tausch, der ein überschüssiges gegen ein fehlendes Produkt eintauschte. Aber selbst der auf den Gewinn ausgerichtete, also kapitalistische Handel erfasste nicht die Gesellschaft, sondern war auf kleine Gruppen beschränkt.

Wir haben gesehen, dass der Abtransport von Rohstoffen – von Edelmetallen aus Amerika bis zu Gewürzen aus Asien – im Zentrum des frühen Kolonialismus stand. Er wurde später ergänzt um landwirtschaftliche Produktion durch Sklaven, Zwangsarbeiter oder abhängige Bauern in den Kolonien und durch Enteignung in Europa. In diesem Kontext müssen wir auch die Naturzerstörung innerhalb Europas betrachten. Im frühen Kolonialismus wurden die Wälder für den Bau von Flotten abgeholzt. Sodann wurde Natur in landwirtschaftliche Produktionsstätten verwandelt, sowohl für die Viehzucht als auch für den Ackerbau. Das taten zwar auch andere Gesellschaften, aber nicht in einem derartigen Ausmaß. Schließlich explodierten die Ausbeutung der Ressourcen und die Verschmutzung von Luft, Wasser und Erde mit der industriellen Revolution. Schon Adam Smith beschrieb 1776 die systematische Ausbeutung der Natur zum Zwecke des Gewinns.[73]

Die Ausbeutung von Rohstoffen und Landnahme sind bis heute zentrale Elemente des Kapitalismus. Die gesamte industrielle Produktion beruht auf Rohstoffen, aber auch viele unserer Lebensgrundlagen – Wasser, Wohnraum, Nahrungsmittel – sind nur über den Eintritt in das kapitalistische System zugänglich. Selbst indigene Dörfer, die im Urwald leben, dürfen immer weniger Pflanzen aus ihrer Umgebung nutzen. Großunternehmen schicken Forscher in alle Teile der Welt, um die Nutzung von Pflanzen zu dokumentieren, die dann im Namen des Großunternehmens patentiert werden; eine Nutzung ist nur noch gegen Zahlung einer Gebühr möglich.[74]

Ohne die nahezu kostenlose Aneignung der Natur fiele das Wirtschaftswachstum des Kapitalismus sehr gering aus. Die Ausbeutung der Natur hat vermutlich mehr zum Wachstum beigetragen als die Technologie, wie die Tabellen 1 und 2 nahelegen. Tabelle 1 zeigt auch, dass und in welchem Maße die Ausbreitung des Kapitalismus mit der Zerstörung der Natur einhergeht. Die Korrelation zwischen Ressourcenverbrauch, Naturzerstörung und Wirtschaftswachstum weltweit ist eindeutig. Sie beruht auf dem Kapitalismus.

	1850	**1900**	**1950**	**2010**
CO_2-Ausstoß Mio. t	100	2000	8000	32000
Wasserverbrauch in Mrd. m^3		600	1200	4000
Aussterbende Amphibienarten	<0,1%	0,2%	>1,0%	2,3%
BSP in Billionen USD 2011	Ca. 1,5	Ca. 3,4	Ca. 13	Ca. 94

Tab. 1: Globaler Ressourcenverbrauch und Wachstum (Quellen: ourworldindata.org; Der Spiegel, 6.5.2019).

Die Ausbeutung der Natur hat im Kapitalismus systematischen Charakter. Sie schließt die gesamte Gesellschaft und die gesamte Natur ein. Während die meisten früheren Gesellschaften auf Nachhaltigkeit gegründet waren, verwandelt der Kapitalismus zunehmend alle natürlichen Gegenstände in Waren, um durch deren Verkauf Gewinn zu erzielen. Dieser Prozess tendiert, wie wir alle wissen, dahin, die Lebensgrundlagen der Menschheit zu zerstören.

Ulrich Brand und Markus Wissen haben gezeigt, inwiefern der Kapitalismus auf der Externalisierung der Ausbeutung von Mensch und Natur basiert.[75] Während einerseits Natur als „Gratisproduktivkraft" genutzt werde, müssten andererseits Wälder im globalen Süden das im Norden ausgeschiedene

Kohlendioxid absorbieren, Müll aus dem Norden in den Süden transportiert werden und Menschen im Süden möglichst billig arbeiten.[76] Die Autoren erläutern nicht nur, dass wir alle diese Ausbeutung mit unserer alltäglichen Lebensweise reproduzieren, sondern auch, dass wir möglicherweise bald an die Grenzen der Ausbeutbarkeit stoßen. Tatsächlich scheint innerhalb des kapitalistischen Systems, wie es heute funktioniert, keine Rettung der Natur möglich. Sie wird ausgebeutet, bis das letzte Sandkorn abtransportiert und verkauft wurde.

In welchem Maße der Kapitalismus auf der kostenlosen Ausnutzung von Mensch und Natur beruht, hat besonders deutlich der Ökofeminismus gezeigt.[77] Nicht nur die natürlichen Ressourcen, sondern auch die Reproduktion in der Familie und die sozialen Tätigkeiten wie Pflege werden vom Kapitalismus angeeignet, aber nicht bezahlt, anerkannt oder ersetzt. Ohne sie gäbe es keine kapitalistische Wirtschaft.

Die Ausbeutung der Natur dient nicht der Gesellschaft oder den Menschen insgesamt, sie wird auch nicht vom Menschen „an sich" betrieben. Sie dient der Herrschaft über Menschen. Meinen Sie, dass der Vorstand von Shell die Menschheit mit Öl versorgen will oder Kleenex Kahlschlag betreibt, weil Kosmetiktücher eine Errungenschaft sind, über die jeder Mensch verfügen sollte? Selbstverständlich nicht, es geht um Profit, um die Vermehrung von Geld. Wozu aber dient das Geld? Die Vorstände und Großaktionäre dieser Unternehmen brauchen das Geld nicht in erster Linie, um zu überleben oder um teure Konsumgüter zu kaufen. Derartige Mengen an Geld kann man gar nicht ausgeben. Vielmehr dient das Geld als Herrschaftsmittel, es sichert die soziale Position und die Herrschaft über andere Menschen, wie ich unten eingehend zeigen werde.

2.8 Politische Legitimation

Im frühen 17. Jahrhundert entbrannte in Europa der Dreißigjährige Krieg und in England ein Bürgerkrieg, an dem alle sozialen Schichten beteiligt waren. In der Folge wurde in England ein Parlament als Volksvertretung eingerichtet, zu dem allerdings nur ein kleiner, privilegierter Teil der Bevölkerung Zugang hatte. Die englische Revolution begrenzte zwar die Macht der Monarchie, war aber eigentlich keine bürgerliche Revolution. Das Parlament bestand aus erblichen Mitgliedern von Adel und Großbürgertum. Bis weit ins 20. Jahrhundert rekrutierten sich Regierung und hohe Beamte aus der Oberklasse. Letztlich handelte es sich um eine Demokratie der Kapitalbesitzer ohne Mitspracherecht für die Masse der Bevölkerung.[78] Daran änderte sich erst durch die Sozialreformen unter der Labour Party nach dem Zweiten Weltkrieg etwas. Schon Margaret Thatcher suchte die Reformen wieder rückgängig zu machen, teilweise mit Erfolg.

In den Lehrbüchern wird verkündet, dass die Demokratie mit der französischen und der amerikanischen Revolution zumindest in der westlichen Welt verwirklicht worden sei. Allerdings fanden in den anderen Staaten Europas derartige Revolutionen erst im 19. oder 20. Jahrhundert oder überhaupt nicht statt. Ferner blieben in allen Staaten, auch in Frankreich und den USA, bis ins 20. Jahrhundert die meisten Menschen von politischer Beteiligung ausgeschlossen. Sklaven und Arbeiter erhielten in den meisten Staaten erst in der zweiten Hälfte des 19. Jahrhunderts Bürgerrechte, Frauen und Kolonialvölker während des 20. Jahrhunderts. Einigen Gruppen, wie Ausländern und Strafgefangenen, bleiben sie vielerorts bis heute verwehrt. Die Demokratie im Sinne der formalen Gleichheit aller Menschen wurde selbst in Frankreich und den USA nicht mit der Revolution, sondern schrittweise eingeführt. Die später integrierten Gruppen sind bis heute unterprivilegiert und haben kaum Kapital und nur einen geringen Einfluss auf die Politik.

Heute bezeichnen sich Großbritannien mit einer verfassungsmäßig privilegierten Aristokratie und einem Monarchen, Schweden mit einem starken Sozialstaat und einem Monarchen, die Schweiz mit Tendenzen zur direkten Demokratie und China mit einer kommunistischen Ein-Parteien-Herrschaft allesamt als Demokratien. Keiner dieser Nationalstaaten hat die Gleichheit der Menschen verwirklicht. Die Staaten unterscheiden sich fundamental voneinander, haben aber gemeinsam, dass die Gruppe der Kapitalisten den Kern der Oberklasse bildet. Die Unterschiede beruhen auf der jeweiligen Vorgeschichte der Demokratie und dem Anteil, den die sozialen Gruppen ohne Kapitalbesitz an der Gestaltung des Staates erringen konnten.

Die Varianten der Demokratie resultieren aus politischen Kämpfen. In einigen Staaten wurden infolge der Kämpfe viele Privilegien des Adels abgeschafft. Einige Länder haben auch die Vorrechte des Kapitals begrenzt. Und die sozialistischen Revolutionen haben sogar versucht, die Gruppe der Kapitalisten abzuschaffen. Nirgendwo wurden jedoch die Strukturen der Herrschaft beseitigt, überall herrschte eine kleine Gruppe von Menschen über den Rest, sei es offensichtlich und formal legitimiert, sei es indirekt und unsichtbar. Das Buch beschäftigt sich vor allem mit der unsichtbaren Herrschaft.

Nach der Einführung einer Demokratie bestand prinzipiell eine Spannung zwischen dem Anspruch auf Gleichheit und den Strukturen der Ungleichheit. Es besteht auch ein latenter Gegensatz zwischen der Konzentration des Kapitals und der Volksvertretung, der sich oft als Konflikt zwischen Staat und Wirtschaft darstellt. Der demokratische Staat bietet immer die prinzipielle Möglichkeit, dass unterprivilegierte Gruppen die Politik beeinflussen oder gar die Herrschaft ergreifen. Da die unterprivilegierten Gruppen jedoch keinen Zugang zum Kapital haben, ist es für sie ungleich schwieriger, Einfluss auf die Politik zu nehmen.

Die Ungleichheit in kapitalistischen Gesellschaften ist offenkundig. Während manche Familien Schlösser, Wälder, Unternehmen und Finanzinvestitionen im Wert von Milliarden besitzen, haben die meisten Menschen Mühe, mit harter Arbeit über die Runden zu kommen. Es ist auch offenkundig, dass die Nachkommen von früher unterprivilegierten Gruppen – wie Kolonialvölker, Sklaven, Arbeiter oder ethnische Minderheiten – auch heute unterprivilegiert sind. Gerade in demokratischen Staaten müsste diese Ungleichheit eigentlich ein Skandal sein, der zum sofortigen Handeln auffordert. Warum ist das nicht der Fall? Die Antwort lautet, dass Ungleichheit im Kapitalismus offiziell zum Resultat von Konkurrenz erklärt wird. Dass die Ausgangssituation der Konkurrenz von Ungleichheit geprägt ist, wird unsichtbar gemacht. Dadurch wirkt die Ungleichheit legitim. Das ist das vorrangige Geheimnis, warum sich der Kapitalismus trotz der strukturellen und historisch einzigartigen Ungleichheit aufrechtzuerhalten vermag.

Die Sozialwissenschaften der letzten Jahrhunderte haben sich zu einem beträchtlichen Teil mit der Ungleichheit beschäftigt. Die Tradition des Liberalismus versucht seit dem 17. Jahrhundert bis heute, die Menschen zu *faktisch* gleichen Bürgern des Staates zu erklären. Alle sollen die gleichen politischen und wirtschaftlichen Chancen haben. Obwohl das in direktem Widerspruch zur Wirklichkeit steht, die wir jeden Tag erfahren, glauben fast alle von uns an diese Grundlage des Liberalismus: Wir sind alle gleich, uns stehen alle Möglichkeiten offen, und wer im Elend lebt, hat zumindest teilweise selbst daran schuld.

Der Liberalismus lässt sich zum englischen Philosophen Thomas Hobbes zurückverfolgen. Inmitten des englischen Bürgerkriegs hat er sein Hauptwerk, *Leviathan*, geschrieben und 1651 veröffentlicht.[79] Hobbes wandte Galileis Wissenschaft auf die Gesellschaft an und erklärte alle Menschen für gleiche Atome, die miteinander konkurrieren. Der Souverän, vertreten durch den Monarchen, sollte die Konkurrenz regulieren. Diese Idee hat Jean-Jacques Rousseau Mitte des 18. Jahrhunderts weiterentwickelt und den Monarchen durch eine Volksvertretung ersetzt.[80] Das Konzept der modernen Demokratie war geboren und wurde 1776 in den USA und 1789 in Frankreich zur Anwendung gebracht. Die Gesellschaft wird zur Demokratie, der Souverän ist das Volk. Allerdings hatte Rousseau eine direkte Demokratie vor Augen, in der alle Bürger in der Volksvertretung mitwirken. In der heutigen Demokratie hingegen wird das Volk vertreten durch Berufspolitiker, die sich aus den Eliten rekrutieren und von der herrschenden Klasse abhängig sind. Weiter unten werde ich zeigen, dass das einer der zentralen Schwachpunkte der heutigen Politik ist.

Hobbes' Theorie einer Konkurrenz gleicher Atome wurde von Adam Smith auf die Wirtschaft übertragen. In seinem bekanntesten Werk, *Der Wohlstand der Nationen*, das im Jahr der amerikanischen Unabhängigkeitserklärung 1776 veröffentlicht wurde, führt Smith aus, dass der Markt als Konkurrenz zwischen freien und rechtlich gleichen Individuen ein Maximum an Produktivität, Qualität und Preissenkungen gewährleiste.[81] Das gelte auch für die internationale Produktion und den Welthandel. Die Nationen sollten frei und gleich konkurrieren und sich dabei auf ihre relativen Vorteile spezialisieren. Genauso sollten sich auch Individuen und Unternehmen verhalten. Auf Grundlage des Marktes, der Arbeitsteilung und der Konkurrenz steige der Wohlstand jeder Nation. Monopole, Zünfte, Kartelle, Raub und staatliche Eingriffe seien hingegen nachteilig.

Der Staat soll Smith zufolge allerdings formal die Märkte für Arbeit und Kapital so regulieren, dass eine möglichst freie und gleiche Konkurrenz stattfindet. Dabei berücksichtigt Smith erstens nicht, dass Kapital und Fähigkeiten zu jedem Zeitpunkt sehr ungleich verteilt sind, die Menschen also mit sehr ungleichen Voraussetzungen in die Konkurrenz eintreten. Zweitens dient die Regulierung zwar dem allgemeinen Wirtschaftswachstum, dem Wohlstand der Nationen, aber dass die Profite allein den Besitzern ökonomischen Kapitals zufließen, problematisiert Smith nicht. Er schreibt, als sei es selbstverständlich, dass die Arbeiter, besser gesagt: alle Menschen ohne ausreichendes ökonomisches Kapital, nur je auszuhandelnde Festbeträge als Löhne erhalten, die Kapitalisten aber die Profite.[82]

Die Gedanken von Hobbes, Rousseau und Smith sind bis heute Grundlagen der Politik- und Wirtschaftswissenschaften. Sie sind aber auch in die Verfassungen der meisten Staaten und – über Schulbücher, Fachliteratur, Medien und Expertenmeinungen – in das Allgemeinwissen oder den „gesunden Menschenverstand" eingegangen. Indem wir uns die kapitalistische Welt als eine Konkurrenz gleicher und freier Individuen vorstellen, sehen wir die grundlegende Ungleichheit nicht, die sich auf vorkapitalistische Hierarchien zurückführen lässt. Vor aller Konkurrenz werden wir als Ungleiche geboren. Nur sehr wenige Menschen werden als Kapitalisten geboren. Wir werden im Folgenden sehen, dass kaum eine Mobilität aus der oder in die Kapitalistenklasse existiert, obwohl genau das die Legitimationsgrundlage des Kapitalismus sein soll.

2.9 Entstehung von Klassen

Die Absetzung von Adel und Monarchie durch ein demokratisches Bürgertum hat in Europa nie so stattgefunden, wie es in den Schulbüchern behauptet wird. Die alten Oberschichten behielten ihre Position bis heute bei, sie wurden nur ergänzt durch die aufsteigenden Kapitalisten, Kaufleute aus dem so genannten Bürgertum. Adlige und Kaufleute verschmolzen zu einer sozialen Klasse, die ich als herrschende Klasse bezeichnen möchte. In Extremfällen, wie im Zuge der Französischen Revolution, wurden tatsachlich viele Mitglieder der alten herrschenden Klasse ermordet und die Monarchie und Adelsprivilegien abgeschafft. Die Nachkommen der deutschen Monarchie und Aristokratie gehören jedoch weiterhin zur deutschen Oberklasse. Noch deutlicher ist der Fortbestand vorkapitalistischer Hierarchien in Großbritannien, wo dem Hochadel sogar eine eigene und besonders mächtige politische Vertretung, das Oberhaus, vorbehalten bleibt. Die Demokratie ist auf das Unterhaus begrenzt, das mit Berufspolitikern bestückt ist.

Die Einführung der Demokratie hat nirgendwo die früheren Ungleichheiten abgeschafft. Die westliche Demokratie gleicher Bürger schloss zu Beginn nur eine kleine Gruppe Privilegierter ein. Die Ausgeschlossenen, wie Arme, Sklaven, Frauen, Ausländer und andere Gruppen, konnten durch fortwährenden Kampf, der teilweise bis heute anhält, zunehmend formal gleiche Bürgerrechte erringen. Nach deren Erringung bildeten sie eine neue unterprivilegierte Schicht, da sie nicht die gleichen Berufe, Vermögen, Ausbildungen und Netzwerke erhielten wie die alten Bürger. Einmal in die kapitalistische Demokratie integriert, vermochten einzelne Angehörige der unterprivilegierten Schichten aufzusteigen. Die vereinzelte soziale Mobilität trug dazu bei, die Herrschaftsordnung, die eine Transformation der vorkapitalistischen Ordnung ist, gleichzeitig unsichtbar zu machen und zu legitimieren. Es entstand eine nicht sichtbare Klassenhierarchie – eine unsichtbare Herrschaft.

Derselbe Prozess vollzog sich fast gleichzeitig wie in Europa auch in den meisten Gesellschaften Nord- und Südamerikas, die um 1800 die Unabhängigkeit von ihren Kolonialherren erlangten. In vielen ehemaligen Kolonien Asiens und Afrikas hingegen wurde gleich mit der Unabhängigkeit eine Form von Demokratie eingeführt und die Bevölkerung formal gleichgestellt. Die Einrichtung einer Demokratie bedeutete jedoch nicht die Aufhebung der Ungleichheit, da die zuvor existierenden Hierarchien nie abgeschafft wurden. Die alten Eliten wurden größtenteils auch die neuen Eliten. Die Großgrundbesitzer, der Adel, die Großkaufleute und die Nachkommen der Monarchen standen um 1950 genauso an der Spitze aller Gesellschaften wie um 1700.

Es macht allerdings einen Unterschied, ob eine bürgerliche Demokratie durch soziale Bewegungen Schritt für Schritt eingeführt wurde, wie in vielen europäischen Staaten, ob sie in einer seit langem unabhängigen Kolonie errichtet wurde, wie in Amerika, oder ob sie gleichzeitig mit der Unabhängigkeit entstand, wie in vielen Staaten Asiens und Afrikas. In den USA, Brasilien und Südafrika erhielten Menschen afrikanischer Abstammung erst im 20. Jahrhundert volle Bürgerrechte, lange nach der Unabhängigkeit. Das gilt auch für die indigenen Bevölkerungen in vielen ehemaligen Kolonien, von Neuseeland bis Kanada. Gleichzeitig bildeten die Nachkommen der früheren kolonialen Großgrundbesitzer und Gouverneure in diesen Staaten die herrschenden Klassen. Die Angehörigen der oberen Klassen in fast allen amerikanischen und vielen afrikanischen Staaten haben eine weiße Hautfarbe, während sich die unteren Klassen aus Nachkommen der Afrikaner und/oder Indigenen rekrutieren.

In Deutschland sind die historischen Strukturen kaum noch sichtbar. Es hat sich eine fest zementierte Ordnung sozialer Klassen herausgebildet, deren geschichtliche Wurzeln in grauer Vorzeit liegen. Diese Ordnung werde ich im nächsten Kapitel genauer beleuchten. In den Staaten Amerikas ist die koloniale Ordnung hingegen deutlich sichtbar. In den USA oder Brasilien beispielsweise lassen sich die Wurzeln der Sklavenhaltergesellschaft aufzeigen. Nur zehn Prozent der drei oberen sozialen Klassen Brasiliens haben keine weiße Hautfarbe, während rund zehn Prozent der unteren Klassen keine schwarze Hautfarbe haben. Die Sklaven sind nach der Befreiung in eine Unterschicht transformiert worden.[83] In Thailand, das nie unter Kolonialherrschaft geraten ist, kann man die vorkapitalistischen Strukturen in der heutigen Gesellschaft auch klar erkennen. Die alte königliche Gesellschaft und die kapitalistische Klassenordnung durchdringen einander und bestehen gleichzeitig nebeneinander fort.[84]

In allen Nationalstaaten begannen Kapitalismus und Demokratie entgegen der Theorie und der Verfassung als Konkurrenz von Ungleichen. Das ökonomische Kapital befand sich im Besitz einer kleinen Gruppe. Diese Gruppe verfügte auch über einen privilegierten Zugang zu politischen Entscheidungen. Schließlich standen nur dieser Gruppe alle gesellschaftlichen Möglichkeiten offen. Der Rest der Bevölkerung hatte kein ökonomisches Kapital, nicht die gleichen politischen Möglichkeiten, kein Ansehen und einen erschwerten Zugang zu Bildung, Kultur, gesellschaftlichen Ereignissen und der öffentlichen Meinung. Diese sozialen Mängel vererbt der Großteil der Menschheit bis heute seinen Nachkommen, wie wir weiter unten sehen werden.

2.10 Gleichheit und Freiheit

In der Schule lernen wir, dass Demokratie und Kapitalismus in derselben historischen Periode entstanden. Die Demokratie soll auf einen Schlag die Gleichheit der Bürger hergestellt haben – auch wenn nicht alle Menschen sofort die Bürgerrechte erhielten. Der freie Markt soll den Kapitalismus hervorgebracht haben, der sich dank höherer Produktivität innerhalb jedes Staates durchsetzte, zuerst in Europa, ganz unabhängig von der Weltpolitik und vom Kolonialismus. Die cleversten Bürger sollen zu Kapitalisten aufgestiegen sein – ohne Kapital geerbt zu haben und ohne es an die nächste Generation weiterzuvererben und auf diese Weise die Chancengleichheit zu zerstören.

Diese Erzählung ist falsch. *Erst* wurde das kapitalistische System geschaffen: das Prinzip der Kapitalvermehrung auf der Grundlage von Privateigentum in Verbindung mit dem Nationalstaat, dessen Finanzen sich teilweise im Besitz von Großeigentümern und Privatbanken befinden. Diese Entwicklung begann in den oberitalienischen Stadtstaaten um 1200, vollendete sich aber erst in England um 1700. Das Großeigentum und die Banken befanden sich in dieser Phase fast vollständig in den Händen der Aristokratie. Der Fernhandel, der als Kern des damaligen Kapitalismus betrachtet werden kann, wurde vom Staat geschützt und von Großeigentümern und Banken finanziert. Der Staat wiederum finanzierte sich zunehmend über Anleihen, die über Banken organisiert und von Großeigentümern besessen wurden. Mit der Entstehung des Nationalstaats wurde der Staatsapparat Teil des Fernhandels, der sich mit dem Kolonialismus verband. Während der italienische Fernhandel Privatangelegenheit blieb und der spanische Kolonialismus Sache des Monarchen war, entwickelte sich der englische Kolonialismus als Zusammenarbeit zwischen Privatkapital und Staat.

Dann erst wurden Marktwirtschaft und Demokratie eingeführt, und zwar Schritt für Schritt. Die ersten Demokratien in England, Frankreich und den Vereinigten Staaten schlossen zu Beginn die große Mehrheit der Bevölkerung aus – Arme, Arbeiter, Frauen, Sklaven und Ausländer. In vielen westlichen Staaten haben Frauen erst Mitte des 20. Jahrhunderts die vollen Bürgerrechte erhalten, Afro-Amerikaner in den USA erst in der zweiten Hälfte des 20. Jahrhunderts. Sie hatten dementsprechend nicht die gleichen Möglichkeiten, am Wirtschaftsleben zu partizipieren, wie die Bürger, zumal die ausgeschlossenen Bevölkerungsgruppen im Allgemeinen auch kein Recht hatten, Verträge zu schließen. Der Markt mit vollem und gleichem Wettbewerb wurde nur sehr unvollkommen und teilweise nur in einzelnen Branchen verwirklicht. Für Anwälte, Ärzte, Schornsteinfeger und viele andere Berufe gilt in Deutschland bis heute das Prinzip der mittelalterlichen Gilde, nach dem für die Teilnahme am Wirtschaftsleben eine Mitgliedschaft im Berufsverband erforderlich ist, der jedem Mitglied wiederum einen quasi-monopolistischen Tätigkeitsort zuweist. Das ist das Gegenteil eines Marktes.

Es ist wichtig festzuhalten, dass die Einführung von politischer und ökonomischer Gleichheit erst geschah, *nachdem* das kapitalistische System schon etabliert und das Kapital in einer kleinen Gruppe von Menschen konzentriert war. Wegen der extrem ungleichen Ausgangsbedingungen blieb das Kapital bis heute konzentriert. Ein echter Wettbewerb und soziale Mobilität sind historisch nur zu beobachten, wenn massive politische oder ökonomische Umwälzungen stattfanden, beispielsweise eine Revolution, Krieg, politische Interventionen, die industrielle Revolution, wissenschaftliche Organisation der Produktion oder die Digitalisierung. Da das Kapital aber zu jedem Zeitpunkt innerhalb einer kleinen Gruppe konzentriert war, hatte jede Umwälzung im Wesentlichen das Resultat, dass einige der Erneuerer in die Gruppe der Kapitaleigner aufstiegen, diese und die Gesamtstruktur der Gesellschaft aber unverändert blieben. In den Ländern, die den Kapitalismus erst später einführten, fallen die Einführung von Kapitalismus, von freiem Markt und von Demokratie nahezu zusammen oder sind teilweise in ihrer Abfolge verändert. Daher ist es während der Umwälzungen in ihnen oft zu höherer sozialer Mobilität gekommen, aber das Prinzip ist mittlerweile in allen Staaten der Erde identisch.

2.11 Kapitalismus und Markt

Vom staatlich organisierten und regulierten Markt und vom Kapitalismus ist der Markt im eigentlichen Sinne zu unterscheiden, der lokal organisierte Wochenmarkt.[85] Dieser Markt kann als Wettbewerb funktionieren, aber in vielen Weltregionen teilen noch heute die Anbieter am Ende des Tages den Gesamtgewinn unter sich auf. Normalerweise sorgt die Gemeinschaft dafür, dass alle überleben, obwohl das Verhältnis zwischen Angebot und Nachfrage sowie der Wettbewerb die Preise bestimmen. Die Gemeinschaft betreibt eine soziale Wirtschaft, die auch in kapitalistischen Gesellschaften Grundlage der Reproduktion ist. Sie umfasst Kindererziehung, Arbeit in der Familie, Hilfe von Freunden, Betreuung von Pflegebedürftigen, Produktion (beispielsweise von Obst) für den Eigenbedarf, direkten Tausch und ähnliche Tätigkeiten. Ohne sie könnte eine kapitalistische Gesellschaft gar nicht existieren.

Wir meinen, die Wirtschaft umfasse alle produktiven und damit lebensnotwendigen Aktivitäten und sei im Dienst der Konsumenten als Markt organisiert. Aber der größte Teil der Wirtschaft findet außerhalb von Marktwirtschaft und Kapitalismus statt. Wer hilft nicht dem Nachbarn beim Dachausbau, dem Freund beim Umzug, der Tochter bei den Hausaufgaben und der Tante bei der Ausrichtung eines Festes? Wer schenkt nicht der Lehrerin einen Korb voller Äpfel vom eigenen Baum und dem Arbeitskollegen einen Plan zum Fliesenlegen? All diese Tätigkeiten sind produktiv und geldwert. Sie können prinzipiell als Komponenten der Wirtschaft auch gegen Bezahlung geleistet werden. Wenn man die reproduktiven Tätigkeiten wie Kindererziehung und Haushalt einbezieht, so zeigt sich, dass der größte Teil der Wirtschaft selbst in westlichen Gegenwartsgesellschaften immer noch außerhalb der staatlich organisierten Marktwirtschaft und außerhalb der Geldwirtschaft stattfindet. Das gilt erst recht für Gesellschaften des globalen Südens, in denen Subsistenzwirtschaft noch eine große Rolle spielt.

Neben der sozialen Wirtschaft müssen wir den Markt im alltäglichen Sinne von der Marktwirtschaft und vom Kapitalismus unterscheiden. Der Bäcker an der Ecke ist kein Kapitalist, sondern in erster Linie Marktteilnehmer. Er mag qualitativ schlechtes Mehl verwenden und überhöhte Preise verlangen. Aber er bestreitet von seinen Einkünften lediglich seinen eigenen Lebensunterhalt. Mit Ihrem Einkauf für den Eigenbedarf bezahlen Sie gleichsam seinen Einkauf für den Eigenbedarf. Ein großer Teil der Wirtschaft ist so aufgebaut – als Markt. Mehrere Anbieter konkurrieren über den Preis – und die Qualität – um Kundschaft. Ist das in einem nationalstaatlichen Rahmen organisiert, können wir von Marktwirtschaft sprechen. Davon zu unterscheiden ist der Kapitalismus, in dem es nicht um Produktion und Lebensunterhalt, sondern um Profit und Kapitalakkumulation geht. Dafür steht ein eigener Bereich der Wirtschaft zur Verfügung, der sich zunächst nur auf den Handel, Finanzen und die Ausbeutung der Kolonialgebiete beschränkte und sich dann zunehmend auf die europäischen und schließlich auf alle Gesellschaften ausdehnte. Der Staatsapparat dient in erster Linie dazu, diesen Bereich zu organisieren und zu schützen. Der Markt im oben genannten Sinne bedarf kaum einer Regulierung, da die Kundschaft dem im Beispiel erwähnten Bäcker den Rücken kehrt, wenn die Relation zwischen Preis und Qualität zu schlecht wird.

Der Markt und die soziale Wirtschaft haben wenig mit Marktwirtschaft und Kapitalismus gemeinsam. Sie werden „von unten" organisiert, dienen dem Überleben, sind nicht auf Profit ausgerichtet und implizieren keine Klassenherrschaft. Sie zeigen auch deutlich, dass der Kapitalismus keine Produktionsweise ist, die der Reproduktion der gesamten Gesellschaft dienen soll. Vielmehr lebt der Kapitalismus gleichsam als Parasit vom Markt und von der sozialen Wirtschaft. Er beherrscht und verändert diese, ersetzt sie aber nicht.

Die Koexistenz von Markt, sozialer Wirtschaft und Kapitalismus organisiert der Staat unter der Kategorie der Nationalökonomie, Volkswirtschaft oder Marktwirtschaft. Durch die Kategorie wird suggeriert, dass der Kapitalismus eine Wirtschaftsform sei, eine Produktionsweise, die eine hohe Effizienz aufweist und im Dienst der Bevölkerung steht. Tatsächlich muss der Staat die Wirtschaft organisieren, weil ein reiner Kapitalismus zum sofortigen

Verhungern der meisten Menschen führen würde. Denn die Arbeiter würden minimale Löhne erhalten, lebensnotwendige Sektoren würden mangels Profitchancen eingestellt, Arbeitslose bekämen kein Geld und die Vermögenskonzentration wäre noch extremer, als sie es heute schon ist.

Wenn heutzutage vom Markt oder von Marktwirtschaft die Rede ist, meint man eigentlich Kapitalismus, rechtfertigt ihn aber durch Elemente von Markt und Marktwirtschaft. Würde man offen von Kapitalismus sprechen und zugeben, dass er dem gemeinschaftlich organisierten Wochenmarkt und der staatlich organisierten Konkurrenz der Marktwirtschaft widerspricht, wäre die Zustimmung zum System sehr gering. Da aber Wochenmarkt und Marktwirtschaft prinzipiell gut funktionierende und allgemein akzeptable Institutionen sind, suggerieren Politik, Großunternehmen und Medien, der Kapitalismus sei mit ihnen identisch, obwohl er ihre Aufhebung zum Ziel hat.

Im Kapitalismus soll der Staat überall einspringen, wo kein Profit zu erzielen ist. Er finanziert die Ausbildung, die Infrastruktur und das Sozialsystem und kümmert sich um öffentliche Güter, die kein Privatunternehmen zu Verfügung stellen will. Gleichzeitig soll er die Bereiche dem „Markt“ überlassen, in denen ein Profit zu machen ist. Allerdings sind diese Bereiche eben kein Markt, sondern Orte kapitalistischer Monopolisierung. Fernand Braudel erklärt: „Kapitalismus stützt sich nach wie vor auf legale oder faktische Monopole“.[86] Die Vertreter der Politik machen das Spiel mit und reden genau dort vom „Markt“, wo eigentlich Kapitalismus vorliegt. Sie unterstützen die wenigen Großunternehmen im Inland und nach außen durch Zölle, Handelsverträge, Schaffung von Absatzmärkten usw. Das wird im Fortgang des Buches genauer untersucht.

Der Kapitalismus widerspricht prinzipiell den beiden Formen des Marktes, weil sein Ziel von Anfang an die Konzentration des Gewinns in einer privilegierten Gruppe ist. Das Ziel ist im heutigen Finanzkapitalismus in höchstem Maße erreicht, weil eine kleine Gruppe von Großkapitalisten als unsichtbares Kollektiv gemeinsam alle Großunternehmen besitzt, wie ich weiter unten zeigen werde. Durch die Kollektivierung des Kapitals ist die Sicherung der Herrschaft und der Gesellschaftsordnung in höchstem Maße erreicht. Dennoch bestehen Unsicherheit und Konkurrenz fort. Die kapitalistische Gesellschaft entwickelte sich aus der internen und externen Expansion des Kapitals. Dadurch enthält sie einerseits ständige Innovation und andererseits die Möglichkeit sozialen Aufstiegs über Kapitalakkumulation. Man könnte sagen, sie werde die Geister, die sie rief, nicht mehr los. Der Widerspruch zwischen Stabilität und Konkurrenz ist ein Grundmerkmal der kapitalistischen Gesellschaft.

Neu am westlichen Kapitalismus gegenüber den früheren Formen des Kapitalismus war die staatliche Institutionalisierung. Der König erhebt nicht mehr Anspruch auf den gesamten Grundbesitz, es gibt keinen erblichen Herrschaftsanspruch mehr, der Herrscher finanziert seine Privatausgaben nicht mehr durch einen willkürlich festgelegten Tribut. Der Staat ist keine Privatangelegenheit des Herrschers mehr, sondern wird ein formalisierter Apparat. Der Apparat wurde gleichzeitig mit der Entstehung des westlichen Kapitalismus Gegenstand des Kampfes zwischen verschiedenen Bevölkerungsgruppen, aus dem meist die Gruppe der Kapitalisten siegreich hervorging. Der König wird ersetzt durch den Staat, der in letzter Instanz Eigentümer des Bodens und des Geldes ist. Der Staat wiederum wird von der Gruppe der Kapitalisten maßgeblich beeinflusst. Seine Schulden sind im Besitz von Privatpersonen. Die meisten seiner zentralen Aktivitäten dienen der Kapitalvermehrung. Im Kapitalismus bilden die Kapitaleigentümer eine herrschende Klasse, die den Staat und seine Institutionen instrumentalisiert, um Gewinn zu machen und dadurch ihre herrschende Position zu bewahren.

3 Kapital und Arbeit

Im vorangehenden Kapitel wurde die Entwicklung wichtiger Elemente des Kapitalismus nachgezeichnet. Die Eigenschaften des Kapitalismus in europäischen Gesellschaften des 18. und 19. Jahrhunderts werden oft mit historisch getrennten Phänomenen vermischt, beispielsweise der Aufklärung, allgemeinen Bürgerrechten und der Institution des freien Markts. All diese Phänomene sind aber nicht direkt voneinander abhängig und begannen im Westen zu unterschiedlichen Zeiten. Keine einzelne Eigenschaft definiert den gesamten Kapitalismus. Wir können jedoch erst von einem entfalteten Kapitalismus sprechen, wenn zumindest die im vorangehenden Kapitel diskutierten Eigenschaften entwickelt sind. Nun müssen wir ihren Zusammenhang untersuchen.

Eine der wichtigsten Eigenschaften des heutigen Kapitalismus ist die Beschäftigung von Lohnarbeitern durch das Kapital. Das geschah, wie das vorangehende Kapitel aufgezeigt hat, in großem Stil nicht vor dem 19. Jahrhundert. Die Menschen werden in diese Gesellschaftsform integriert, indem sie zu Lohnarbeitern werden und alle gleichermaßen ihre Arbeitskraft verkaufen müssen, um zu überleben. Das ist allerdings ein Nebenprodukt des Kapitalismus. Nur in der Phase der Industrialisierung besteht eine hinreichende Nachfrage nach formal freier Arbeitskraft. In den Phasen davor und danach bestehen für Menschen ohne Arbeit die Optionen Verelendung und staatliche Unterstützung. Allerdings sind die Menschen in der postindustriellen Phase potentiell freie Arbeitnehmer und potentiell gleiche Mitglieder einer Demokratie, nicht mehr Menschen ohne Bürgerrechte.

Die vom Land vertriebenen Menschen hatten bis zur Industrialisierung in den Städten und in der Industrie keine Arbeit. Das Kapital wurde nicht in die Produktion investiert, sondern in Grundeigentum, Finanzinstrumente und den Handel, insbesondere in den Fernhandel. Erst als der Kolonialhandel nicht mehr so profitabel zu werden begann sowie Absatzmärke in Europa und den Kolonien anwuchsen, investierten Kapitalisten in Arbeit und Maschinen. Das begann nicht vor dem 18. Jahrhundert. Der größte Teil des Kapitals blieb allerdings bis heute in Land und Finanzen investiert. Auch der Handel verlor seine Bedeutung mit dem Industriekapitalismus nicht.

Die marxistische Annahme einer polaren Gesellschaftsstruktur von Kapitalisten und Arbeitern ist daher nicht zutreffend – wenn man wie Marx unter Kapitalisten Industrielle und unter Arbeitern Lohnarbeiter in der Produktion versteht.[87] Diese Gruppen waren immer nur Minderheiten, auch heute. In einem anderen Sinne aber trifft die Annahme zu. Es gibt eine kleine Gruppe von Menschen mit Kapital (weniger als 0,1 Prozent der Bevölkerung) und diejenigen ohne Kapital, die für ihren Lebensunterhalt auf die Unterstützung der Kapitaleigentümer, auf Lohnarbeit, angewiesen sind.[88] Diese Struktur hat Karl Marx in seinen Frühschriften erläutert. Er schrieb, dass für den Arbeiter nur ein Leben existiere, wenn er ein Kapital finde, das ihn beschäftigt.[89] Seine Bemerkung verdient eine genauere Untersuchung.

3.1 Was ist Kapital?

Wenn von „Kapital" die Rede ist, erklärt man meist nicht, was gemeint ist. Häufig meint man Vermögen oder Besitz. Als Kapital kann aber nur ein Vermögen bezeichnet werden, das gewinnbringend *investiert* wird. Im Alltag sind wir der Meinung, dass jeder Mensch über Kapital verfügt oder zumindest prinzipiell verfügen kann. Tatsächlich ist der Besitz von Kapital im Sinne eines mit dem Ziel von Gewinn investierten Eigentums auf eine winzige Gruppe beschränkt. Wir werden uns mit dieser Gruppe weiter unten eingehender beschäftigen.

Das Einkommen kann man in Konsum verwandeln (und damit gleichsam verlieren) oder verwahren (sparen). Die Arbeiterschaft muss den größten Teil ihres Einkommens für notwendigen Konsum aufwenden – auch wenn die Definition des Notwendigen sich im Laufe der Zeit ändert. Wenn das Einkommen für den Konsum verbraucht ist, muss die Arbeitskraft erneut verkauft werden. Bleibt darüber hinaus noch etwas übrig, kann es gespart werden. Weder das ersparte noch das für den Konsum aufgewendete Geld ist Kapital. Nur wenn das Ersparte so investiert wird, dass es einen nicht konsumierten Profit abwirft, der über der Wachstumsrate liegt, sich also vermehrt, verfügt man über potentielles Kapital.

Allerdings sind nicht einmal alle Menschen, die über potentielles Kapital verfügen, im ökonomischen Sinne als Kapitalisten zu bezeichnen. Wer ein paar Aktien eines Großunternehmens besitzt, hat keinen Einfluss auf die Firmenpolitik und den Aktienkurs. Es handelt sich lediglich um eine andere Art des Sparens, nicht um eine kontrollierbare Investition. Kleine Sparer sind den Großaktionären und der Unternehmensleitung vollkommen ausgeliefert. Sie sind keine Kapitalisten. Das zeigt sich auch an den Profitraten. Während kleine Sparer froh sind, wenn sich ihr Geld überhaupt vermehrt, streben die Kapitalisten stets Profitraten von mehreren Prozent pro Jahr an. Die Sparer vermehren ihr Vermögen kaum, die Kapitalisten erzielen in Deutschland einen Gewinn von mindestens 4,6 Prozent auf ihre Geldvermögen.[90] Ferner finanzieren Kapitalisten ihren Lebensunterhalt aus dem Profit, während die Sparer für ihren Lebensunterhalt arbeiten müssen. Schließlich sind Kapitalisten nur in Verbindung mit einer sozialen Klasse zu interpretieren. Darauf werde ich im Verlauf des Kapitels mehrfach zurückkommen.

Die Kapitalisten stellen dem Rest der Bevölkerung Kapital gegen eine Art Nutzungsgebühr zur Verfügung. Ein geringer Teil der Nutzer setzt dieses Kapital selbst als Investition ein, muss aber eine Nutzungsgebühr abführen. Wer Boden nutzt, bezahlt eine Pacht. Wer Maschinen benutzt, bezahlt eine Pacht. Und wer Geld leiht, muss einen Zins entrichten. Die Nutzer versuchen, das Kapital so einzusetzen, dass sie selbst einen Gewinn machen. Auf diese Weise sichern sie sich ihr Überleben. Die Mittel zum Überleben kaufen sie jedoch letztlich wieder vom Kapitalisten, so dass ihr Lohn oder Gewinn an den Kapitalisten zurückfließt. Der große Rest der Bevölkerung erarbeitet mittels des Kapitaleinsatzes seinen eigenen Lebensunterhalt und den Profit der Kapitaleigner. Und die Kosten für den Lebensunterhalt fließen an die Verkäufer der Lebensmittel zurück, also an die Kapitaleigner.

Es ist wichtig, sich diesen Punkt genau klarzumachen. Ein beträchtlicher Teil der Einkommen und Vermögen der Menschen, die keine Kapitalisten sind, landet letztlich bei den Kapitalisten. Wir alle bekommen nur Konsumgüter zur Verfügung gestellt. Aus dieser Perspektive macht es keinen Unterschied, ob jemand 1800 oder 8000 Euro netto im Monat verdient. Bei 1800 Euro liegt der bundesdeutsche Durchschnitt für Haushalte, mit 8000 Euro gehört man zu den fünf Prozent der Topverdiener.[91] Wer 1800 Euro verdient, muss etwa 500 bis 900 Euro Miete bezahlen, die oft ein Kapitalist einstreicht, ungefähr 300 Euro für Versicherungen, die Kapitalisten gehören, rund 500 Euro für Nahrungsmittel und Kleidung, die von Kapitalisten verkauft werden, und den Rest für Unterhaltung, die von Kapitalisten angeboten wird. Wer 8000 Euro verdient, zahlt mit etwa 2000 Euro ein Eigenheim ab. Das Geld streicht eine

Bank ein, die Kapitalisten gehört. Mindestens 1000 Euro wendet er für Versicherungen auf und bis zu 1000 Euro für Nahrungsmittel. Für Unterhaltung und insbesondere für Verkehrsmittel wendet er relativ viel auf, möglicherweise bis zu 1000 Euro. Ferner hat diese Person im Zweifelsfall ein Ferienhaus, vielleicht ein Boot und Aufwendungen für Berufskleidung, Bewirtung und ähnliches, die sicher noch einmal 1000 Euro ausmachen. Die restlichen 2000 Euro wird die Person entweder für Luxuskonsum einsetzen oder für die Altersvorsorge, die wiederum von einem kapitalistischen Unternehmen angeboten wird.

Man mag einwenden, dass beide Personen Steuern an den Staat abführen, der nicht im Besitz von Kapitalisten ist. Was aber macht der Staat mit den Steuern? Er gibt es für Sozialleistungen aus, die für den Konsum eingesetzt werden, für Infrastruktur, die von kapitalistischen Unternehmen errichtet wird, für Zinsen auf Schulden, für Rüstung und den Beamtenapparat, der das Geld einsetzt wie eine Person im Beispiel des vorangehenden Absatzes. Nur bei wenigen Posten, etwa Bildung und Gesundheit, fließt das Geld nicht unbedingt vollständig in die Taschen der Kapitalisten.

Selbstverständlich kann in der demokratischen Gesellschaft jeder Mensch ökonomisches Kapital investieren. Wer keines hat, kann einen Kredit aufnehmen. Allerdings tut das kaum jemand, weil das Risiko hoch ist und die wirtschaftlichen Zusammenhänge kaum bekannt sind. Tatsächlich ist der wirtschaftliche Erfolg für einen Außenseiter sehr unwahrscheinlich. Kapitalisten hingegen haben fast immer bereits vor dem wirtschaftlichen Erfolg Kapital, da die meisten Kapitalisten Erben sind. Sie müssen es nicht erwerben und nicht einmal selbst unbedingt investieren, sie können von den Zinsen leben.

Das Kapital im Sinne einer kontrollierbaren Investition gehört im Kapitalismus einer kleinen Gruppe. Alle anderen können nur überleben, wenn ihnen erlaubt wird, dieses Kapital zu nutzen und einen Teil der Profite zu erhalten – mit denen sie Konsumgüter kaufen, deren Erlös wiederum an die Kapitalisten fließt. Die prinzipiell auf Arbeit angewiesenen Menschen, die mindestens 99,9% der Bevölkerung ausmachen, sind weder freie Menschen noch Sklaven, sondern Abhängige. Sie sind darauf angewiesen, vom Kapital einen Lebensunterhalt zugeteilt zu bekommen. Warum bekommen sie ihn? Sie bekommen in dem Maße einen Anteil, in dem sie Dienste für die Kapitalisten verrichten, die ohne diese kein Essen, keine Häuser und keine Annehmlichkeiten hätten.

Und sie bekommen einen Anteil, weil sie ihn über Jahrhunderte erkämpft haben. Eine logische oder natürliche Notwendigkeit, für Arbeit einen Lohn zu bezahlen, gibt es nicht.

3.2 Wachstum

Wer bezahlt eigentlich den Gewinn der Kapitalisten? Das kann geschehen durch die Vermehrung der Geldmenge, Raub, Umverteilung von unten und Wirtschaftswachstum. Alle vier Möglichkeiten werden tagtäglich ergriffen. Die ersten drei sind negativ zu bewerten. Das Drucken von Geld hat eine Inflation zur Folge: Da es insgesamt dieselbe Menge an Waren, Kapital und Arbeit gibt, aber mehr Geld, muss man für jeden Gegenstand mehr Geld bezahlen. Volkswirtschaftlich ändert sich durch die Vermehrung der Geldmenge nichts. Tatsächlich gewinnen aber relativ die Menschen, die über Eigentumsgüter verfügen, welche nicht die Form von Geld haben, während die Menschen, die allein Geld zur Verfügung haben, also die Armen, mehr Geld für das Notwendige ausgeben müssen. Raub kann viele Formen haben, nicht selten ist er mehr oder weniger legal, beispielsweise die Landnahme durch Verwandlung von Boden in Eigentum, ein Vertragsabschluss bei ungleicher Verteilung von Informationen oder die Nutzung von Steueroasen. Mittel zur Umverteilung von unten nach oben sind beispielsweise die Kürzung von Löhnen, Steuererleichterungen für Vermögende und Spitzenverdiener, Verbrauchsteuern (die für alle gleich sind, aber prozentual zum Einkommen für die Konsumenten stärker ins Gewicht fallen als für Kapitalisten), Konsumkredite und Staatsschulden. Das Wirtschaftswachstum kann gut oder schlecht sein. Es kann auf der Plünderung von Ressourcen, Bevölkerungswachstum und Einsparung von Arbeitskräften beruhen. Das ist eher negativ zu bewerten. Lediglich das Wachstum, das auf Steigerung der Produktivität beruht, kann positiv sein – wenn die Allgemeinheit daran beteiligt wird. Meist aber werden trotz Wachstums die Löhne nicht angehoben und nicht mehr Arbeitskräfte beschäftigt. Dann kommen die Früchte des Wachstums fast ausschließlich den Kapitalisten zugute.[92] Der Profit – oder, wie man oft lieber sagt, der Gewinn – der wenigen Kapitalisten wird fast immer von der Allgemeinheit bezahlt.

Der Marxismus geht davon aus, dass Profit durch Ausbeutung von Arbeitskraft erzeugt wird. Mit dieser Annahme verknüpft er eine naturwissenschaftliche Sicht auf die Wirtschaft. Er meint, dass man die Profitrate berechnen könne. Tatsächlich erwächst der größte Teil des Profits im Kapitalismus jedoch aus Prozessen, die Verwandtschaft mit dem Raub aufweisen. Die gesamte Struktur des Kolonialismus bestand darin, dass sich Kaufleute und Staaten Rohstoffe, Waren und Menschen in den Kolonien nahezu kostenlos angeeignet haben. Diese Struktur wurde lediglich durch andere Formen der Kapitalinvestition ergänzt. Noch heute wird ein großer Anteil am weltweiten Handel von der Natur kostenlos zur Verfügung gestellt: Öl, Wasser, Holz, Edelsteine, Metalle, Pflanzen. Man muss nur den Abbau bezahlen.

Ein weiterer Teil des Profits wird durch kurzfristigen Betrug erzeugt, für den tendenziell die Allgemeinheit aufkommen muss, falls es die geschädigten Personen nicht vermögen. Wer Falschgeld druckt und damit bezahlt, macht einen Profit, auch wenn dadurch die gesamte Geldmenge wächst und alle Waren etwas teurer werden. Ähnlich verfahren Banken, wenn sie Wertpapiere für nicht existente Werte auflegen, was die Ursache der Krise von 2008 war.[93]

Der Gewinn entsteht oft aus Raub. Das Wirtschaftswachstum hingegen wird im Wesentlichen durch die Integration neuer Rohstoffquellen und Absatzmärkte erzeugt. Kostenlose Aneignung von Ressourcen ist ein zentrales Element des Kapitalismus, vom Kolonialismus bis zur Abholzung der Regenwälder. Zieht man das prozentuale Bevölkerungswachstum und den Wert neu entdeckter Ressourcen ab, bleibt eine Rate des Wirtschaftswachstums übrig, die kaum über der nicht-kapitalistischer Gesellschaftsformen liegt. Ferner müssen wir im Grunde auch den Wert aller Betrugsfälle abziehen. Es bleibt die Ausbeutung der Arbeitskraft, also die Produktivität, als Quelle eines echten Wachstums im Sinne des Marxismus, das allerdings sehr gering ist und für den Kapitalismus eine untergeordnete Rolle spielt. Tabelle 2 zeigt, dass Ressourcenabbau, Bevölkerungswachstum und Wirtschaftswachstum weitgehend parallel verlaufen.

	1850	1900	1950	2010
Verbrauch von Kohle pro Kopf in Gigajoule	Ca. 2	Ca. 18	Ca. 18	Ca. 24
Anteil von Wald an der Erdoberfläche	50%	48%	44%	38%
Bevölkerung in Milliarden	1,2	1,65	2,53	6,9
BSP in Billionen USD 2011	Ca. 1,5	Ca. 3,4	Ca. 13	Ca. 94

Tab. 2: Wachstum von Bevölkerung, Wirtschaft und Ressourcenabbau weltweit (Quelle: ourworldindata.org, theoildrum.com/node/9023).

Eine Investition muss nicht unbedingt in produktive Tätigkeit fließen, sondern kann auch reine Spekulation mit fiktiven Werten sein. Und die produktive Investition muss keine Arbeitsplätze schaffen, sondern kann gerade dazu dienen, Arbeitsplätze zu vernichten, indem beispielsweise Maschinen gekauft werden, die Arbeit einsparen. Investitionen dienen in erster Linie dazu, Profite zu erwirtschaften. Wenn die Politik also davon redet, ein investitionsfreundliches Klima zu schaffen, ist damit in erster Linie gemeint, dass die Profite gesteigert werden sollen.

Wachstum ist das Schlüsselwort im öffentlichen Diskurs. Wirtschaftssteuerung heißt Förderung des Wachstums, indem Kosten gesenkt und Absatzmöglichkeiten erweitert werden. Die Steuergesetze der meisten Staaten sollen dazu dienen, Investitionen zu fördern. Wo die Unternehmen investieren, bleibt ihnen überlassen. Unternehmenskredite werden verbilligt, die öffentliche Nachfrage wird gestärkt und die Arbeitnehmer werden zur Zurückhaltung bei Lohnforderungen gedrängt. Dadurch soll das Wachstum angekurbelt werden, in Wahrheit werden aber nur die Profite gesteigert.

3.3 Großunternehmen und Konkurrenz

Der Kapitalismus zeichnet sich durch eine Organisation des „Marktes" oder der „Wirtschaft" aus, die vorrangig dazu dient, den Profit der Kapitaleigner zu sichern. Dabei konkurrieren die Kapitaleigner miteinander und müssen sich gegen Aufsteiger, also gegen Konkurrenz von unten, zur Wehr setzen, um ihre soziale Position zu bewahren. Die Konkurrenz reicht oft sogar in die Familien der herrschenden Klasse hinein. Sie sorgt für eine ständige Instabilität des Systems und einen Zwang zur Expansion. Im Bereich der kapitalistischen Wirtschaft hingegen ist die Konkurrenz minimal. Die Rechtfertigung des Kapitalismus als effizienter Wirtschaftsform wegen marktförmiger Konkurrenz trifft auf ihn nicht zu.

Die zentralen Bereiche der kapitalistischen Wirtschaft sind im Wesentlichen Monopole oder Oligopole: Die Großunternehmen sind entweder durch Absprachen oder durch direktes oder indirektes Eigentum miteinander verbunden. Die frühen Großunternehmen, von den niederländischen und englischen Kolonialgesellschaften bis zu den amerikanischen Eisenbahn- und Ölgesellschaften, hatten Monopole inne, zumindest für ein bestimmtes Territorium. Wenn der Staat eine Konkurrenz erlaubte, wurde sie durch Verschmelzung der Unternehmen oder Zerstörung des Konkurrenten aufgehoben. Heute scheinen in jedem großen Bereich der Wirtschaft – Finanz, Autos, Chemie, Maschinen, Computer, Software – mehrere Großunternehmen gegeneinander zu konkurrieren. Wir werden jedoch weiter unten sehen, dass fast alle heutigen Großunternehmen der Welt sich gegenseitig gehören. Sie bilden ein einziges Konglomerat mit dem Ziel, den größtmöglichen Profit für eine winzige Zahl von Teilhabern zu generieren. Das wird in den Medien, von der Politik und durch die Wissenschaft verdeckt, die vom „Markt" reden. Auch rechtlich wird der Anschein einer Konkurrenz erzeugt, indem das Kartellamt überall die Existenz mehrerer Unternehmen fordert – dass sie einander besitzen und allesamt von einer kleinen Gruppe von Kapitalisten besessen werden, spielt keine Rolle. Damit verklärt das Kartellamt faktische Monopole zu legalen Oligopolen.

Einen Wettbewerb zwischen den Großunternehmen gibt es nicht (mehr). Sie kooperieren miteinander und sichern der Gesamtgruppe der Kapitalisten somit das Gleichgewicht zwischen maximaler Sicherheit und maximalem Profit. Diese Tendenz haben Paul Baran und Paul Sweezy schon in den 1960er Jahren konstatiert.[94] In der Theorie ist der Kapitalismus effizient, weil zahlreiche Anbieter im Preis und in der Qualität konkurrieren. Dadurch sollen bestmögliche Bedürfnisbefriedigung, Chancengleichheit und Produktivität erzielt werden. So hatte sich bereits Adam Smith den Kapitalismus vorgestellt.[95] Und noch heute wird behauptet, dass er so funktioniere. Tatsächlich aber werden die profitablen Bereiche der Wirtschaft von wenigen Großunternehmen beherrscht. Der Konsument kann nur noch nachfragen, was von den Großunternehmen angeboten wird. Heute wird die Weltwirtschaft von weniger als 150 Großkonzernen beherrscht, die etwa die Hälfte des Gesamtumsatzes erzielen.[96] Kleinbetriebe können nur überleben, wenn sie etwas herstellen, was die Großbetriebe nicht wollen oder können (z.B. Handarbeit), oder als Zulieferer.

Verdeutlichen Sie sich das einmal am Beispiel des Automarkts. Welche Marken sehen Sie auf deutschen Straßen? Sie werden keine 20 Marken finden. 1920 gab es beispielsweise in Frankreich noch 140 Autohersteller.[97] Nun müssen Sie bedenken, dass einige Marken zu demselben Konzern gehören, beispielsweise VW, Audi und Porsche. Im nächsten Schritt betrachten Sie die globale Situation und stellen fest, dass in den meisten Ländern dieselben Automarken zu finden sind, wenn auch in anderer prozentualer Verteilung. In einem weiteren Schritt können Sie erkennen, dass fast alle Autokonzerne Aktien der angeblich konkurrierenden Autokonzerne besitzen.[98] Schließlich finden Sie heraus, dass die Autokonzerne ständig wegen gemeinsamer Absprachen gerichtlich belangt werden.[99] Man denke auch an den „Dieselskandal". Daran, dass die angeblich konkurrierenden Tankstellen ihre Benzinpreise stets gemeinsam ändern, haben wir uns längst gewöhnt – obwohl das dem Prinzip des Wettbewerbs genau widerspricht. Nicht anders verhält es sich bei den Autoherstellern.

Die Größenunterschiede der Unternehmen implizieren Machtungleichgewichte und Abhängigkeiten. Einfluss auf ein Großunternehmen hatten bis 2009 nur Großaktionäre, Banken und Management. Die deutschen Großbanken vertreten den größten Teil des Grundkapitals auf den Hauptversammlungen, entweder direkt oder für einen Großaktionär oder über Depotstimmrecht, also in Vertretung der Anleger. Ein Großaktionär ist meist an mehreren Unternehmen beteiligt. Er hat nicht mehr das Interesse, ein bestimmtes Unternehmen zu fördern, sondern will eine möglichst hohe Gesamtrendite erwirtschaften. Kleinaktionäre sind dagegen meist nur an einem Unternehmen beteiligt und deshalb an diesem interessiert, haben aber gleichzeitig keinen

Einfluss auf seine Führung. Die Heiligkeit des Privateigentums gilt also nur für die Großkapitalisten.

Die unterschiedlichen Wirtschaftssysteme von sozialer Wirtschaft, Markt, Marktwirtschaft und Kapitalismus existieren nicht unabhängig voneinander, sondern der Kapitalismus setzt die anderen Systeme voraus und sucht sie gleichzeitig zu durchdringen, um sich die potentiell profitablen Bereiche anzueignen. Dabei verändert er die Systeme. Gleichzeitig sind auch innerhalb des Kapitalismus Aspekte des Marktes und der sozialen Wirtschaft präsent. Jeder Mensch, der im Kapitalismus agiert, vollzieht auch Akte des Tauschs und des Geschenks. Ohne sie könnte der Kapitalismus nicht funktionieren. In einer völlig auf Profit ausgerichteten Gesellschaft würden die meisten der notwendigen Tätigkeiten – von der Geburt und Erziehung über die freundschaftliche Interaktion bis hin zu öffentlichen Leistungen wie Infrastruktur, Wohlfahrt oder Schutz der Bevölkerung – verschwinden. Ohne sie gibt es keinen Kapitalismus und vermutlich auch keine Gesellschaft.

Die öffentliche Darstellung von Wirtschaft seitens der Großunternehmen und der Politik gibt vor, die kapitalistische Wirtschaft zu porträtieren, beschreibt aber immer nur die Marktwirtschaft. In dieser Darstellung scheint es, als gäbe es keinen Unterschied zwischen dem Bäcker an der Ecke und Rockefeller. In der liberalen Wirtschaftswissenschaft wird die Funktionsweise des Kapitalismus immer am Beispiel von Tauschgeschäften zwischen Menschen – z.B. auf dem Wochenmarkt – erläutert, die vollkommen freiwillig und gleichberechtigt ausgeführt werden.[100] So funktioniert aber keine kapitalistische Handlung. Das ist eine grobe und absichtliche Irreführung, um die Funktionsweise des Systems unsichtbar zu machen.

3.4 Arbeit und Tätigkeit

Wir alle werden in den Kapitalismus integriert durch die Arbeit, die letztlich ein Zwang ist, um den Lebensunterhalt zu sichern. Arbeit hat nur im Kapitalismus eine zentrale Bedeutung. Selbstverständlich wird auch in anderen Gesellschaftsformen gearbeitet. Aber die Arbeit ist in andere Tätigkeiten eingebettet und wird nach Möglichkeit auf ein Minimum reduziert. Bis vor wenigen Jahrtausenden verfügte die arbeitende Person auch stets über den Ertrag der Arbeit. Historisch haben erst Knechtschaft und Sklaverei eine Gruppe von Menschen geschaffen, deren Lebensinhalt vorrangig in Arbeit besteht. Der Kapitalismus scheint diesen Lebensinhalt auf einen Großteil der Bevölkerung ausgedehnt zu haben. Bei genauerer Betrachtung gilt das jedoch nur für die Periode des Industriekapitalismus. In allen Staaten der Welt geht höchstens die Hälfte der Bevölkerung einer bezahlten Arbeit nach. In den ärmeren Gesellschaften gibt es noch nicht genügend Lohnarbeit für alle, in den reichen nicht mehr.

Im Kapitalismus ist Arbeit nur insofern von Bedeutung, als sie profitabel ausgenutzt werden kann. Die Arbeiter stellen eine Ware her oder bieten eine Dienstleistung an, die auf dem Markt verkauft wird. Vom Erlös erhalten sie einen Teil, ein Teil wird reinvestiert, den Rest behält der Kapitalist als Profit. Wenn es einen Warenmarkt mit Konkurrenz zwischen verschiedenen Anbietern gibt, sinkt der Preis jedoch tendenziell. Da sich Investitionen und Löhne nicht unter ein bestimmtes Niveau drücken lassen, sinkt damit auch die Profitrate. Einen Ausweg für die Kapitalisten bieten entweder Preisabsprachen und Monopole oder Investitionen in andere Bereiche der Wirtschaft. Beide Strategien beherrschen heute das Wirtschaftsleben.

Dennoch behält die Arbeit in einem gewissen Sinne ihren zentralen Stellenwert. Das beruht teilweise darauf, dass die kapitallosen Menschen (letztlich also 99,9 Prozent der Bevölkerung) nur überleben können, indem sie etwas vom Eigentum der Kapitalisten abbekommen. Das geschieht prinzipiell über Arbeit. Der Transfer von Vermögen an die nicht arbeitende Bevölkerung über den Sozialstaat kann weder ideologisch noch ökonomisch zum Grundprinzip werden. Ökonomisch würde dann gar nichts mehr produziert. Ideologisch würden die Menschen die Struktur des Kapitalismus erkennen und wären nicht mehr zu kontrollieren.

Hannah Arendt hat verdeutlicht, dass Arbeit im Sinne einer Sicherung des Überlebens nicht die gesamte menschliche Tätigkeit umfasst. Sie schrieb, dass sich diese Form menschlicher Tätigkeit mit der Durchsetzung des Kapitalismus allerdings als einzig legitime Form menschlichen Verhaltens etabliert und damit den Reichtum der menschlichen Möglichkeiten auf ökonomische Knechtschaft reduziert habe.[101] Im antiken Griechenland habe man neben der Arbeit noch (künstlerisches) Herstellen und (politisches) Handeln unterschieden. Arendts Unterscheidung von Arbeit, Herstellen und Handeln erschöpft zwar nicht alle Möglichkeiten menschlicher Tätigkeit, zeigt aber die Eindimensionalität des Arbeitsbegriffs auf. Gerade in der vielleicht produktivsten

Gesellschaftsform werden die Menschen auf die Sicherung ihres Überlebens reduziert.

Gesellschaftlich wird nicht nur Arbeit verteilt, sondern jede Form der Tätigkeit, von Gesellschaftsspielen über Hausarbeit bis hin zu politischer Agitation. Nicht in allen dieser Tätigkeiten geht es um Profit, und nicht alle sind in die kapitalistische Arbeitsteilung integriert. Wir werden aber vorrangig über die Arbeit definiert. Die erste Frage an eine unbekannte Person lautet regelmäßig: „Was machst Du?" Gemeint ist damit die Berufsarbeit. Welche anderen Tätigkeiten man ausübt, ist zweitrangig. Hat man keinen Beruf, ist man als Mensch zweitrangig. Selbstverständlich mussten die Menschen zu allen Zeiten für ihren Lebensunterhalt sorgen. Bis zur Entstehung des Kapitalismus bestand jedoch fast immer die prinzipielle Möglichkeit, ein Stück Land urbar zu machen und vom Ertrag zu leben. Diese Möglichkeit besteht nicht mehr, seit fast die gesamte Erdoberfläche in Eigentum verwandelt wurde und Lebensmittel nur über die Integration in das Arbeitssystem erhältlich sind. Der Eintritt in den kapitalistischen „Markt" geschieht gerade nicht freiwillig, sondern über den Arbeitszwang, der den Menschen auf eine einzige Tätigkeitsform reduziert.

Es gibt keine allgemeine und freie Konkurrenz zwischen allen Menschen, sondern die Konkurrenz findet immer nur innerhalb eines engen Rahmens statt. Um einen bestimmten Job konkurrieren nur die Menschen mit den entsprechenden Qualifikationen, auf einem bestimmten Warenmarkt konkurrieren nur Unternehmer mit ausreichend Kapital, um ein bestimmtes Konsumgut konkurrieren nur die Nachfrager mit genügend Geld. Jedoch wird das System einerseits durch den Mythos Konkurrenz gerechtfertigt, andererseits werden die Menschen durch die Angst vor Konkurrenz diszipliniert. Die kapitalistische Gesellschaft ist eine Gesellschaft der Angst. Mehr noch als die Arbeiterschaft um ihren Job fürchtet, hat das Kapital Angst vor dem Verlust des Eigentums. Auch frühere Herrschaftsordnungen haben sich über Angst reproduziert und legitimiert. Im Kapitalismus spielt die Konkurrenz eine zentrale Rolle bei der Erzeugung von Angst.

4 Ungleichheit und Herrschaft

4.1 Ökonomische Klassen

Zur Ausübung von Herrschaft ist im Kapitalismus ökonomisches Kapital notwendig. Das kann prinzipiell jeder Mensch erwerben, aber die Wahrscheinlichkeit ist gesellschaftlich ungleich verteilt. Letztlich haben die meisten von uns nie etwas mit Kapital in einem ernstzunehmenden Sinn zu tun. Viele Angehörige der Mittelschichten besitzen Aktien oder gar Produktionsmittel, aber die Wahrscheinlichkeit, dass sie Unternehmen oder gar Kapitalmärkte beeinflussen können, beträgt tendenziell Null. Auf diese Weise zerfällt die Gesellschaft prinzipiell in zwei Gruppen, die Besitzer ökonomischen Kapitals und die auf Arbeit Angewiesenen.

Um die Konzentration des Kapitals, die Winzigkeit der Gruppe von Kapitalisten und ihre Distanz vom Rest der Menschen zu verdeutlichen, müssen wir einige Zahlen betrachten. Das Gesamtvermögen der Welt betrug 2015 etwa 250 Billionen Dollar.[102] Die oberen zehn Prozent der Weltbevölkerung besaßen zu diesem Zeitpunkt 84 Prozent des Weltvermögens, der Rest ist also im Hinblick auf das Vermögen zu vernachlässigen. Aber auch innerhalb der oberen zehn Prozent sind die meisten Menschen im Verhältnis nicht besonders vermögend. Die Gruppe der Vermögensmillionäre in Dollar umfasste 2015 kaum 0,7 Prozent der Weltbevölkerung oder rund 33,7 Millionen Menschen.[103] Mit einer Million Dollar ist man allerdings noch kein nennenswerter Investor. Wer in Deutschland ein Vermögen von einer Million besitzt, verfügt vielleicht über zwei Häuser, drei Autos, ein Boot – die er oder sie allesamt selbst nutzt – und darüber hinaus noch über eine winzige Investition in Form von einer Lebensversicherung oder einem Aktienfonds, die andere kontrollieren.

Als Kapitalisten können nur Menschen gelten, die eine größere Summe investiert haben und darauf einen Profit machen. In Europa benötigt man mehr, in Afrika weniger; allerdings sind in Afrika nur 126 000 Millionäre gemeldet.[104] Wir müssen die statistische Grenze für die Zugehörigkeit zur Gruppe der Kapitalisten etwas höher ansetzen, weil die meisten Reichen in den reichen Ländern leben. Wenn wir die Grenze etwas unterhalb von fünf Millionen Dollar ansetzen, bleiben weltweit rund vier Millionen Menschen als potentielle Kapitalisten übrig, also rund 0,06 Prozent der Weltbevölkerung, von denen rund 125 000 als „Ultra-high net worth individuals" oder Ultrareiche klassifiziert werden.[105] Wir können davon ausgehen, dass nur die 0,06 Prozent prinzipiell Einfluss auf die Kapitalmärkte haben, allen anderen Menschen bleiben sie mehr oder weniger verschlossen.

Rund 14 Prozent der Weltbevölkerung können zur ökonomischen Mittelklasse gezählt werden. Von ihnen sind 39 Prozent in den USA, 33 Prozent in Europa und 28 Prozent im Rest der Welt ansässig. Die untere Grenze dieser Gruppe kann man durch das kaufkraftbereinigte Einkommen pro Kopf bestimmen. Die Grenze liegt für die Bank Crédit Suisse bei 58 000 Dollar in Norwegen und 13 700 in Indien.[106] Insgesamt ist der Prozentsatz, den die Mittelklasse am globalen Vermögen hält, gesunken, vor allem seit der Finanzkrise, aber im globalen Süden wächst die Mittelklasse zahlenmäßig.[107] Dennoch ist der weitaus größte Teil der Menschen im Hinblick auf das Vermögen arm. 71 Prozent der Erwachsenen weltweit werden von der Bank Crédit Suisse als arm klassifiziert.

Auch innerhalb von Deutschland ist das Vermögen extrem ungleich verteilt, selbst wenn die Gruppe der Kapitalisten etwas größer ist als im globalen Durchschnitt. Das Vermögen der 800 000 reichsten Deutschen (ein Prozent der Bevölkerung) ist fast so groß wie das der restlichen 80 Millionen. „Ein durchschnittlicher Haushalt verfügt inklusive der Ansprüche aus Lebensversicherungen und privater Altersvorsorge über ein Nettogeldvermögen von weniger als 8000 Euro."[108] Die untere Hälfte der deutschen Bevölkerung besitzt keine Immobilien und insgesamt rund vier Prozent des Gesamtvermögens.[109] Immerhin sechs Prozent der Bevölkerung verfügen über Produktiv- oder Realvermögen.[110] Die meisten Menschen in dieser Gruppe sind jedoch als Kleinanleger zu klassifizieren. Nur die reichsten 0,1 Prozent der Bevölkerung können als Kapitalisten bezeichnet werden. Diese 0,1 Prozent besitzen 22,5 Prozent des Nettovermögens oder im Durchschnitt pro Haushalt mindestens 19 Millionen Euro.[111] Man kann also davon ausgehen, dass die obersten 0,1 Prozent fast das gesamte ökonomische Kapital im Sinne von kontrollierbaren Investitionen besitzen.

Den Abgrund, der die Kapitalisten vom Rest der Bevölkerung trennt, kann man sich verdeutlichen, indem man die Vermögensverhältnisse räumlich darstellt. Nur etwas mehr als ein Prozent der Deutschen besitzt ein Vermögen von über einer Million Euro. Stellen wir das Vermögen von einer Million Euro einmal als einen Zentimeter dar. Da die meisten Millionäre tatsächlich nur eine Million oder wenig mehr besitzen, beträgt der Abstand zwischen den Armen, die nur wenige Euro besitzen, und den reichsten Menschen unterhalb der Grenze von etwas mehr als einer Million Euro weniger als 1,1 Zentimeter. Über 99 Prozent der Deutschen sind innerhalb dieser 1,1 Zentimeter angesiedelt. Die reichsten 0,1 Prozent besitzen durchschnittlich 19 Millionen Euro und die allerreichsten Menschen weit über eine Milliarde Euro. Der Abstand zwischen ihnen und dem Rest der Bevölkerung beträgt mindestens zehn Meter. Während also fast die gesamte Bevölkerung zwischen zwei Zeilen dieses Buches passt, sind die Kapitalisten außerhalb des Buches und teilweise außerhalb des Zimmers, in dem Sie sich befinden, zu verorten.

Die Gruppe der reichsten 92 000 Menschen weltweit hat ein verstecktes Vermögen in Steueroasen von insgesamt fünf bis 32 Billionen Dollar.[112] Dieses Vermögen wächst immer stärker, und auch der Abstand zwischen den Reichen und dem Rest der Bevölkerung steigt fast kontinuierlich an. Zwischen 1950 und 1970 steigerten die einkommensstärksten 0,01 Prozent der Amerikaner für jeden Dollar, den die ärmeren 90 Prozent der Bevölkerung mehr verdienten, ihr Einkommen um 168 Dollar, die Steigerung des Einkommens der Reichen betrug also das 168fache der Steigerung der großen Mehrheit.[113] 1790 entsprach das Verhältnis des Vermögens des reichsten Amerikaners, Elias H. Derby, zum Vermögen einer durchschnittlichen Familie dem des höchsten Berges der USA zu einem Hund; 2000 entsprach es dem des höchsten Berges zu einer Ameise.[114]

4.2 Soziale Klassen

Um den Kapitalismus zu verstehen, ist es zentral, zwischen Kapital und Geld zu unterscheiden. In diesem Sinne gibt es nur zwei ökonomische Klassen, nämlich Kapitalisten und Nicht-Kapitalisten, wie Karl Marx behauptet hat. Nun ist es ebenso zentral, zwischen ökonomischen und sozialen Klassen zu unterscheiden. Viele Mitglieder einer Familie Rockefeller oder Porsche sind nicht als Kapitalisten aktiv, und einige sind vielleicht sogar als Individuen enterbt oder nicht unmittelbar vermögend. Sie gehören nicht zur ökonomischen Klasse der Kapitalisten. Aber sie gehören zur obersten sozialen Klasse, da ihnen jede Tür offensteht. Umgekehrt verfügt ein Neureicher nur über Geld, die Türen der herrschenden Klasse bleiben ihm aber verschlossen. Die grundlegende Herrschaftsstruktur ist nicht die Verteilung des Geldes, sondern die Hierarchie der sozialen Klassen. Ohne soziale Verbindungen kann man als Individuum nicht zur Oberklasse gehören – ohne ökonomisches Kapital hingegen schon.

Der „Markt“ für Arbeit steht theoretisch allen Menschen offen. Aber die Eigentümer ökonomischen Kapitals brauchen keine Arbeitsstelle. Sie finanzieren ihren Lebensunterhalt und mehr aus ihren Kapitalerträgen. Sie können arbeiten, müssen aber nicht. Der Rest der Bevölkerung muss arbeiten. Allerdings reicht die Arbeit selten für alle. Neben dem offiziellen Bereich formal geregelter Lohnarbeit existieren auch ein Bereich informeller Arbeit, eine Subsistenzwirtschaft, ein Feld staatlicher Unterstützung und die Schattenwirtschaft. Diese Bereiche sind eher den unteren Klassen vorbehalten. Der Arbeitsmarkt selbst ist nicht einheitlich. Er ist segmentiert in Führungspositionen, qualifizierte Arbeit und unqualifizierte Arbeit. Jeder Typ von Arbeit wird vorrangig von einer sozialen Klasse bedient.

Uns allen wird vorgegaukelt, dass das gesellschaftliche Ziel im Kapitalismus darin bestehe, viel Geld zu verdienen. Jemand „hat es geschafft“ oder „ist erfolgreich“, wenn er oder sie reich geworden ist. Ebenso werden die Schichten oder Klassen in der Gesellschaft meist durch Einkommen oder Vermögen bestimmt. Klassen werden mit ökonomischen Klassen identifiziert, ähnlich wie im vorangehenden Abschnitt. Dabei wird zweierlei verdeckt. Erstens reicht Geld allein nicht aus, um eine Spitzenposition in der Gesellschaft einzunehmen. Zweitens geht es am Ende nicht um Geld, sondern um Herrschaft. Daher muss man über die rein ökonomische Betrachtung von Ungleichheit hinausgehen.

Wer nur Geld hat (beispielsweise durch einen Lottogewinn), verliert es innerhalb kurzer Zeit wieder, weil man es auch investieren und das Heer von auftauchenden Betrügern abwimmeln können muss. Ein Fußballspieler kann mehr Geld haben als ein Mitglied der herrschenden Klasse, aber wird keinen Zugang zu dieser Klasse bekommen, da er dort keine Freunde, keine Kenntnisse, keinen Namen und keinen Einfluss hat. Ein Fußballspieler, der viel Geld verdient, steigt zwar ökonomisch auf, aber nur in seltenen Fällen sozial. Im Übrigen verarmen die meisten reichen Fußballspieler nach dem Ende ihrer Karriere innerhalb weniger Jahre. Viele der Ausnahmen kommen aus einer höheren Klasse und bleiben auch nach ihrem Karriereende in ihr. Bei den Aufsteigern denkt man beispielsweise an Oliver Bierhoff oder Franz

Beckenbauer. Bierhoffs Vater war Vorstandsmitglied des Energieunternehmens RWE, Beckenbauers Vater war leitender Postbeamter. Ihre Söhne sind nicht unbedingt sozial aufgestiegen.

Dennoch scheint es so, als gäbe es in Deutschland eine beträchtliche soziale Mobilität. Leute verarmen oder werden reich und ändern im Lebenslauf mehrmals ihre berufliche Position. Bei genauerer Betrachtung nähern sich die Menschen jedoch meist der Position ihrer Eltern an, ähnlich wie Beckenbauer und Bierhoff. Diejenigen, die wirklich von ihren Eltern abweichen, bleiben meist innerhalb enger Grenzen – sie verdienen doppelt oder halb so viel, aber nicht zehnmal so viel. Selbst die OECD kommt zum Ergebnis, dass eine Familie mit einem unterdurchschnittlichen Einkommen in Deutschland statistisch sechs Generationen benötigen würde, um sich dem Durchschnittseinkommen anzunähern.[115]

Diese Betrachtung beschränkt sich allerdings immer noch auf die ökonomische Klasse. Soziale Mobilität wird durch Geld allein nicht möglich. Wir müssen von der ökonomischen Klasse daher die soziale Klasse unterscheiden. Die soziale Klasse umfasst ein Netzwerk, sie ist fast so etwas wie ein ethnischer Stamm. Insofern unterscheidet sich die kapitalistische Klassengesellschaft kaum von der feudalen Ständegesellschaft. Auch im Mittelalter blieb Mobilität auf den Stand begrenzt; der Aufstieg oder Abstieg über die Grenzen des Standes hinaus war zwar möglich, aber selten. Gleiches gilt für den Kapitalismus. Der Aufstieg in die Oberklasse gelingt nur über die Verbindung zu deren Mitgliedern, beispielsweise durch Heirat. Geld reicht nicht aus.

Darüber hinaus muss man den gesamten Lebenslauf betrachten, um soziale Mobilität festzustellen. Viele Menschen scheinen während eines Lebensabschnitts aus dem Schema ihrer sozialen Klasse herauszufallen. Sie werden reich oder verarmen. Studierende sind oft relativ arm, kommen aber aus wohlhabenden Elternhäusern und werden im Laufe ihres Berufslebens oft vermögend. Arbeiter hingegen können auf dem Höhepunkt ihrer Laufbahn relativ viel Geld verdienen, erhalten und vermachen jedoch ein eher geringes Erbe. Zumindest am Anfang und am Ende bleiben sie im Allgemeinen relativ gesprochen in derselben Klasse wie ihre Eltern und deren Vorfahren. Soziale Mobilität ist möglich und innerhalb der Klasse sogar nicht selten. Über Klassengrenzen hinweg findet sie kaum statt. Es handelt sich fast immer um Menschen, die in wichtigen Charakteristika von den anderen Mitgliedern ihrer sozialen Klasse abweichen.

Am Ende geht es im Kapitalismus wie in jeder ungleichen Gesellschaftsform nicht um Geld. Das Geld ist nur ein Mittel, um eine privilegierte soziale Position zu sichern. Die Privilegierung einer sozialen Position über eine andere in Verbindung mit der Macht, die Gesellschaft zu beeinflussen und anderen Menschen den eigenen Willen aufzuzwingen, bezeichne ich als Herrschaft. Eine Struktur ungleicher sozialer Klassen ist eine Herrschaftsstruktur. Eine kapitalistische Gesellschaft besteht aus sozialen Klassen, die zueinander in einem Herrschaftsverhältnis stehen.

Das Ziel im Kapitalismus besteht in der Erringung oder Bewahrung einer Herrschaftsposition oder der Mitgliedschaft in der obersten sozialen Klasse, die ich als herrschende Klasse bezeichne, weil sie sich eben durch Herrschaft auszeichnet. Für den Rest der Gesellschaft wird das Ziel als ökonomisches Vermögen etabliert, weil die Herrschaft dadurch unsichtbar wird und die Menschen zu Arbeit angetrieben werden, deren Früchte am Ende fast immer bei den Eigentümern des ökonomischen Kapitals landen. Dieses Kapital ist in der herrschenden Klasse konzentriert. Die Oberfläche der kapitalistischen Gesellschaft bestimmt sich durch Konkurrenz um ökonomische Indikatoren, insbesondere Geld und Beruf. In dieser Konkurrenz sitzen die Kapitalisten von vornherein am längeren Hebel. Tatsächlich aber konkurrieren sie gar nicht mit dem Rest der Bevölkerung, sondern nur unter sich. Das ist unsichtbar, weil die Vererbung von Kapital nicht berücksichtigt wird. Ferner wird systematisch unsichtbar gemacht, dass für den Erwerb und Einsatz von Kapital weitere Ressourcen wie soziale Netzwerke und Kenntnisse vonnöten sind.

Unter der Oberfläche ist die unsichtbare Herrschaft, die auf sozialen Klassen und nicht auf ökonomischen Größen beruht. Die ökonomische Klasse definiert sich allein durch ökonomischen Besitz. Sie überschneidet sich mit der sozialen Klasse, da das Kapital in der herrschenden Klasse konzentriert ist. Sie unterscheidet sich aber von der sozialen Klasse, da es bei der sozialen Klasse und bei Herrschaft nicht allein um Geld geht. Dieses Buch handelt vorrangig von sozialen Klassen. Mit dem Begriff der sozialen Klasse meine ich eine gegen andere Gruppen sozial abgeschlossene und über die Zeit hinweg stabile Gruppe, die sich nicht nur durch Geld oder den Beruf bestimmt, sondern auch durch soziokulturelle Eigenschaften. Diese sind in Mustern des Alltagshandelns verkörpert. Sie verfestigen sich in einem Typus, der ganz bestimmte Verhaltensweisen umfasst.

Der Soziologe Pierre Bourdieu hat den Typus als *Habitus* bezeichnet.[116] Wir lernen unser Verhalten in einer bestimmten sozialen Umgebung, vor allem während der Kindheit. Auf diese Weise erwerben wir Verhaltensmuster, die an die Umgebung angepasst sind, zumeist an die Umgebung der Eltern. Wir haben mehr mit den Menschen gemeinsam, die in einer ähnlichen Umgebung aufgewachsen sind, als mit den anderen. Ob man lieber Fußball oder Golf, lieber Bier oder einen exklusiven Rotwein, lieber körperliche Arbeit oder Investmentbanking mag, hängt großenteils von der sozialen Umgebung ab, in der wir aufgewachsen sind und die sich im Habitus verfestigt.[117] Der Habitus besteht aus stabilen Handlungsmustern. Je früher im Lebenslauf die Muster erworben und je öfter sie wiederholt werden, desto tiefer prägen sie sich ein. Ein Beispiel wäre das Erlernen eines Musikinstruments, das eine lange Übung mit ständigen Korrekturen und Verfeinerungen voraussetzt, aber dann eine lebenslange Fähigkeit begründet. Da die soziale Umgebung und die Position des Menschen sich nicht ständig ändern, weisen die Handlungsmuster eine zeitliche Kontinuität und eine Einheitlichkeit auf, die den Habitus auszeichnen.[118]

Eine soziale Klasse definiert sich durch den Habitus und ökonomisches Kapital, aber auch durch andere Faktoren wie Bildung, Kulturgüter, Umgangsformen und Sprache, die Bourdieu unter dem Begriff kulturelles Kapital zusammengefasst hat, sowie durch wertvolle Beziehungen, das soziale Kapital.[119] All diese Faktoren wirken zusammen. Einkommen, Beruf und Besitz spielen eine Rolle, aber nur als Faktoren unter vielen anderen. Alle Faktoren gemeinsam dienen dazu, die jeweils unteren sozialen Klassen von den Privilegien der eigenen Klasse auszuschließen.

Eine soziale Klasse zeichnet sich durch zeitliche Stabilität aus, weil ökonomisches, soziales und kulturelles Kapital von einer Generation an die nächste vererbt werden. Die soziale Klasse kann genauer definiert werden als eine soziokulturelle Gruppe, die zentrale Elemente von Habitus und Kapital von einer Generation an die andere weitergibt und sich symbolisch sowohl aktiv wie auch passiv von den anderen Klassen unterscheidet.[120] Dadurch errichtet sie Grenzen der Mobilität, innerhalb derer ihre Mitglieder verbleiben, und einen ungleichen Zugang zu Privilegien. Die Klassengrenzen können somit empirisch erfahren und erforscht werden. Wir müssen nur herausfinden, wo die Faktoren, die eine soziale Klasse bestimmen, einander ähneln und wo die Grenzen der sozialen Mobilität bestehen.

4.3 Die Produktion sozialer Klassen

In kapitalistischen Gesellschaften gelten alle Menschen zunehmend als rechtlich und größtenteils biologisch gleich. Das behaupten die liberalen Philosophen seit Thomas Hobbes und auch die Verfassungen der meisten Demokratien. Diese Denkweise zeichnet sich vor allem durch die folgenden Behauptungen aus: Die Gesellschaft besteht aus einzelnen Individuen, deren zentrales Merkmal das Eigeninteresse ist. Alle Individuen sind, entweder von Natur aus oder erst innerhalb der bürgerlichen Demokratie, gleich und frei. Sie geben einen Teil ihrer Freiheit an die sie repräsentierende Regierung eines Nationalstaats ab, die ihre Rechte und Freiheiten schützt, insbesondere das Recht auf Eigentum. Der Staat sichert den freien Markt, auf dem die Individuen unter gleichen Bedingungen in friedlicher und vertraglich geregelter Weise um Status und Reichtum konkurrieren. Der freie Markt beruht auf wissenschaftlichen Grundlagen und kann berechnet werden, weil die Bewegungen ihrer kleinsten Bestandteile durch das Eigeninteresse klar bestimmt und vorhersagbar sind.

Wer unter diesen Bedingungen keinen „Erfolg" hat, also arm oder verachtet ist, muss daran einen Teil der Schuld tragen oder außergewöhnliches Pech gehabt haben. Wer hingegen reich oder angesehen ist, muss das durch eine überragende Leistung errungen haben. Das meinen die meisten Reichen tatsächlich.[121] Sie behaupten, ihren Reichtum und ihre hohe soziale Position durch eigene Leistung errungen zu haben. Diese Vorstellung bezeichnet man als *meritokratisch*: Gesellschaftlicher Erfolg beruht demnach auf der eigenen Leistung, dem „Verdienst" oder „merit". Dass diese meritokratische Behauptung nur den Status einer Rechtfertigung hat, zeigt sich in der äußerst negativen Bedeutung des „Aufstiegs" in der herrschenden Klasse. Es gibt vielleicht keinen Begriff, der in dieser Klasse eine abwertendere Konnotation hätte als den des Aufsteigers. Wer in seinem Leben alle Regeln des guten Geschmacks gebrochen hat oder verarmt ist, ist in gehobenen Kreisen eher akzeptabel als ein Aufsteiger, der es mit harter Arbeit und geschickten Investitionen echt meritokratisch zu etwas gebracht hat.

Wir alle meinen, es durch Arbeit, Bildung und Intelligenz zu etwas bringen zu können. In der Tat können wir auf diese Weise mehr Geld verdienen, aber niemand von uns ist in die herrschende Klasse aufgestiegen – und wir kennen persönlich keinen Menschen, der das getan hat. Das gilt für alle sozialen Klassen. Wir verlassen die soziale Klasse unserer Herkunft normalerweise nicht. Das liegt daran, dass wir von Angehörigen anderer sozialer Klassen nicht als gleich wahrgenommen, sondern ausgeschlossen werden – wie der Neureiche aus der herrschenden Klasse. Wir bekommen keinen Zugang zu Jobs, Vereinen oder Freundeskreisen, die einer anderen sozialen Klasse vorbehalten sind.

Surinder Jodhka und Catherine Newman haben am Beispiel der Besetzung von Führungspositionen in indischen Großunternehmen gezeigt, dass am Ende nur die Bewerber ausgewählt wurden, deren soziale Herkunft zur Position passte, obwohl die Personalchefs sich ausschließlich nach dem Kriterium der Leistung, „merit", richteten.[122] Eine transnationale indische Firma braucht weltgewandte und gut ausgebildete Arbeitskräfte. Diese können theoretisch aus allen Kasten stammen, faktisch aber erfüllen nur Angehörige der höheren Kasten dieses Kriterium. Um die Weltläufigkeit und die Ausbildung zu prüfen, fragen die Personalchefs nach dem familiären Hintergrund, da in der Familie die Grundlagen dieser Kompetenzen gelegt werden. Sie fragen nach den Berufen der Eltern, nach der Erziehung, den Jobs der Geschwister und nach der sozialen Umgebung der Kindheit. Ein Bauernsohn, der ohne Hochkultur aufgewachsen ist und eine Dorfschule besucht hat, kann dieser Vorstellung zufolge nicht über die Kompetenzen verfügen, die für eine wirtschaftliche Führungsposition erforderlich sind. Es scheint, als frage der Personalchef nach der individuellen Leistung, dem „merit", aber in Wahrheit fragt er nach Eigenschaften, die in einer sozialen Klasse ausgebildet werden. Ähnlich verhält es sich auch in anderen kulturellen Kontexten.

Durch den differenzierten Zugang zu unterschiedlichen sozialen Umgebungen, beispielsweise exklusiven Clubs oder Führungspositionen in der Wirtschaft, werden Grenzen zwischen sozialen Klassen gezogen. Angehörige unterer Klassen haben nicht die Voraussetzungen für eine Führungsposition und können sie kaum nachholen, weil ihnen der Zugang zu den entsprechenden Institutionen verwehrt ist. Nur wenige Kinder ungelernter Arbeiter besuchen das Gymnasium, noch weniger schaffen es auf die Universität und keine werden Mitglieder der herrschenden Klasse. In Deutschland haben nur rund zwei Prozent der Kinder aus der untersten sozialen Klasse Abitur – und nur sie haben überhaupt eine Chance aufzusteigen.[123] Indem alle Menschen für gleich erklärt werden, macht man die Unterschiede in den Voraussetzungen, also die Herrschaftsordnung, unsichtbar. Wir alle meinen, für unser Schicksal selbst verantwortlich zu sein, obwohl es zu einem großen Teil durch die soziale Klasse bestimmt wird.

Dennoch wird die Dynamik der kapitalistischen Gesellschaft vorrangig durch Konkurrenz erzeugt. Die Konkurrenz findet allerdings vorrangig innerhalb der Klassen statt. Nur die Angehörigen der herrschenden Klasse konkurrieren wirklich um Vermögen im Sinne von Kapital. Alle anderen konkurrieren um Konsumgüter und um Arbeit – die gehobene Mittelklasse um Führungspositionen, die Mittelklasse um einen sicheren und gut bezahlten Job und die untere Klasse um überhaupt eine Einkommensquelle. Wie in einem Hamsterrad bemühen sich alle Menschen, auf der Stelle zu treten, erzeugen dabei aber viel Energie und Bewegung.

4.4 Soziale Klassen in Deutschland

Die sozialen Klassen bestimmen sich nicht durch ein einzelnes Merkmal wie Geld oder Beruf, sondern durch die Gesamtheit der Merkmale, die typischerweise in der entsprechenden Umgebung vorkommen, und zwar größtenteils gemeinsam in jedem Mitglied der Klasse. Kaum Kinder ungelernter Arbeiter haben Abitur. Und wenige Kinder ungelernter Arbeiter haben Kenntnis der so genannten Hochkultur oder verfügen über ein großes Aktiendepot. So gut wie ausgeschlossen aber ist die Kombination dieser Merkmale. Wir können die untere soziale Klasse dadurch bestimmen, dass die *Kombination* dieser und ähnlicher Merkmale nicht vorkommt, auch wenn vereinzelte Mitglieder der Klasse über das eine oder andere der Merkmale verfügen.

Für die Zugehörigkeit zu einer sozialen Klasse geben Merkmale den Ausschlag, die von den anderen Mitgliedern der Gesellschaft für entscheidend gehalten werden, wenn es um den Zugang zur eigenen Gruppe geht, beispielsweise im Hinblick auf den Beruf, einen Verein oder den Freundeskreis, und die Zugang zu hoch bewerteten Aktivitäten oder Gütern vermitteln. Hierbei sind Formen des Verhaltens und Ressourcen entscheidend. Bourdieu folgend bezeichne ich für wichtig gehaltene und in einer bestimmten sozialen Umgebung erworbene Formen des Verhaltens als Habitus.[124] Während Bourdieu die Ressourcen unter dem Oberbegriff „Kapital“ zusammenfasst, behalte ich den Kapitalbegriff lieber der engen ökonomischen Bedeutung vor, die im vorliegenden Buch zentral ist.

In unserer Forschung über soziale Ungleichheit in Deutschland haben wir Ressourcen und Habitus genauer definiert und operationalisiert.[125] Einkommen und Vermögen haben sich als geeignete Indikatoren des ökonomischen Kapitals und Bildungstitel als Indikatoren für kulturelle Ressourcen erwiesen. In unserer Studie haben wir den Wert sozialer Beziehungen durch die soziale Position der Freunde und die Mitgliedschaft in Vereinen, das gesellschaftliche Ansehen hingegen durch Ehrentitel und die Reputation des Familiennamens bestimmt. Als weitere wichtige Merkmale identifizierten wir die soziale Herkunft (Beruf und Bildungsstand der Eltern und Großeltern), den Erziehungsstil und die besuchten Schulen. Schließlich nahmen wir Eigenschaften des Habitus hinzu, die sich in unseren Interviews als besonders ungleich verteilt erwiesen haben: das Maß an sozialer Aktivität, die Orientierung an Leistung, das Selbstbewusstsein, Disziplin, Flexibilität, Ordnungsliebe, Freizeitorientierung und Lernbereitschaft. Die Kombination all dieser Faktoren variiert zwischen den Individuen, kommt aber für jede soziale Klasse in einer typischen Konfiguration vor.

Vor dem Hintergrund dieser Konfiguration haben wir drei Trennlinien in der deutschen Gesellschaft ermittelt, die Grenzen zwischen den sozialen Klassen ziehen. Eine soziale Mobilität über diese Trennlinien hinweg kommt statistisch kaum vor. Ein auf- oder abgestiegenes Individuum bleibt meist ein Einzelfall in der Familiengeschichte. Die Trennlinien bezeichnen wir als die der Würde, der Expressivität und der Enthobenheit. Sie bestimmen die Grenzen sozialer Klassen, die sich über Generationen hinweg reproduzieren. Diese Klassen haben unterschiedliche Kulturen, vermitteln unterschiedliche Habitus und sind mit unterschiedlichen Lebenswelten verwoben. Soziale Klassen sind damit als Traditionslinien nicht nur durch Besitz von ökonomischem Kapital bestimmt, sondern sie sind auch Kulturen, die bestimmte, teilweise ganz auf sie beschränkte Handlungsmuster und Symbolsysteme umfassen und sie ihren Mitgliedern vermitteln.

Die drei Trennlinien konstituieren vier soziale Klassen, die wir als Marginalisierte, Kämpfer, Etablierte und Enthobene bestimmt haben. Sie überlagern sich großenteils mit ökonomischen Klassen, insbesondere mit der Verteilung von Arbeit und Kapital. Die Marginalisierten sind von vielen Bereichen der Gesellschaft ausgeschlossen, insbesondere von einer geregelten und angemessen bezahlten Arbeit. Sie verfügen über eine geringe Gesamtmenge an Ressourcen und zumeist über einen fatalistischen oder einen hedonistischen

Habitus. Sie leben unterhalb der Trennlinie der Würde, weil sie vom Rest der Gesellschaft verachtet werden. Die Kämpfer stellen die „Mitte" der Gesellschaft und den Großteil der arbeitenden Bevölkerung. Sie haben oft einen disziplinierten oder flexiblen Habitus und leben oberhalb der Trennlinie der Würde, weil sie produktive Arbeit verrichten, die in der kapitalistischen Gesellschaft eine würdevolle Existenz begründet. Die Etablierten übernehmen die Führungspositionen und verfügen insgesamt über eine große Menge an Ressourcen. Ihr Habitus zeichnet sich durch Leistungsbewusstsein oder durch Autonomie aus. Sie leben oberhalb der Trennlinie der Expressivität, weil sie ihr Leben als Gesamtkunstwerk interpretieren, in dem die Arbeit nicht nur produktiv, sondern auch sinnvoll sein muss. Die Enthobenen sind vom Rest der Gesellschaft geradezu durch eine Mauer getrennt. Die meisten von ihnen sind die Großeigentümer des ökonomischen Kapitals und blicken meist auf alte Familienstammbäume von Enthobenen zurück.

Die sozialen Klassen leben gewissermaßen auf unterschiedlichen Planeten.[126] Einige charakteristische Auszüge aus unseren Interviews mögen das illustrieren. Sie zeigen, dass die Lebensläufe keinerlei Ähnlichkeit aufweisen, dass sie stark durch die familiäre Herkunft bestimmt werden und dass die Angehörigen unterer Klassen praktisch keine Möglichkeit haben, in die nächsthöhere Klasse aufzusteigen. Der Obdachlose hatte nie die Chance, eine Ausbildung zu machen, die Sachbearbeiterin hat weder ein Studium noch wertvolle soziale Kontakte, der Verleger hat einen hohen Status, aber kein Kapital. Die ältere Dame konnte von den Kapitaleinkünften ihres Erbes und ihres Mannes leben, der sich dennoch entschieden hat zu arbeiten.

Obdachloser, 55 Jahre: „Mutter hat in der Schulküche gekocht. Schlechtes Kinderheim, schlechtes Elternhaus, kein Geld ... wir waren mit vier Mann in einem Zimmer ... In die Sonderschule bin ich gekommen. Weil ich sehr krank bin. Hab' ich das Haus angesteckt, sag ich ganz ehrlich ... Jetzt kriege ich eine poplige Grundsicherung, weil meine Grundsicherung liegt bei 264 Euro. Das ist ein bisschen wenig. Das ist ein hartes Programm für diejenigen. Das ist ein hartes Programm, glaub mir das. 30 Jahre geschindet, Rest ist weg, dann kommen wir auf den Friedhof, auf den Schrott. Die sind Schrott hier bei uns die Menschen ... Ja, der Herr [...] ist einer aus Bayern. Diesen Monat wohn' bei seinem Bruder und seiner Schwägerin, die schlafen in der Wohnstube auf der Ausziehcouch, ich schlaf' auf dem Sofa neben dem Bett."

Sachbearbeiterin, 38 Jahre: „Also, meine Kindheit war eigentlich ganz normal ... Mutter hat im Pflegeheim gearbeitet und Vater in 'ner Getränkefirma als Lieferant ... Wir haben immer in 'ner Mietwohung gewohnt, dicht zusammen ... Hab' 'ne Ausbildung im Bürokauffraubereich gemacht ... Mein Leben ist eigentlich ganz normal, sag ich mal. Möcht'n bisschen mehr noch dazugehören. Aber es ist auch gut so, ich hab's geschafft, eben nicht ganz außen vor zu stehen. Dadurch, dass man dann doch eben mal unterwegs ist, gehört man dann auch so'n bisschen dazu ... Finanziell ist es immer knapp. Ein bisschen mehr wäre schon gut."

Verleger, 76 Jahre: „Mein Vater war Offizier ... Später war er dann Gemeinderat ... Sein Großvater war Burgverwalter ... 1949 bin ich dann für ein Jahr nach Schweden und dann für zweieinhalb Jahre in die USA gegangen, Hauptsache raus aus Deutschland ... Mein Professor kannte den Chef der Zeitung ganz gut ... Mir wurde dann eine Stelle angeboten, aber ich habe gesagt, nee, ich schreibe erst meine Dissertation fertig, und da hab' ich am ersten Januar hier angefangen ... Ich glaub', ich denk' gar nicht in [sozialen] Schichten. Ich denk' eher in Leistung ... Ich war Mitglied in vielen [Kulturorganisationen] ... Ich bin zur klassischen Musik eigentlich erst in Chicago gekommen. Ich geh' mehr ins Theater als ins Konzert – wobei mich das Konzert weniger ärgern würde als viele Theater ... Also, ich hab' das Bundesverdienstkreuz angeheftet bekommen vom Bundespräsidenten."

Ehefrau eines Vorstandsmitglieds, 92 Jahre: „Mein Großvater wurde von der ganzen Familie verehrt, weil er Oberbürgermeister gewesen war, nicht. Und er saß auch da in seinem großen Haus, und man musste, wenn man zu ihm wollte, also als Kind musste ich erst mal draußen warten ... Mein Mann hat nach dem Krieg bei [einem Großunternehmen] angefangen. Ich fand das furchtbar, den Gedanken, aber er ist ja dann in den Vorstand gekommen ... Im Alltag, da war ich stinkfaul. Ich hatte ein sehr gutes Mädchen, also die für mich arbeitete und wirklich gut war ... Ich habe dann in der Stiftung gearbeitet, und das hab' ich dann auch sehr emsig getan. Das Gebäude wurde gerade frisch gebaut, und da hatte ich dann den Vorsitz."

Die Interviewausschnitte sollen zeigen, wie unterschiedlich die Lebensläufe, aber auch Ressourcen und Habitus der Mitglieder verschiedener Klassen sind. Keiner der Interviewten könnte in das Umfeld der anderen geraten, die sozialen Entfernungen sind zu groß. Wir schätzen die Größe der marginalisierten Klasse auf bis zu 20, die der Kämpfer auf mindestens 65, die der Etablierten auf höchstens 15 und die der Enthobenen auf weniger als 0,1 Prozent der deutschen Bevölkerung. Die Anteile lassen sich nicht präzise angeben, weil unsere Erhebung mit knapp 3000 Fällen zwar relativ umfangreich und repräsentativ im Hinblick auf Geschlecht, Alter, Wohnort und Bildungsstand war, aber nicht im Hinblick auf den Habitus.

Die sozialen Klassen und ihre Grenzen sind nicht sichtbar. Auch die gesellschaftliche Hierarchie bekommen wir als Ganze nie in den Blick. Das beruht darauf, dass wir an das Spiel von Konkurrenz und Aufstieg glauben. Wer hart arbeitet, kann reich werden – so meinen wir. Wer intelligenter und fleißiger ist als andere, kann aufsteigen. Wir betrachten die Gesellschaft rein ökonomisch und glauben an die Macht des Geldes. Dabei übersehen wir die Stabilität und die Bedeutung der sozialen Klasse. Der reiche Fußballspieler bleibt normalerweise eben doch ein „Proletarier" oder bestenfalls ein „Emporkömmling" und steigt nie in die enthobene Klasse auf.[127]

4.5 Soziale Klassen im internationalen Vergleich

Es lassen sich drei große Typen von kapitalistischen Klassengesellschaften unterscheiden. Die Unterschiede beruhen auf der Art und dem Zeitpunkt der kapitalistischen Transformation. Diese wiederum ist eng mit der Geschichte des Kolonialismus verknüpft. In den Gesellschaften des kolonialen Zentrums, also insbesondere Europas, liegt die kapitalistische Transformation lange zurück. Sie haben stabile Klassenstrukturen, die wie die älteren Strukturen kaum sichtbar sind. In Gesellschaften des zweiten Typs, den Siedlerkolonien, sind die vorkapitalistischen Ungleichheiten hingegen noch deutlich zu erkennen. Die Nachkommen der Kolonialherren bilden die oberen sozialen Klassen, die Nachkommen der indigenen Gruppen und der Sklaven die unteren. Diese Struktur findet sich in fast ganz Amerika, im südlichen Afrika und vermutlich in Ozeanien. Zum dritten Typ zählen die meisten Gesellschaften Asiens und Afrikas, die erst vor wenigen Jahrzehnten unabhängig wurden und erst nach der Unabhängigkeit die kapitalistische Transformation als Gesamtgesellschaften vollzogen haben. Die früheren Strukturen, die ich als Soziokulturen bezeichne, sind noch deutlich sichtbar und teilweise strukturell bedeutender als die Klassenhierarchie. Einige Staaten, wie Äthiopien oder Thailand, waren nicht Teil des Kolonialsystems und lassen sich nicht unter einen der drei großen Typen subsumieren. Ich werde das am Beispiel Thailands illustrieren.

Über die Strukturen in Osteuropa und im arabischen Raum kann ich nichts sagen.

Im Folgenden werde ich die Konfiguration von Soziokulturen und sozialen Klassen in einigen Nationalstaaten vorstellen. Die deutsche Klassenstruktur kann teilweise als typisch für das Zentrum gelten. Brasilien werde ich als Beispiel einer Siedlerkolonie sowie Indien zur Illustration einer verwalteten Kolonie anführen. Ferner sei auf die USA als ehemalige Siedlerkolonie und heutige herrschende Macht hingewiesen. Nur wenige der heutigen Nationalstaaten fallen nicht unter eine der drei Kategorien, und zwar diejenigen, die nicht in das koloniale System integriert waren, beispielsweise Thailand.[128]

Im Gegensatz zu Deutschland und anderen Gesellschaften des kolonialen Zentrums sind in den Siedlerkolonien die Wurzeln der heutigen Klassenstrukturen in älteren, insbesondere kolonialen Strukturen noch heute sichtbar. Sie sind insofern von Bedeutung, als die Nachkommen von Sklaven und Indigenen erst vor wenigen Generationen, im Fall der USA in den 1960er Jahren und in dem Südafrikas erst 1994, volle Bürgerrechte erhalten haben und bis heute den allergrößten Teil der unteren sozialen Klassen stellen, während die Nachkommen der Kolonialherren den überwiegenden Teil der oberen sozialen Klassen ausmachen.

Dieses Zusammenspiel von kolonialen Strukturen und Klassenstruktur möchte ich am Beispiel Brasiliens erläutern.[129] Brasiliens Hierarchie sozialer Klassen scheint äußerlich der Deutschlands zu ähneln. Wir können fünf Klassen unterscheiden, wobei die Mittelklasse klar in zwei Traditionslinien zerfällt, zwischen denen so gut wie keine Mobilität existiert, eine Klasse informeller Kämpfer und eine Klasse privilegierter Arbeitnehmer. Die Ähnlichkeiten täuschen jedoch über die unterschiedlichen Wurzeln und Kulturen der Klassen hinweg, sodass Gemeinsamkeiten selbst zwischen den beiden Klassen an den Extremen problematisch werden.

Die Wurzeln sind in der Kolonialgesellschaft zu suchen, die im Wesentlichen aus den europäischen Herren und den afrikanischen Sklaven bestand, unterhalb derer die wenigen der nicht ausgerotteten Indigenen angesiedelt waren. Die Gruppe der Europäer zerfiel in den Großgrundbesitz und den Herrschaftsapparat. Oberhalb der Sklaven existierte eine kleine Gruppe der freien Bauern-, Arbeiter- und Händlerschaft, die als Mestizen klassifiziert wurden. Brasilien erlangte zwar 1822 die Unabhängigkeit, schaffte die Sklaverei aber erst 1888 ab, ohne dass die gesellschaftlichen Nachteile der Sklaven kompensiert worden wären. Damit wirkte die koloniale Sozialstruktur bis in das 20. Jahrhundert hinein.

Im 20. Jahrhundert betrieb Brasilien eine aktive Politik der Industrialisierung und entwickelte eine kapitalistische Klassenstruktur. Diese Struktur war mit der kolonialen Struktur insofern identisch, als die meisten Menschen ihre relative hierarchische Position beibehielten. Lediglich in der Mitte entstand eine neue Klasse, die der Industriearbeiter. Sie speiste sich vor allem aus der Immigration von Europäern und nur zu einem geringen Teil aus interner Land-Stadt-Migration.

Die heutige Hierarchie sozialer Klassen ist eine Transformation der Industriegesellschaft des 20. Jahrhunderts, die wiederum unmittelbar in der Kolonialgesellschaft wurzelte. Der Entwicklungsstaat wich nach dem Ende der Militärdiktatur 1985 dem globalisierten Kapitalismus. Die ländliche Sozialstruktur verschwand im Wesentlichen. Heute leben weniger als zehn Prozent der Bevölkerung auf dem Land, und die meisten von ihnen sind in ähnlicher Weise urbanisiert, wie das in Deutschland der Fall ist. Die Reste des Großgrundbesitzes verwandelten sich in Großkapital. Die land- und besitzlosen Nachkommen der Sklaven wurden zu einer Klasse der Marginalisierten, die rund 30 Prozent der Bevölkerung umfasst. Arbeiter und Angestellte fanden sich in einer fast ebenso großen Mittelklasse zusammen. Die Erben der alten Bürokratie bildeten die mit höchstens zehn Prozent kleine Klasse der Etablierten. Die untere Klasse der Kämpfer hat im Gegensatz zu Deutschland seine Wurzeln kaum in der Gruppe der Angestellten, sondern rekrutiert sich aus ungelernten Arbeitern der Industrialisierung und Angehörigen der unteren Klasse, die durch die sozialdemokratischen Programme um die Jahrhundertwende aufgestiegen sind.[130] Es handelt sich um bis zu 20 Prozent der Bevölkerung.

Man sieht, dass die Geschichte und die Zusammensetzung der sozialen Klassen sich von Deutschland stark unterscheiden, obwohl oberflächliche Ähnlichkeiten bestehen. Darüber hinaus ist zu berücksichtigen, dass die unteren beiden Klassen nur rund zehn Prozent Menschen mit heller Hautfarbe umfassen, während es sich in den oberen drei Klassen genau umgekehrt verhält. Die kolonialen Wurzeln sind nicht nur deutlich sichtbar, sondern sie beeinflussen auch die sozialen Klassen und verleihen der Kategorie der Rasse eine Bedeutung, die sie in Deutschland nicht hat. Schließlich sorgt auch die Kategorie der Indigenen für einen wichtigen Unterschied. Selbst wenn diese

Kategorie kaum mehr als ein Prozent der heutigen Bevölkerung umfasst, werden viele ihrer Angehörigen erst jetzt in die kapitalistische Gesellschaft integriert.

Die Konfiguration Brasiliens zeigt Überschneidungen mit den anderen ehemaligen Siedlerkolonien. Sie ist insofern eine Extremform, als eine formale Gleichheit zwischen Europäern, Sklaven und Indigenen relativ früh hergestellt wurde. Ferner weisen die meisten anderen Gesellschaften Lateinamerikas einen sehr viel kleineren Prozentsatz an Nachkommen afrikanischer Sklaven auf als Brasilien. Dennoch sind ihre Strukturen insofern ähnlich, als die indigene Bevölkerung großenteils die Position der Afrikaner einnahm.

Die Konfiguration ist nur dort geringfügig anders, wo eine Segregationspolitik verfolgt wurde, wie im südlichen Afrika und in den USA. Die Struktur, die Zusammensetzung und sogar die Anzahl der sozialen Klassen sind mit denen Brasiliens identisch. Die Segregation und die späte Gleichstellung der afrikanischen Bevölkerung führten jedoch in Südafrika dazu, dass eine Art Parallelgesellschaft entstand, in der sich afrikanische Mittelklassen entwickelten, sogar Ansätze eines afrikanischen Unternehmertums. Deren Nachkommen gehören heute den oberen Klassen Südafrikas an.

Die USA, wo wir bislang über 100 qualitative Interviews durchgeführt und ausgewertet haben, stehen zwischen Brasilien und Südafrika. Auch hier hat die Rassentrennung zur Entstehung afrikanischer Mittelklassen geführt, die allerdings mit den europäischen Mittelklassen großenteils verschmolzen sind. Ferner hat sich die Industrialisierung im Verein mit europäischer Immigration ähnlich vollzogen wie in Brasilien, nur etwas früher. Die heutige Hierarchie sozialer Klassen der USA lässt sich mindestens bis zum Zweiten Weltkrieg zurückverfolgen. Joseph A. Kahl hat in den 1950er Jahren die fünf Klassen der USA annähernd so beschrieben, wie wir es heute tun würden.[131]

Sehr viel stärker sichtbar und wirksam sind die vorkapitalistischen Soziokulturen im Rest der Welt, der rund zwei Drittel der Weltbevölkerung umfasst. Die Vielfalt der Strukturen in Asien und im mittleren Afrika ist in der Tat verwirrend. Kaum zwei Nationalstaaten weisen tiefgreifende Ähnlichkeiten auf, weil sie sehr unterschiedliche vorkoloniale Strukturen hatten und sich Kolonialherrschaft und Unabhängigkeit überall unterschiedlich vollzogen. Bei genauerer Analyse zeigen sich jedoch Gemeinsamkeiten in den vorkolonialen Soziokulturen. Im Wesentlichen lassen sich fünf große Typen unterscheiden. Das Mandala-Modell, ein patrimonialer Zusammenhang konzentrischer Abhängigkeiten, prägt den größten Teil Südostasiens. Eine Kombination aus Kaste, Patrimonialismus und kleinstaatlichen Strukturen charakterisiert fast ganz Südasien. Ostasien (einschließlich Nordvietnam) wird stark durch den imperialen Staat in Verbindung mit der Haushaltsregistrierung und urbanen Netzwerken bestimmt. In Zentralasien (bis in die Mongolei und nach China) bilden bis heute nomadische Strukturen die soziokulturelle Grundlage. Und in einem Großteil Afrikas zwischen der Sahara und Botswana sind ethnische Clanstrukturen, Patrimonialismus und Kleinstaaten von Bedeutung.

Als Beispiel sei Indien angeführt.[132] Selbstverständlich ist die Darstellung stark verkürzt, zumal Indien die Größe und Vielfalt eines ganzen Kontinents aufweist. Man kann sie sich so vorstellen, als sei ganz Europa unter eine indirekte Kolonialherrschaft gekommen, die viele Feudalstaaten kaum angetastet, aber in einen einzigen Staat integriert hat. Bis weit in die 1947 beginnende postkoloniale Phase hinein blieben viele der mindestens 600 Staaten mehr oder weniger unabhängig. Die Staaten wiederum haben die lokalen Strukturen unterschiedlich stark integriert und transformiert.

Noch lebt die Hälfte der indischen Bevölkerung in Dörfern, von denen fast jedes seine eigene Sozialstruktur aufweist. Die meisten Dorfstrukturen werden vor allem durch lokale Kasten (jati), patrimoniale Beziehungen, Verwandtschaftsbeziehungen, „berufliche" Spezialisierung und Landbesitz bestimmt. Eine jati kann sich von einem Dorf bis zu einer kleinen Region ausdehnen, aber kaum eine jati existiert in ganz Indien. Im Nordwesten Indiens gibt es viele Dörfer, die nur eine Kaste umfassen, während im Nordosten und am Himalaya die Mehrheit der Dörfer keine Kasten kennt. Jatis sind am besten als translokale Gemeinschaften zu charakterisieren, die endogam sind, gemeinsame Rituale teilen und meist in hierarchischen Beziehungen zu anderen jatis stehen. Die jatis wohnen in unterschiedlichen Teilen des Dorfes und bleiben im Alltag unter sich. Der Landbesitz ist stark konzentriert, neben wenigen Großgrundbesitzern gibt es einige freie Kleinbauern und etliche landlose Arbeiter. In der Vergangenheit existierten jedoch viele eher egalitäre Dörfer mit Gemeinschaftseigentum, vor allem im Nordosten, wo sogar matriarchale Tendenzen zu beobachten waren.

In den vergangenen Jahrtausenden waren die meisten Dörfer über mehr oder weniger lange Perioden in Fürstentümer oder andere kleinstaatliche Strukturen integriert. Im indischen Mittelalter, das zeitlich und in vieler Hinsicht gesellschaftlich dem europäischen Mittelalter entspricht, nahm die

Integration zu. Innerhalb der Staaten entstanden eigene Hierarchien, die bis auf die dörfliche Ebene reichten, sodass die lokalen Strukturen als Hybride aus alten Dorfstrukturen und staatlichen Hierarchien zu interpretieren sind. Ab dem 16. Jahrhundert haben die Mogulherrscher einen Großteil des heutigen Südasiens in eine umfassende feudale Rangordnung eingegliedert, die als Mansabdari bezeichnet wurde. Allerdings bedienten sich die Moguln einer indirekten Herrschaft. Daher erfuhren die kleinstaatlichen und dörflichen Strukturen nur eine geringe Veränderung.

Auch die britische Kolonialherrschaft ab Mitte des 18. Jahrhunderts blieb großenteils indirekt. Ferner bewahrte fast die Hälfte des Territoriums seine Unabhängigkeit. Vorkoloniale Strukturen hielten sich daher teilweise die gesamte Kolonialzeit hindurch aufrecht. Allerdings schuf die Kolonialmacht ein neues System der Klassifikation und Stratifikation, das auf den Begriffen Rasse, Religion und Kaste beruhte. Die Bevölkerung wurde zunehmend in Hindus und Nicht-Hindus eingeteilt, die Hindus sollten sich durch eine Hierarchie von vier Kasten (varnas) sowie einer Gruppe von Kastenlosen auszeichnen, und die Hierarchie sollte historisch auf der Unterwerfung einer dunkelhäutigen Lokalbevölkerung durch hellhäutige Einwanderer beruhen. Diese Klassifikationen existierten zwar schon vor der Kolonialzeit, spielten aber eine untergeordnete Rolle. Hingegen sind sie bis heute von größter Bedeutung, insbesondere im Kontext des Hindu-Nationalismus. In der postkolonialen Epoche entstand ein sozialistisch inspirierter Staat, dessen bürokratische Hierarchie bis heute fortwirkt. Erst ab den 1990er Jahren kann man von der vollständigen Ausbreitung des Kapitalismus sprechen.

Wir können deutlich erkennen, wie aus den älteren Strukturen fünf soziale Klassen hervorgehen, die denen Brasiliens stark ähneln. Die mittleren Klassen zerfallen jedoch in Mitglieder der ersten Generation (Land-Stadt-Migranten) und zirkuläre Migranten auf der einen Seite und in der Klasse verwurzelte Mitglieder auf der anderen. Ferner bestehen ältere Strukturen fort. Die ländlichen Strukturen sind nur lokal – im Zusammenspiel von alter Dorfstruktur, altem Kleinstaat und Kapitalismus – zu verstehen. Auch in den vormals unabhängigen Kleinstaaten spielt die vorkapitalistische Hierarchie weiterhin eine Rolle. Schließlich bilden beide Ordnungen von Kaste (varna und jati) sowie Religion zusätzliche Dimensionen von Ungleichheit, die nicht nationalstaatlich homogen sind.

Letztlich entstehen in Indien 14 soziale Gruppen. Neben den fünf sozialen Klassen und ihren Anwärtern können wir in unserem Material deutlich eine bürokratische Oberschicht und eine bürokratische Mittelschicht aus der postkolonialen Periode identifizieren. Darüber hinaus sehen wir auf dem Land und in den Kleinstaaten das Fortbestehen lokaler Eliten (meist höherkastige Großgrundbesitzer), einer Kleinbauernschaft und einer landlosen und meist kastenlosen Arbeiterschaft. Ferner ist eine ländliche Mittelklasse entstanden. Es existieren also eine ländliche, eine bürokratische und eine kapitalistische Struktur sowie eine des Übergangs mit jeweils eigenen Hierarchien.

Die kapitalistischen Klassenstrukturen ähneln einander im internationalen Vergleich. Sie sind jedoch unterschiedlich stark ausgeprägt und beruhen auf älteren Strukturen, die teilweise unterhalb der Klassen fortbestehen. Darüber hinaus existieren lokale Strukturen, die in unterschiedlichen Graden durch den Kapitalismus transformiert werden. Auf der anderen Seite existiert eine internationale und zunehmend globale Hierarchie, die in den folgenden Kapiteln mehrfach erläutert wird. Sie beruht auf dem Kolonialismus und auf der internationalen Ordnung nach dem Zweiten Weltkrieg.

4.6 Überblick über die institutionelle Vermittlung der Klassenherrschaft

Die Konkurrenz ist im Wesentlichen ein *Schein*, der die Ungleichheit legitimiert. Sobald man akzeptiert hat, dass der Kapitalismus durch die Konkurrenz um ökonomisches Kapital bestimmt wird, ist die Hierarchie sozialer Klassen nicht mehr angemessen zu verstehen. Man meint, sie könnte verändert werden, indem man das Kapital, insbesondere das Geld, umverteilt.[133] Wenn man demgegenüber leugnet, dass es im Kapitalismus um ökonomisches Kapital geht, bestreitet man das Offensichtliche. Entscheidend ist der Zusammenhang: dass es im Kapitalismus tatsächlich um Kapital geht, dass der Kapitalismus aber nur die Oberfläche bestimmt und dass die kapitalistische Klassenstruktur die Herrschaftsordnung, die eine Erbin vorkapitalistischer Hierarchien ist, reproduziert. Aus diesem Grund bezeichne ich die Oberklasse der Enthobenen im vorliegenden Buch als herrschende Klasse.

Wir sträuben uns gegen den Begriff der herrschenden Klasse, weil es den Anschein hat, als mische sich diese Klasse nicht direkt in die Politik ein. Tatsächlich tut sie es auf eine weniger deutlich sichtbare Weise als in anderen

Gesellschaftsformen. Die Herrschenden beeinflussen jedoch die Gesetze, kontrollieren die Rechtsprechung, besitzen die Medien und bestimmen die Agenda der Wissenschaft. Sie üben nicht bewusst eine koordinierte Herrschaft aus, weil sie innerhalb ihrer sozialen Klasse konkurrieren und die Klasse für eine Koordination zu groß ist. Vielmehr haben sie für ihre Aktivitäten die wirksamsten Mittel. Dieser müssen sie sich nicht bewusst bedienen, weil die Mechanismen der Herrschaft unsichtbar sind und eine Beschreibung der sichtbaren Welt als Konkurrenz um Geld die Herrschaftsordnung verdeckt und stärkt. Die herrschende Klasse kennt die Zusammenhänge, die Gegenstand dieses Buches sind, selbst kaum besser als jede andere Klasse und kann gelegentlich ihren eigenen Interessen widersprechen. Indem wir alle glauben, es gehe im Kapitalismus nur darum, viel Geld zu verdienen, verkennen wir den Unterschied zwischen Geld im Sinne eines Arbeitslohns, der für den Konsum eingesetzt wird, und Kapital. Und wir verkennen, dass Kapital nur ein Element von Herrschaft ist. Durch den Fokus auf die reine Größe des finanziell messbaren Besitzes wird Herrschaft unsichtbar.

Im Folgenden versuche ich zu erklären, wie die Reproduktion der Klassenordnung im Kapitalismus funktioniert. Wie kann die herrschende Klasse ihre Position beibehalten, obwohl sie so winzig ist, die Ungleichheit zu einem weltweiten Skandal wurde und die meisten Mitglieder der herrschenden Klasse das System nicht besser verstehen als die anderen Menschen? Ein kurzer Überblick soll an dieser Stelle die ausführliche Antwort der folgenden Kapitel zusammenfassen.

Die herrschende Klasse nutzt soziale Netzwerke für ihre Abschließung und wechselseitige Unterstützung, investiert ökonomisches Kapital in Grundbesitz, Unternehmen sowie Finanzmärkte und monopolisiert spezielle Kenntnisse von Management und Steuerung. Ihr Geldvermögen setzt sie ein für Investitionen, aber auch für Abhängigkeitsbeziehungen, den Erwerb von kulturellen Ressourcen, Status und Ehre, Lobbyismus, Think Tanks oder Privatarmeen. Betriebsvermögen setzt sie ein für Profit sowie Druck auf öffentliche Einrichtungen und Arbeiter. Grundbesitz schließt den Rest der Bevölkerung von der Subsistenz aus und zwingt ihn zur Arbeit.

Die Ressourcen der herrschenden Klasse werden außerdem konvertiert in politischen Einfluss über wichtige Ämter und Korruption (direkter Einfluss), Parteispenden (Beeinflussung der Konstellation), Organisationen der Zivilgesellschaft (mittelbarer Einfluss) und die Öffentlichkeit (Medien, Bildung und

Wissenschaft). Die daraus erwachsende politische Macht wird genutzt zur Beeinflussung von politischen Entscheidungen, Gesetzen und Rechtsprechung (die drei Gewalten) sowie Zentralbanken und Behörden. Der Staatsapparat wird funktionalisiert für die Vergrößerung des Kapitals, die Vertretung der Kapitalinteressen im Ausland und die Befriedung der Bevölkerung. Wenn nötig, wendet er polizeiliche und militärische Mittel dafür an.

Es handelt sich gleichsam um Stufen desselben Prozesses, um eine Stufenfolge von Sicherungen. Die herrschende Klasse versucht, jede Stufe in ihrem Sinne zu beeinflussen. Ökonomisches Kapital wird undurchsichtig investiert und versteckt. Soziale Netzwerke werden exklusiv und unzugänglich gemacht. Kulturelle Ressourcen werden auf Insiderwissen konzentriert. Politische Macht wird maximiert. Überall besteht eine Tendenz zur Konzentration, zur Monopolisierung durch die herrschende Klasse.

Wie in allen Herrschaftsordnungen suchen im Kapitalismus Usurpatoren innerhalb des Systems aufzusteigen und Herrschende zu verdrängen. Einige von ihnen erarbeiten dabei Innovationen, die meist in das System integriert werden können, es manchmal aber verändern. In jedem Fall erzeugen die Innovationen eine ständige Dynamik, die im Kapitalismus wegen seiner formalen Freiheit besonders stark ist. Auch die Herrschenden müssen sich der Dynamik unterwerfen und sich an Neuerungen anpassen.

Der Aufstieg von IT-Milliardären wie Bill Gates, Jeff Bezos, Mark Zuckerberg und anderen zeigt, wie das Verhältnis von Herrschaft und Innovation funktioniert. Der Kapitalismus eröffnet ständig neue Geschäftsfelder durch Innovation. Die alten Kapitalisten treiben diese Innovation selten voran, sondern kaufen erfolgreiche Jungunternehmen auf. Sie werden aber auch von diesen herausgefordert und riskieren einen ökonomischen Abstieg, falls sie sich nicht rechtzeitig an die neuen Trends anpassen. Gleichzeitig riskieren die erfolgreichen Jungunternehmer, durch die alten Kapitalisten aufgekauft, verdrängt, ausgeschlossen oder betrogen zu werden, was in der Mehrheit der Fälle geschieht. Nur wenige Aufsteiger können sich in der Gruppe der Kapitalisten halten, vielleicht einige der zu Beginn des Absatzes Genannten.

Die Mechanismen und Hierarchien sind im Alltag nicht sichtbar. Alle Menschen in der kapitalistischen Gesellschaft scheinen gleich zu sein und sich nur durch ihr Vermögen zu unterscheiden, das sie erarbeitet haben. Auch hat man Kontakte zu Mitgliedern anderer Klassen und teilt manchmal sogar Aspekte des Lebensstils mit ihnen. Die Klassengrenzen werden ferner dadurch verdeckt, dass alle Menschen für frei erklärt werden. Ferner soll jedes Individuum für seine Lage selbst verantwortlich sein. Schließlich wird behauptet, die Reichen und Mächtigen verdankten ihre soziale Position einer herausragenden Leistung – obwohl sie in erster Linie auf ihrer sozialen Klasse beruht.

5 Die globale Ordnung

5.1 Der Kalte Krieg und der Neoliberalismus

Das gegenwärtige kapitalistische System kombiniert und transformiert die Eigenschaften, die sich historisch im Laufe der Jahrhunderte herausgebildet haben. Die vorangehenden Kapitel haben sich mit ihnen beschäftigt. Die Verwandlung von Land in Eigentum, die Entwicklung von handelbaren Krediten und insbesondere verkäuflichen Staatsanleihen, die weltweite Ausbeutung von Menschen und Ressourcen, der Nationalstaat, eine Hierarchie sozialer Klassen und die Legitimation des Systems durch formale Gleichheit, Freiheit und Marktwirtschaft sind auch heute von grundlegender Bedeutung für den Kapitalismus. Um seine Funktionsweise zu verstehen, müssen wir nun betrachten, wie er sich in den vergangenen Jahrzehnten konkret ausgestaltet hat.

Im 20. Jahrhundert lösten die USA England als Supermacht und als vorrangige Verbreiterin des Kapitalismus ab. Nach dem Zweiten Weltkrieg errangen die Vereinigten Staaten eine weltweite Vormachtstellung, die nur vom kommunistischen Ostblock herausgefordert wurde. Die Amerikaner hatten in beiden Kriegen den entscheidenden Beitrag zum Sieg der Alliierten geliefert und ordneten nun die Welt neu, zunächst die westliche Welt, zunehmend aber auch die ehemaligen Kolonien und nach 1989 einen Großteil des ehemaligen Ostblocks. Zumindest in der westlichen Welt hatten die USA militärisch, politisch und wirtschaftlich eine beherrschende Position inne. Wir müssen daher betrachten, wie die USA den Kapitalismus und die Weltordnung gestalten. Dabei ist zu bedenken, dass die meisten Bewohner der USA mit diesen Prozessen wenig zu tun haben, sondern dass die herrschende Klasse und der Staatsapparat die treibenden Kräfte sind. Diese sind allerdings auch nicht bösartiger als die anderer Staaten. Vielmehr verlangt die Aufrechterhaltung der Weltherrschaft den Gebrauch von Gewalt und die Kontrolle über wirtschaftliche und politische Prozesse.

Die USA waren selbst eine ehemalige Kolonie. Sie pflegten auch nach der Unabhängigkeit eine besondere Beziehung zur ehemaligen Kolonialmacht Großbritannien: Die herrschenden Klassen beider Länder waren eng miteinander verbunden, wie ich im zehnten Kapitel zeigen werde, und zwar weit mehr als in den anderen großen britischen Siedlerkolonien. Der Aufstieg der USA ist teilweise durch diese Verbindung zu erklären, sodann aber auch durch die rasche Industrialisierung, die durch den Sieg der industrialisierten Nordstaaten im Bürgerkrieg 1865 noch gestärkt wurde. Schließlich traten die Vereinigten Staaten in beide Weltkriege auf Seiten der späteren Sieger ein, ohne selbst größere Zerstörung zu erleiden.

Die Vereinigten Staaten verdrängten gegen Ende des 19. Jahrhunderts Großbritannien als Vorreiter der Industrialisierung. Die amerikanische Vorherrschaft beruht aber nicht, wie meist behauptet wird, allein darauf. Vielmehr gelang es den USA, ihr Kapital am gewinnträchtigsten zu investieren und insbesondere eine finanziell beherrschende Position zu erlangen. Um das zu verstehen, muss man sich verdeutlichen, dass um Kapital nicht verschiedene Nationalstaaten konkurrierten, sondern lediglich die herrschenden Klassen weniger Staaten. Von der amerikanischen Weltherrschaft hatten die ehemaligen Sklaven ebenso wenig wie die Industriearbeiter und die gewöhnlichen Angestellten. Die herrschende Klasse der USA benutzte den amerikanischen Staatsapparat im 20. Jahrhundert für ihre Zwecke besser, als es die herrschende Klasse Großbritanniens tat.

Ferdinand Lundberg hat gezeigt, wie die Kapitalisten der USA schon den Ersten Weltkrieg strategisch nutzten, um die USA zum Zentrum der globalen Finanz zu machen.[134] Thomas Lamont, Partner von J.P. Morgan, erklärte in einer öffentlichen Rede in Philadelphia, dass die USA je nach Dauer des Krieges zu einer Gläubigernation werden könnten und sollten, und dass dann der Dollar das Pfund als internationale Währung ablösen würde. Die USA liehen Frankreich und Großbritannien das für den Krieg erforderliche Geld, mit dem die beiden Staaten Kriegsmaterial kauften, vor allem bei amerikanischen Firmen. Nach dem Friedenschluss zwischen Deutschland und der Sowjetunion 1917 drohten Großbritannien und Frankreich finanziell zu kollabieren. Lundberg zufolge drängte Morgan den amerikanischen Präsidenten daraufhin zum Kriegseintritt.

Die ökonomische Weltherrschaft der USA war nach dem Ersten Weltkrieg noch nicht gesichert. Der Zweite Weltkrieg führte jedoch zum Erfolg. Ein wichtiger Schritt bestand darin, dass die europäischen Staaten ihre Goldreserven in die USA brachten. Nach dem Krieg lagerten 70 Prozent der gesamten weltweiten Goldvorräte in den Vereinigten Staaten.[135] Der Rest der Welt musste Dollar und Gold als gleichwertig akzeptieren, obwohl man in den USA Dollar nicht faktisch in Gold umtauschen konnte.[136] Außerdem legte die Nachkriegsordnung unter amerikanischer Führung fest, dass alle Wechselkurse zwischen den Währungen fixiert und an den Dollar gebunden wurden. Dieses System wurde nach dem Ort der Vertragsschließung Bretton Woods genannt und hielt bis 1971. In dieser Phase waren die Vereinigten Staaten Herrscher über die Finanzen der Welt.

Die sozioökonomische Ungleichheit erreichte im Kalten Krieg das niedrigste Niveau im 20. Jahrhundert. Sie war um 1900 hoch, sank ab den 1930er Jahren und stieg nach 1970 wieder an.[137] Nach dem Zweiten Weltkrieg schrumpfte der extreme Reichtum stark. 1950 besaß das reichste Prozent der amerikanischen Bevölkerung etwa 40 Prozent des Gesamtvermögens, Ende der 1970er Jahre nur noch 20.[138] Die Verringerung der Ungleichheit nach der Weltwirtschaftskrise ist das Ergebnis der Kriege und politischer Maßnahmen. Sowohl der kommunistische Ostblock als auch der Westen – aus Furcht vor einer weiteren Ausbreitung des Kommunismus – machten den ärmeren Bevölkerungsschichten Zugeständnisse. Diese Entwicklung kam in den 1970er Jahren an ihr Ende.

Das System von Bretton Woods wurde ab 1971 Schritt für Schritt beendet. Verantwortlich dafür waren vor allem erstens die enormen Kosten des Vietnamkriegs und zweitens die negative Zahlungsbilanz der USA, die wiederum mit der sinkenden Wettbewerbsfähigkeit der amerikanischen Industrie verknüpft war.[139] Die Gesamtmenge der Dollars und ihr Abfluss ins Ausland stiegen ständig an. Der Rest der Welt hatte mehr Dollars, als er für amerikanische Produkte ausgeben konnte und wollte. Die Spekulationen mit dem Dollar im Ausland konnten von der amerikanischen Regierung nicht mehr kontrolliert werden. Es bildete sich in London ein Parallelmarkt für den Dollar heraus, der so genannte Euromarkt, auf dem spekuliert werden konnte, während sich die USA zu verschulden begannen. Daher wurden die festen Wechselkurse aufgehoben, um den Wert des Dollars nach unten korrigieren zu können. Gleichzeitig waren die Ölimporte des Westens und der Ölpreis kontinuierlich angestiegen. Die ölexportierenden Kapitalisten waren zu einem rasch wachsenden Vermögen gelangt.[140] Diese Vermögen befanden sich ebenfalls außerhalb amerikanischer Kontrolle. Die amerikanische Vorherrschaft schwächte sich ab.

Es gelang den USA, den Geldstrom ab der Ölkrise 1973 nach und nach umzukehren. Die relative Verbilligung der amerikanischen Produkte, die Anlagen der Ölmillionäre und die Kooperation der USA mit antikommunistischen Diktatoren weltweit führten zu einem Zufluss von Geld in die Vereinigten Staaten. Innerhalb der USA äußerte sich das in einer Inflation bei gleichzeitigem Sinken des Wirtschaftswachstums.[141] Für die amerikanischen Kapitalisten wurden Investitionen im Inland immer weniger profitabel. Während die einheimische Industrie von deutschen und japanischen Unternehmen verdrängt wurde, ließ die relative Kaufkraft der amerikanischen Bevölkerung nach. Es lockten jedoch profitable Geschäfte im Ausland, die vor allem mit dem Finanzkapital gemacht werden konnten.[142] Daher stellte das amerikanische Kapital nach dem Ende von Bretton Woods wieder auf den Bereich der Finanzen um, der zunehmend eine globale Reichweite hatte.[143]

Ende der 1970er Jahre hatten die ölproduzierenden Länder einen Überschuss von 350 Milliarden Dollar, die armen Länder hatten Schulden von 400 Milliarden, und dazwischen schwebten 425 Milliarden unkontrollierte Eurodollars.[144] Die Vermittlung zwischen Investoren und Schuldnern übernahmen die USA. Die amerikanische Außenpolitik sorgte dafür, dass alle armen Länder ihre Schulden über die Weltbank und den Internationalen Währungsfonds (IWF) abwickelten. Beide Organisationen werden bis heute von den Beitragszahlern kontrolliert, insbesondere vom größten Beitragszahler, den USA, und beide Organisationen haben ihren Sitz in Washington.[145] Der IWF wird im nächsten Kapitel beleuchtet. Er zwang seine Schuldnerstaaten zu Verträgen, die als oberste Priorität eine Bedienung der Schulden festsetzten; bis dahin hatten die Banken bei einer Kreditvergabe an Staaten das Risiko getragen, ab den frühen 1980er Jahren kehrte sich die Last um.[146] Gleichzeitig drosselten die USA die Einfuhr von Rohstoffen so stark, dass viele der exportierenden Länder des globalen Südens auf Kredite angewiesen waren.[147]

Auf diese Weise erlangten die USA in den 1980er Jahren die Weltherrschaft zurück, die ihnen zuvor durch den Abfluss von Geld zu entgleiten schien. Beide Prozesse waren mit dem Finanzkapital verknüpft. In der Phase ab 1989 hatten die USA die unumstrittene weltweite Vorherrschaft. Sie wurde durch den IWF, das Militär, die CIA und die herrschende Klasse der USA gesichert, die heute mehr als ein Drittel des weltweiten Privatvermögens besitzt.[148] In dieser Konstellation kann der Ursprung des praktischen Neoliberalismus, der ökonomischen Globalisierung und des heutigen Finanzkapitalismus gesehen werden.

Das Wachstum der USA beruht seit dem Beginn (oder besser: der Rückkehr zu) der Finanzialisierung auf Schulden, die durch das Ausland vorgestreckt werden – obwohl die herrschende Klasse der USA mit Abstand die reichste Klasse der Welt ist. Aber diese Klasse legt ihr Geld seit den späten 1970er Jahren im Ausland an. Gleichzeitig verarmten der amerikanische Staat und die arbeitende Bevölkerung. Das ist nicht sichtbar, weil Staat und Bürger auf Pump leben. Die Wirtschaft der USA wird durch den Konsum und die Militärausgaben am Laufen gehalten, die von ausländischen Gläubigern finanziert werden. In dieser Situation wird die Wirtschaft vom Finanzsystem aufrechterhalten.

1999 setzte Präsident Clinton die Regulierung der Finanzmärkte außer Kraft, die Franklin D. Roosevelt nach der Weltwirtschaftskrise eingeführt hatte. „Die Deregulierung des Finanzmarktes in den USA begünstigt eine beispiellose Konzentration von globaler Finanzmacht. Und sie bildet die Vorgabe für die globale Finanz- und Handelsreform unter Schirmherrschaft von IWF und WTO."[149] Sie streben eine Aufhebung der internationalen Barrieren des Finanzverkehrs an. Die großen Finanzinstitutionen des Westens können dann überall auf der Welt Finanzinstitute übernehmen oder verdrängen.

Nach der Deregulierung der amerikanischen Kapitalmärkte im Anschluss an die Ölkrise erhielt die amerikanische Zentralbank, die Fed, weitere Befugnisse. Das gilt zwar auch für andere Nationalstaaten, aber die Fed ist in besonderem Maße privatisiert, da ein Großteil der Direktoren ihrer Regionalvertretungen von privaten Finanzinstituten bestimmt wird.[150] Die Zentralbank beschützt die Finanzinvestoren, nicht die Öffentlichkeit oder den Staat. Sie haben eine geringe Inflation zum Ziel, also Geldwertstabilität, nicht (mehr) die Vollbeschäftigung. Die Orientierung ist auf den kurzfristigen Profit gerichtet. Der kurzfristige Profit steht heutzutage auch in der Industrie im Zentrum. Manager werden immer mehr in Stock Options bezahlt, also in Vorkaufsrechten auf Aktien. Das Interesse der Manager zielt dann darauf ab, die Aktienkurse kurzfristig in die Höhe zu treiben, um die zugeteilten Aktien möglichst teuer verkaufen zu können und sich danach aus dem Staub zu machen.[151]

Der Aufstieg des Neoliberalismus nach dem Ende von Bretton Woods transformierte die Unternehmen. In neoliberalen Fabriken produzieren jetzt nicht mehr gut bezahlte und qualifizierte Arbeitskräfte qualitativ hochwertige Erzeugnisse, sondern durch Outsourcing und Rationalisierung soll der kurzfristige Profit gesteigert werden, um den Aktienkurs zu steigern. Im Zentrum steht nicht mehr der Verkauf, sondern der so genannte „shareholder value". Das ehemals größte amerikanische Industrieunternehmen, General Electric, produziert heute keine Gebrauchsgüter mehr, sondern ist ein Finanzunternehmen. Der Anteil der Profite von Finanzunternehmen an allen Profiten stieg von rund 15 Prozent um 1985 auf 40 Prozent im Jahr 2000; gleichzeitig sank in den USA der Anteil der Industrie am Bruttosozialprodukt von 23 Prozent 1971 auf 12 Prozent 2007, von denen wiederum 80 Prozent mit Rüstung zu tun hatten.[152] Die Industrie kann im Hinblick auf Profite nur noch über extreme Rationalisierung mit den Profitraten der Finanzmärkte konkurrieren. Es zählt lediglich die „Wettbewerbsfähigkeit".

Der amerikanische Staat unterstützt die weltweite Aktivität der einheimischen Kapitalisten, ähnlich wie es im Fall des Kolonialismus der englische Staat getan hatte. Thomas Barnett, Berater des Pentagons, stellte 2001 fest: „Alle Regionen, die nicht mit der von der amerikanischen Wirtschaft dominierten Globalisierung verbunden sind ... stellten also ein eindeutiges Sicherheitsrisiko ... dar."[153] Die USA akzeptieren den Internationalen Gerichtshof nicht, weil nach eigenem Selbstverständnis ihre Führung über dem internationalen Recht steht und nur sie international Recht sprechen darf.[154]

Auch in vergangenen Zeiten war der Kapitalismus ein über die Grenzen des eigenen Staates hinausgehender Beutezug, der mit den Mitteln des Krieges und des Geldes geführt wurde. Lediglich im Anschluss an die englische Industrialisierung wurde mit Mitteln der produktiven Wirtschaft gekämpft, weil die englische und dann die amerikanische Industrie weltweit führend waren. Angriffe Deutschlands und Japans wurden erfolgreich abgewehrt. Als die Vorherrschaft der amerikanischen Industrie nachzulassen begann, wurde wieder auf die alten Mittel von Krieg und Finanzkapital zurückgegriffen. Die USA zwingen den anderen Nationalstaaten diese Agenda auf, weil sie militärisch und finanziell weiterhin der mächtigste Staat sind. Auf die Herausforderung durch China komme ich im siebten Kapitel zu sprechen.

5.2 Förderung der Kapitalkonzentration

Der amerikanisch beherrschte Finanzkapitalismus, für den seit dem Ende des Kalten Krieges keine alternative Gesellschaftsordnung mehr existiert, ist eine Phase der staatlich geförderten Monopolisierung des gesamten Kapitals an der Spitze der Gesellschaft. Der Neoliberalismus gibt dazu die ideologische

Rechtfertigung ab, indem er fordert, der Markt solle alle Probleme lösen.[155] Wir haben bereits gesehen, dass damit nicht der Markt im eigentlichen Sinne, sondern der Kapitalismus gemeint ist. Der Staat zieht sich aus den Bereichen zurück, in denen die Interessen der Kapitalisten freies Spiel benötigen, während er sie in Bereichen wie Außenhandel oder Marktzugang unterstützt und in Bereichen mit unzureichenden Profitaussichten wie Sicherheit, Infrastruktur, Subventionen oder Ausbildung aktiv eingreift. John Gray hat prägnant zusammengefasst, wie im Zuge der neoliberalen Umgestaltung Neuseelands in den 1980er Jahren die Armutsrate von fast null auf 18 Prozent stieg, die Staatsausgaben für Soziales gesenkt und die für das Justizsystem gesteigert wurden, ohne dass die Bevölkerung ein Mitspracherecht gehabt hätte.[156]

Die offizielle Parole des Neoliberalismus lautet: Mehr Markt, weniger Staat. Insgesamt ist der Staat seit Ronald Reagan und Margaret Thatcher eher ausgebaut als reduziert worden, weder seine absoluten Kosten noch sein relativer Anteil am BSP sind gesunken.[157] Die Kosten sind jedoch stärker von den Kapitalisten auf die Lohnempfänger umgewälzt worden. Während die Steuern auf Löhne seit 1960 fast kontinuierlich stiegen, sanken die Steuern auf Unternehmensgewinne von 65 Prozent im Jahr 1946 über 35 Prozent 1960 auf 15 Prozent 2008. In den USA bezahlten die Unternehmen 1950 rund 26,5 Prozent aller Steuern, 2000 nur noch 10,2 Prozent; gleichzeitig stieg der Anteil der Lohnsteuern am gesamten Steueraufkommen von 6,9 auf 31,1 Prozent.[158] Das Verhältnis hat sich also genau umgekehrt. Die Kapitalisten bezahlen immer weniger Steuern, die arbeitenden Menschen immer mehr.[159]

Auch in anderen Bereichen wurde das Kapital entlastet. 1997 wurde die deutsche Vermögenssteuer ausgesetzt und die Gewerbeertragssteuer abgeschafft, 2002 eine Steuer auf Veräußerungsgewinne abgeschafft und bis 2005 der Spitzensteuersatz auf 42 Prozent gesenkt.[160] Die Riesterrente verschaffte den Versicherungen durch den staatlichen Zuschuss von durchschnittlich 8000 Euro pro Vertrag zusätzliche Einnahmen.[161] Dabei ist in Rechnung zu stellen, dass die Versicherungsbranche in Deutschland insgesamt rund 1,5 Billionen Euro hält, die von der Bevölkerung eingezahlt werden. Diese Summe können die Versicherungen zur Finanzspekulation einsetzen.

Gemeinsam mit den Steuersenkungen für Reiche sind die Kapitalrenditen im Verhältnis zum Wirtschaftswachstum weltweit immer schneller gewachsen.[162] Dabei kommt der Vererbung von Vermögen eine immer größere Bedeutung zu. Wenn die Kapitalrendite über dem Wachstum liegt, vermehrt sich das vererbte Vermögen schneller als die Produktion oder das Einkommen. Zwischen 1977 und 2007 haben professionelle Vermögensverwalter eine Durchschnittsrendite von acht Prozent erzielt, was etwa dreimal so viel ist wie das allgemeine Wirtschaftswachstum. Das verwaltete Vermögen hat sich dementsprechend in dieser Zeit verneunfacht.[163] Das Einkommen der Superreichen (mit mehr als 50 Millionen Dollar Vermögen) in den USA vervierfachte sich zwischen 1980 und 2010, die Einkommen der unteren 90 Prozent der Bevölkerung fielen im selben Zeitraum um fünf Prozent.[164] Vor 1970 verdienten die Mitglieder der obersten 0,01 Prozent 200mal mehr als der Durchschnitt von 90 Prozent der Amerikaner, 2006 waren es fast 1000mal mehr.[165] Nie war der Abstand zwischen dem Anstieg der Löhne und dem der Aktien in den USA so groß wie ab 1990.[166]

Das Ausmaß der ökonomischen Ungleichheit wird erst richtig sichtbar, wenn man das Vermögen betrachtet, weil für die Kapitalisten das Kapital entscheidend ist, obwohl die Profitrate auf das Kapital meist weit über den gewöhnlichen Einkommen liegt, wie im vorangehenden Absatz deutlich wurde. Bezüglich der Einkommen liegt der Gini-Index, der die ökonomische Ungleichheit misst, in den meisten Ländern der Welt bei 0,4 bis 0,5, beim Vermögen liegt er hingegen zwischen 0,5 und 0,8.[167] Interessanterweise erreicht Schweden bei der Ungleichheit der Vermögen einen der höchsten Werte weltweit.[168] Die Kapitalkonzentration innerhalb einer winzigen Gruppe ist unsichtbar, weil der Öffentlichkeit nur die relativ geringe Einkommensungleichheit Schwedens präsentiert wird.

Das vorrangige Mittel zur Kapitalvermehrung ist derzeit immer noch die kurzfristige Spekulation. Auch die Industrie zielt auf kurzfristige Profite ab, insbesondere um die Aktienkurse zu steigern, also kurzfristige Finanzspekulationen zu fördern. Ein wichtiges Mittel zur Steigerung der Aktienkurse ist die Kürzung von Arbeitsplätzen.[169] Immer weniger Menschen haben eine geregelte und gesicherte Arbeitsstelle, während gleichzeitig das Kapital an der Spitze der Gesellschaft konzentriert wird. Dadurch wird einerseits der Druck auf die Bevölkerung erhöht, andererseits können Löhne und Arbeitnehmerrechte gering gehalten werden.

Die Wirtschaft wird so dargestellt, als profitierten alle vom Wachstum und als verlören alle bei einer Krise. Tatsächlich gewinnen die Kapitalisten als Klasse aber immer. In einer Finanzkrise fallen die Aktienkurse und damit auch die Vermögen der Kapitalisten. Sie können aber bei niedrigen Kursen Wertpapiere billig nachkaufen, da sie immer noch über Kapital verfügen, während die Kleinanleger verkaufen müssen, um über die Runden zu kommen. In einer allgemeinen Wirtschaftskrise verringert sich ebenfalls das Vermögen der Kapitalisten, aber der Großteil der Bevölkerung ist gezwungen, Immobilien und andere Güter zu verkaufen, die von Kapitalisten billig erworben werden können. Die Kapitalkonzentration nimmt infolge einer Krise also immer zu. Vom Wirtschaftswachstum profitiert hingegen tatsächlich die ganze Bevölkerung, aber das Kapital normalerweise weit mehr als der Rest der Menschen, weil Lohnsteigerungen allein auf Zugeständnissen beruhen, Kapitalrenditen hingegen meist direkt mit dem Wachstum verknüpft sind, so dass im Durchschnitt die Rendite über der Wachstumsrate und die Lohnsteigerung darunter liegt.[170]

5.3 Transnationale Unternehmen

Industrie und Handel zerfallen in zwei Ebenen. Die Ebene der kleinen und mittleren Unternehmen ist teilweise als Markt organisiert und funktioniert großenteils der klassischen Ökonomie entsprechend. Hier sind auch die meisten Arbeitsplätze zu finden. Den Löwenanteil des Umsatzes und der Gewinne machen jedoch die Großunternehmen.[171] „Die 100 größten deutschen Unternehmen haben im Jahr 2010 einen Gesamtumsatz von fast 2 Billionen Euro erreicht – genau so viel wie alle KMU [kleine und mittlere Unternehmen] zusammen."[172]

Das Großunternehmen wurde in den USA um 1900 als Antwort auf die Knappheit von Arbeitskräften in der Industrie geboren. Die Unternehmen mussten in technologische Innovation investieren, die kostspielig und nur von Großunternehmen zu finanzieren war. Dementsprechend verfolgte das Großunternehmen langfristige Strategien.[173] Über Technologie sollte Effizienz und damit ein Marktvorteil erlangt werden. Heute beherrschen Großunternehmen die Weltwirtschaft. Es handelt sich aber nicht mehr um nationale Firmen, sondern um weltweit agierende Riesenorganisationen. Da sie Operationen in mehreren Ländern kontrollieren, werden sie als transnationale Großunternehmen oder „transnational corporations" (TNCs) bezeichnet.[174]

Eine TNC ist in mehreren Ländern aktiv, um die jeweiligen Unterschiede als Vorteile zu nutzen.[175] Beispielsweise wird die Produktion in das Land mit den niedrigsten Lohnkosten verlegt, die Entwicklung in das Land mit den besten

Universitäten und der Firmensitz in das Land mit den niedrigsten Steuern. Diese Unternehmen werden immer größer und internationaler. Sie sind allerdings nicht vollkommen ortlos und können nicht jede Aktivität in jedes beliebige Land verlegen, denn sie sind einerseits auf die jeweiligen Vorteile angewiesen und andererseits mit ihrer Heimatkultur verwoben.[176] Dennoch üben sie Druck auf die Öffentlichkeit und den Staat aus, indem sie mit dem Weggang in Länder mit günstigeren Bedingungen drohen. Durch den Weggang würden Arbeitsplätze bedroht. Während die TNCs rund die Hälfte des weltweiten Umsatzes machen, beschäftigen sie jedoch nur drei Prozent aller Erwerbsfähigen.[177] Ihr Beitrag zum Arbeitsmarkt ist also gering, zumal die Aktionäre die TNCs für Entlassungen belohnen.

Die TNC hat nicht nur im Hinblick auf die Produktion eine Tendenz zur Globalisierung, sondern auch im Hinblick auf das Eigentum. Die Großaktionäre der TNCs kommen heutzutage aus allen Gegenden der Welt. Unternehmen wie Bayer oder Daimler sind keine „deutschen“ Konzerne mehr. Die Eigentümer sitzen in China, Katar oder den USA. Auch die Zentralen vieler TNCs befinden sich nicht mehr im vermeintlichen Heimatland, sondern in einer Steueroase, auch wenn sich die faktische Unternehmensleitung in Deutschland befindet. Wenn ein Staat heutzutage eine TNC durch niedrige Steuersätze, kostenlose Infrastruktur oder Subventionen unterstützt, wird dadurch nicht die Wirtschaft des Nationalstaats gefördert, sondern die Profite gehen an die herrschenden Klassen in aller Welt – genauer: zunächst an die TNC, dann über Steueroasen an die institutionellen Großaktionäre (zumeist Finanzinstitute) und schließlich an deren Einleger, die Großkapitalisten, die zum allergrößten Teil den herrschenden Klassen aus aller Welt angehören und das Geld wieder in Steueroasen lagern.

Anteile an einer TNC sind heute die vorrangige Form des Kapitals. Die TNCs befinden sich im Gegensatz zu den Unternehmen des 19. und 20. Jahrhunderts immer weniger in Familienbesitz, sondern sind Kapitalgesellschaften, an denen zahlreiche Aktionäre beteiligt sind. Alle erfolgreichen Familienunternehmen haben auf Renditeorientierung und so genannte Holding umgestellt, sie halten also Anteile an mehreren Unternehmen.[178] Diese Anteile können entweder direkt der Familie gehören, oder die Familie investiert indirekt über große Fondsgesellschaften. Die derzeitige Tendenz geht dahin, dass das Eigentum über Fonds in breiter Streuung investiert wird und die Fonds auf die einzelnen Empfänger der Investitionen Druck ausüben, die Rendite zu steigern.

Die Aktionäre investieren in die TNC, um einen Gewinn auf die Aktien zu machen, sie setzen also auf einen Anstieg der Aktienkurse, und um Dividenden zu erhalten. Beide Faktoren sind vom Profit des Unternehmens abhängig. Das vorrangige Ziel des Unternehmens besteht in relativ kurzfristigem Profit. Die Aktien und der Profit sind Formen des Finanzkapitals. Sie sind keine Menschen oder Gegenstände, auch keine Technologien oder Ideen, sondern Formen von Geld. Sie werden auf Finanzmärkten gehandelt. Finanzinstitutionen vermitteln die Verwandlung eines Unternehmens in eine Aktiengesellschaft, geben Aktien aus, sorgen für den Verkauf von Aktien an der Börse und halten selbst Anteile an den TNCs.

5.4 Eigentum und Großunternehmen

Den globalen Aktionsradius, den Status einer Kapitalgesellschaft und die Vorherrschaft des Finanzkapitals haben die TNCs mit den alten Kolonialgesellschaften gemeinsam. Ein zentraler Unterschied ist die Eigentümerstruktur. Während die Kolonialgesellschaften abgegrenzte Unternehmen im Besitz einer identifizierbaren Personengruppe waren, sind heutzutage alle TNCs miteinander vernetzt. Sie gehören sich sozusagen gegenseitig. Im Finanzkapitalismus sind die Eigentumsverhältnisse nicht mehr sichtbar. Die Eigentümer sind hinter verschachtelten Unternehmensnetzwerken, Briefkastenfirmen, Holdinggesellschaften und Stiftungen versteckt. Das entzieht sie sowohl dem öffentlichen Blick als auch den Steuerbehörden.

Diese Struktur hat eine wichtige Studie von Stefania Vitali, James B. Glattfelder, Stefano Battiston herausgearbeitet.[179] Von der Orbis Datenbank 2007, die 30 Millionen ökonomische Akteure umfasst, haben Vitali et al. die TNCs ausgewählt, insgesamt 43 060. 15 491 von ihnen sind mehrfach miteinander vernetzt. Die Vernetzung garantiert den größtmöglichen Schutz gegen feindliche Übernahmen, eine Reduktion von Transaktionskosten, internes Vertrauen und Risikoverteilung, aber auch ein Minimum an Konkurrenz.

Der Studie zufolge halten 737 Anteilseigner 80 Prozent der Kontrolle aller untersuchter TNCs, während 147 TNCs 40 Prozent der Kontrolle innehaben, die sich über unzählige Unternehmen auf der ganzen Welt erstreckt. Die für die Kontrolle relevanten Anteile an jeder der 147 TNCs werden fast vollständig von anderen der 147 TNCs gehalten.[180] Das heißt, sie kontrollieren sich gegenseitig und viele der restlichen TNCs. Drei Viertel dieser 147 TNCs sind Finanzinstitutionen. Manche Finanzinstitutionen halten Anteile an über 5000 TNCs.[181] Von den 50 mächtigsten Unternehmen innerhalb des Netzwerks (die zusammen fast 40 Prozent der Netzwerkkontrolle besitzen) sind fast alle Finanzinstitutionen (Banken, Versicherungen und Investmentfirmen). Die Banken im Zentrum des Netzwerks kontrollieren je fast zwei Billionen Dollar.[182]

Das Bruttosozialprodukt (BSP) der Welt betrug 2014 rund 65 Billionen Dollar, das Aktienkapital war rund 60 Billionen wert, und der Umsatz der amerikanischen Fortune 500 lag bei fast 13 Billionen (also einem Fünftel des Welt-BSP). Dabei muss man bedenken, dass bis zu 40 Prozent des BSP von den Staatskassen umgesetzt werden und wiederum an Großunternehmen (beispielsweise Ausgaben für Militär, Bau, Staatskonsum) gehen, teilweise als Umverteilung an die Bevölkerung, die das Geld wiederum für den Konsum verwendet, teilweise bei Großunternehmen. Die oben genannten 147 TNCs machen rund die Hälfte des nicht-staatlichen Umsatzes der Welt und kontrollieren damit den größten Teil der kapitalistischen Wirtschaft (oberhalb der kleinen und mittleren Unternehmen und der informellen Wirtschaft).

Wir meinen, dass der Kapitalismus für Wirtschaftswachstum und den „Wohlstand der Nationen“ sorge. Die Konkurrenz um Arbeit, Güter und Kunden auf freien und transparenten Märkten soll dazu führen, dass sich Angebot und Nachfrage auf dem jeweils optimalen Niveau einpendeln. Wo ein Anbieter gemessen am Niveau des Möglichen zu schlecht oder zu teuer ist, müsste demzufolge ein Anbieter auftreten, der besser oder billiger ist und dadurch die Nachfrage auf sich zieht und den Konkurrenten zu Verbesserungen zwingt.

Diese Vorstellung scheinen wir im Alltag leicht bestätigen zu können. Wir haben überall die Wahl zwischen verschiedenen Anbietern. Dabei übersehen wir, dass der am Wert gemessen größte Teil der Wirtschaft nicht als Markt organisiert ist. Wie in den vorangehenden Absätzen gezeigt wurde, wird mehr als die Hälfte des Umsatzes von transnationalen Großunternehmen getätigt, die alle miteinander verwoben sind. Darüber hinaus sitzen dieselben Personen in den Vorständen mehrerer Unternehmen und dabei teilweise mit Vertretern ihrer Konkurrenten im selben Gremium, häufig in Banken. Die Großunternehmen konkurrieren nur scheinbar, weitgehend teilen sie eine Branche unter sich auf, sprechen die Preise miteinander ab und einigen sich in wichtigen Fragen.

Schauen Sie sich einmal die so genannten „Märkte“ an. Ich erinnere noch einmal an das Beispiel der Automarken. Weltweit werden Sie nur eine Handvoll finden. Während es heute in Frankreich noch zwei Autofirmen gibt, die überdies mit ausländischen verwoben sind, konkurrierten im Jahr 1920 mehr als 140 französische Autohersteller.[183] Jetzt können wir noch fragen, wie sehr sich ihre Modelle eigentlich unterscheiden. Und wir können die Eigentumsverhältnisse der Autohersteller überprüfen. Wir werden bei BMW, Mercedes und VW neben den angestammten Eigentümern einige Großanleger finden, die für alle Unternehmen identisch sind. Eng mit der Autoproduktion ist (bislang noch) die Ölindustrie verquickt. Gemeinsam mit den Finanzunternehmen bilden sie das Machtzentrum der Weltwirtschaft. Sieben TNCs beherrschen die Ölindustrie, die bis zu 80 Prozent des weltweiten Energiebedarfs deckt: Exxon Mobil, Royal Dutch Shell, Petrochina, Chevron, Gazprom, BP und Petrobras.[184]

Jetzt betrachten Sie den Rest ihres Alltags: Unter wie vielen Lebensmittelketten, Banken, Drogerieketten und Pharmaunternehmen können Sie wirklich wählen? Und wie sind ihre jeweiligen Besitzverhältnisse? Wie viele Flugzeughersteller gibt es weltweit? Wie viele Fluggesellschaften operieren auf der Strecke, die Sie zuletzt geflogen sind?

Immerhin scheinen die wenigen Großunternehmen, die auf dem jeweiligen „Markt“ zu finden sind, miteinander zu konkurrieren. Tatsächlich sind sie aber über das Eigentum miteinander verbunden. Und über Absprachen hebeln sie die Konkurrenz aus. Das deutsche Bundeskartellamt hat in den vergangenen Jahren Preisabsprachen in sehr vielen Branchen aufgedeckt. Manche der Absprachen hatten Jahrzehnte lang Bestand. Nahezu die gesamte Nahrungsmittelindustrie ist betroffen: Zucker, Bier, Süßwaren, Fleisch.[185] Die höchsten Strafen wurden im Bausektor verhängt. Die Tatsache, dass die Absprachen vom Bundeskartellamt aufgedeckt und veröffentlicht wurden, zeigt, dass ich hier keine spekulative Verschwörungstheorie vorlege.[186] Die Normalität umfassender Absprachen, die eine Aushebelung des Marktes und die Bildung von Kartellen zum Ziel haben, kann die Leserschaft an unverdächtiger Stelle nachprüfen: Wir wundern uns nicht mehr darüber, dass alle Tankstellen auf magische Weise gleichzeitig die Preise auf mehr oder weniger denselben Betrag senken oder steigern. Ähnlich müssen wir uns den gegenwärtigen Kapitalismus in allen Bereichen vorstellen.

5.5 Grundbesitz und Immobilien

Die Konzentration des Grund- und Immobilienbesitzes ist von Bedeutung, weil die Menschen bis zur Einführung des Grundeigentums die Möglichkeit zur Subsistenzwirtschaft hatten. Man konnte in vielen Regionen der Erde ein Stück freies Land suchen, bearbeiten und davon leben. Diese Möglichkeit ist heute nicht mehr gegeben. Fast die gesamte Erdoberfläche ist Eigentum und kann nur durch einen Vertrag mit dem Eigentümer genutzt werden, der meist eine Gebühr verlangt. Um die Gebühr zu bezahlen, muss man Geld verdienen oder bereits besitzen. Man ist also Kapitalist oder wird Arbeiter.

Es könnte den Anschein haben, als sei der Grundbesitz einigermaßen gleich unter den Menschen verteilt. Tatsächlich aber besitzt der größte Teil der Menschheit überhaupt kein Land und hat keine Möglichkeit, Land ohne die Entrichtung eines Entgelts zu nutzen. Selbst im reichen Deutschland wohnt mehr als die Hälfte der Bevölkerung zur Miete und besitzt keinerlei Immobilien oder Land.[187] Von der Minderheit, die Land besitzt, bezahlt der größere Teil das Nutzungsentgelt in Form von Zinsen an eine Bank. Rechtlich ist der Grund Eigentum der Bank, bis der Kredit abgezahlt ist. Und von den Immobilien- und Grundbesitzern, die ihren Besitz abgezahlt haben, nutzen ihn die meisten selbst, nehmen also keine Miete oder Pacht ein. In Deutschland trifft das auf über 90 Prozent der Immobilienbesitzer zu.[188] Sie machen mit dem Besitz keinen Gewinn, nutzen ihn also nicht als Kapital. Ferner beträgt der reale Wert ihrer Immobilien unter 500 000 Euro. Nur zehn Prozent der deutschen Immobilienbesitzer erhalten Einkommen aus der Vermietung von Wohnraum.[189]

Die Wohnimmobilien, die nicht selbst genutzt, sondern vermietet, also gegen Profit verpachtet werden, gehören zunehmend Großunternehmen, die den Wohnraum unter sich aufteilen. Den sechs größten Immobiliengesellschaften gehörten 2013 über 600 000 Wohnungen.[190] Einige sind heute im Besitz von großen Investmentfirmen. Beispielsweise besitzt die Deutsche Wohnen AG 163 000 Wohnungen, Vonovia 363 000 und LEG Immobilien über 100 000.[191] Sie werden von Investmentfirmen kontrolliert, vor allem von BlackRock, und sind in Steueroasen ansässig. Die Firmen leihen sich auf das Stammkapital zusätzlich große Summen und kaufen davon Immobilien, aus denen sie so hohe Mieten wie möglich einnehmen und die sie bei Fälligkeit der Kredite oder zu großem Renovierungsstau weiterverkaufen. Das Geschäftsprinzip besteht darin, dass die Miete über den Gesamtkosten liegt.

Auch der ländliche Grundbesitz ist stark konzentriert. In den meisten Staaten gehört er zu einem beträchtlichen Teil den vorkapitalistischen Herrschaftsgruppen. In Europa ist das der Adel, der in vielen heutigen Nationalstaaten immer noch den Waldbesitz monopolisiert. Ein gutes Beispiel dafür ist Österreich. Die österreichischen Forstbetriebe gehören noch rund zur Hälfte dem Adel. Die größten Waldbesitzer sind die adligen Familien Schwarzenberg (mit mindestens 40 000 Hektar), Esterházy (30 000 Hektar), Mayr-Melnhof-Saurau (34 000), Habsburg-Lothringen (16 000) und Rothschild (11 000).[192] In Deutschland gehören zu den größten Waldbesitzern nach dem Staat die adligen Familien Thurn und Taxis (mindestens 20 000 Hektar), Fürstenberg (mindestens 18 000), Hatzfeld-Wildenburg (15 000) und Hohenzollern (15 000).[193] Das zeigt die Kontinuität der herrschenden Klasse auch über die kapitalistische Transformation hinweg. Der Adel hat selbst in Staaten ohne Monarchie, wie Deutschland oder Österreich, seine Bedeutung nicht verloren.

Immobilien können auch als gutes Beispiel dafür gelten, wie Kapital konzentriert wird. Die Kapitalisten investieren besonders bei niedrigen Grundstückspreisen ihr Kapital in Immobilien. Durch Leerstand, zu langsamen Neubau und niedrige Zinsen wird eine Verknappung von Mietwohnungen und sodann von Immobilien überhaupt herbeigeführt. Immer mehr Normalbürger kaufen sich daraufhin infolge der niedrigen Zinsen Immobilien zu überhöhten Preisen von den Kapitalisten. Sodann bricht eine Krise aus, die Normalbürger können die Kreditraten nicht mehr bezahlen, die Preise sinken, und die Kapitalisten kaufen die Immobilien zu niedrigen Preisen zurück, um das Spiel von Neuem zu beginnen. Am Spiel verdienen auch die Banken infolge der Kredite an Normalbürger, die nach vollständiger Abzahlung etwa die gesamte Kaufsumme als Zinsen an die Bank bezahlt haben oder ihre Immobilie an die Bank abtreten müssen, wenn sie den Kredit nicht mehr bedienen können.

Diese Entwicklung kann man sehr deutlich im Zusammenhang mit der Finanzkrise 2008 beobachten, insbesondere in den USA, wo „faule" Immobilienkredite den Auslöser der Krise darstellten. Seither steigen die Immobilienpreise wieder unaufhörlich – bis zum nächsten Einbruch. Zwischen 2011 und 2018 ist der Wert deutscher Immobilien im Besitz der oberen zehn Prozent der Bevölkerung um rund 1,5 Billionen Euro gestiegen, die untere Hälfte der Bevölkerung hatte nichts von dem Boom, sondern musste ständig höhere Mieten bezahlen.[194]

6 Finanzkapital

6.1 Staatsschulden

In den meisten vorkapitalistischen Gesellschaften, die staatlich organisiert waren, haben die Herrscher Münzen geprägt, die von der Bevölkerung, aber auch von ihnen selbst als Zahlungsmittel benutzt wurden. Das Metall dafür haben sie geraubt, abbauen lassen oder als Steuern eingetrieben. Im Kapitalismus hat der Staat die Geldschöpfung zunehmend an die Zentralbank und über die Staatsschulden und die Finanzmärkte an Geschäftsbanken abgegeben. Der Staat finanziert seine eigene Verschuldung, indem er die Schulden an Banken verkauft und ihnen dafür Zinsen bezahlt. Ferner kann er Anleihen auflegen, die über Banken gegen eine Gebühr verkauft werden und ebenfalls Zinsen erbringen.

Der weltweite Besitz von Staatsanleihen ist in einer kleinen Gruppe von Nationalstaaten sowie von Investoren konzentriert, insbesondere Finanzinstituten. Staatsanleihen sind einerseits Kapitalinvestitionen, da sie eine zu erwartende Rendite bringen, andererseits aber auch Spekulationsobjekte. Fällt der Wert einer Anleihe um 20 Prozent, steigt die Rendite entsprechend, weil für dieselbe Zinszahlung auf die Anleihe 20 Prozent weniger bezahlt werden muss. So kann man auf steigende Renditen oder auf steigende Kurse wetten. Durch den massenhaften Verkauf einer Anleihe kann nicht nur ein Kurssturz, sondern auch eine staatliche Schuldenkrise herbeigeführt werden.

Die großen Finanzinstitute halten einen beträchtlichen Teil der Staatsschulden und können dadurch Druck auf Regierungen ausüben. Die mächtigsten Finanzinstitute sind gewöhnlich die, die große Mengen von Anleihen mächtiger Staaten besitzen. Das ist der Fall seit den Fuggern in der Renaissance über die Rothschilds im Industriekapitalismus bis zu BlackRock in der Gegenwart. Es wurde von Karl Marx im *Kapital* beschrieben.[195] Marx hat in diesem Zusammenhang darauf hingewiesen, dass die Staatsschulden Ursprung des Steuersystems kapitalistischer Gesellschaften sind. Die Staaten erhoben Steuern, um die Zinsen auf ihre Schulden bezahlen zu können.

Die gesamten Staatsschulden weltweit entsprechen etwa dem Bruttosozialprodukt der Welt. Die Zinsen darauf werden von den Staaten vor allem an die

Finanzinstitute abgeführt. Ein Großteil der Zinsen wird also von den Steuerzahlern finanziert. Das entspricht einem jährlichen Profit von weltweit mindestens fünf Billionen Dollar, den die Allgemeinheit über den Staat an private Kapitalisten abführt. Das sind durchschnittlich fast 1000 Dollar pro Person (weit mehr in den reichen Ländern, weit weniger in den armen), die von den gezahlten Steuern gleichsam direkt in die Taschen der reichen Institutionen und Individuen geleitet werden. Zwischen 1950 und 2008 hat Deutschland rund 1,6 Billionen Euro Kredite aufgenommen und rund 1,5 Billionen Euro Zinsen gezahlt.[196] Die Bevölkerung haftet letztlich auch für die Staatsschulden, hat aber über ihre Aufnahme und die Ausgaben kaum etwas zu sagen.[197]

Heute sind Staatsschulden in Verruf geraten. Es heißt, der Staat solle schuldenfrei sein – obwohl kaum ein Staat seine Schulden tatsächlich begleicht, sondern es werden nur keine neuen aufgenommen. Die Kredite, die der Staat aufnimmt, sind allerdings mit einem privaten Konsumkredit nicht zu vergleichen. Mit dem Geld finanziert der Staat unter anderem die Infrastruktur, Bildung und Gesundheit. Staatsschulden können damit auch so etwas wie eine Investition in künftiges Wachstum sein. Sie werden teilweise dafür ausgegeben, die Zukunft des jeweiligen Nationalstaats zu sichern. Dieses Geld wird nicht verschwendet, es ist nicht einfach „weg", sondern ist eine Investition für die Allgemeinheit. Es gibt also „gute" und „schlechte" Schulden.

Ferner kann ein Staat im Gegensatz zu einem Individuum oder einem Unternehmen kaum pleite gehen. Er kann neue Anleihen auflegen, Steuern erhöhen, Ausgaben senken, Banken zum Leihen zwingen oder Geld drucken. Allerdings können die internationalen Finanzmärkte die Kreditwürdigkeit des Landes abwerten oder ihm kein Geld mehr leihen. Aber der Staat kann nicht einfach von der Landkarte verschwinden. Es ist daher falsch, prinzipiell gegen die Verschuldung des Staates zu protestieren. Die Schulden sind lediglich ein Problem, wenn die Zinszahlungen nur einer kleinen Gruppe von Menschen zugutekommen oder das staatliche Geld auf eine andere Weise verschwendet wird.

Tatsächlich betrifft die Sparpolitik eines Staates meist eher die Allgemeinheit, während die Schulden bei privaten Investoren selten angetastet werden. Bei Sparmaßnahmen werden Sozialausgaben und Löhne gekürzt und die Mehrwertsteuer erhöht. Die Unternehmenssteuern und die Steuern auf hohe Einkommen werden jedoch selten erhöht. In Deutschland sanken die Gewinn- und Vermögenssteuern seit Mitte der 1970er Jahre fast kontinuierlich, während Mehrwert- und Lohnsteuer ständig stiegen, wie ich im vorangehenden Kapitel erläutert habe. Damit wurde die Last von oben nach unten verteilt.

Prinzipiell könnte der Staat seine Schulden einfach streichen und sich somit dem Druck des Kapitals entziehen. Das ist in der Geschichte auch immer wieder vorgekommen, wird meist aber durch Finanzminister und andere hohe Regierungsmitglieder verhindert, die entweder selbst Staatsanleihen besitzen oder vom Großkapital beeinflusst werden. Darüber hinaus wird diese Maßnahme schwierig, wenn die Schulden im Ausland gemacht werden. Sobald ein Staat seinen Zinszahlungen nicht nachkommt oder gar Schulden streicht, sinkt seine Kreditwürdigkeit auf den internationalen Finanzmärkten. Damit wird es für ihn schwieriger und teurer, neue Kredite zu erhalten. Ferner üben die internationalen Organisationen und die Staaten, in denen die Gläubiger ansässig sind, Druck auf den jeweiligen Staat aus, den finanziellen Verpflichtungen nachzukommen. Die einflussreichsten internationalen Gläubiger und die Agenturen, die die Kreditwürdigkeit eines Staates bewerten, sind ebenso in den USA ansässig wie die Vereinten Nationen, der IWF und die Weltbank, und die USA sind der Nationalstaat, der den größten Druck aufbauen kann. Wir haben außerdem im vorangehenden Kapitel gesehen, dass die USA für die Internationalisierung von Staatsschulden nach dem Zweiten Weltkrieg verantwortlich sind.

6.2 Konzentration des Finanzkapitals

Viele Mitglieder der herrschenden Klasse waren Finanzkapitalisten, von den Fuggern und Medicis bis zu den Rothschilds und Lehmans. Sie sind als Banker in die herrschende Klasse aufgestiegen oder wurden als Mitglieder der herrschenden Klasse zu Bankern. Das Phänomen können wir die gesamte kapitalistische Epoche hindurch beobachten. Die Instrumente des Finanzkapitalismus werden wie die Möglichkeiten jeder anderen Form des Kapitalismus auch von innovativen Aufsteigern genutzt, beispielsweise über Fonds oder Derivatehandel. Die Effekte sind von den Herrschenden weder geplant noch erwünscht. Reichtum von Aufsteigern, feindliche Übernahmen und Ausbluten, Instabilität und Unkontrollierbarkeit sind Nebeneffekte des Finanzkapitalismus, die so sicher nicht intendiert waren und die Herrschenden schädigen. Diese müssen nun reagieren. Das tun sie nur geringfügig koordiniert und nicht einheitlich. Manche übernehmen selbst die Leitung von Fonds, andere immunisieren sich gegen die Einflussnahme von Finanzinstitutionen, wieder andere wirken auf mehr staatliche Regulierung hin.

Das Finanzkapital ist heute, wie im Abschnitt über die Unternehmenskonzentration gezeigt wurde, kollektiv organisiert. Investoren halten Anteile an vielen verschiedenen Unternehmen. Wenn die Aktien eines der Unternehmen sinken oder ein Unternehmen pleite macht, kann der Verlust normalerweise durch die Gewinne aller anderen Wertpapiere im Portfolio mehr als ausgeglichen werden. Die Reaktion auf die Finanzialisierung des Kapitals im 21. Jahrhundert kann teilweise als Versuch der herrschenden Klasse gewertet werden, die eigenen Investitionen der Gefahr feindlicher Übernahme zu entziehen.

Das Finanzkapital tritt wie vor dem 18. Jahrhundert zunehmend in den Vordergrund. Seit den 1980er Jahren wird der so genannte Managerkapitalismus verdrängt durch den Finanzkapitalismus.[198] Die herrschende Klasse muss sich nicht mehr vorrangig, wie im 19. Jahrhundert, über das Eigentum an Unternehmen, und nicht mehr, wie im 20. Jahrhundert, über die funktionale Leitung unpersönlicher Großunternehmen reproduzieren. Vielmehr geht es um die Kontrolle des Geldes – um den Besitz von Finanzinstrumenten, die Leitung von Finanzunternehmen und die Beeinflussung von Finanzmärkten. Dadurch werden Eigentum und Leitung von Unternehmen sowie ökonomische Investitionen und kulturelles Kapital nicht unwichtig, aber zweitrangig. Der Zusammenhang von Staatshaushalt, Zentralbank, Geschäftsbanken, Versicherungen, Fonds und Börsen ist das vorrangige Netzwerk zur Verwertung des Kapitals. Angeblich dient es der Volkswirtschaft, aber es hat mit Arbeit, Produktion und Bedürfnissen von Menschen wenig zu tun.

Seit dem Ende des 20. Jahrhunderts sind alle deutschen Großunternehmen über die Großbanken und Versicherungen miteinander verbunden. Fast alle Familienunternehmen sind in Aktiengesellschaften verwandelt worden, an denen viele verschiedene Anleger Anteile halten. Fonds wie BlackRock sind meist die größten Einzelaktionäre, in einigen Fällen, beispielsweise bei BMW, Beiersdorf oder Henkel, halten die ursprünglichen Eigentümerfamilien noch große Anteile. Die Transformation wird in einem doppelseitigen Schema der *Financial Times* vom Juli 2011 gut dargestellt.[199]

Heute gehören immer mehr deutsche Großunternehmen einer Vielzahl institutioneller Anleger, deren Anteil unterhalb der meldepflichtigen Grenze von drei Prozent liegt. Die größten von ihnen bestimmen die Unternehmenspolitik. Die wichtigsten institutionellen Anleger sind Finanzunternehmen, insbesondere Banken, Versicherungen und Fonds. Die Versicherungen weltweit verwalten rund 46 Billionen Dollar, fast ein Fünftel des Gesamtvermögens der Welt. Die zehn reichsten Geschäftsbanken hatten 2018 eine Bilanzsumme von 29 Milliarden Dollar.[200] In Brasilien halten Investmentfonds und Versicherungen zusammen ein Vermögen, das einem Mehrfachen des brasilianischen BSP entspricht.[201]

Den Fonds kommt eine wachsende Bedeutung zu. Berüchtigt ist der Fonds BlackRock, der fast sieben Prozent des gesamten Finanzvermögens der Welt verwaltet.[202] „BlackRock ist an jedem Dax-Konzern beteiligt, an 80 Prozent der Dax-Konzerne sogar mit 5 Prozent und mehr, bei mehr als der Hälfte der Dax-Konzerne ist BlackRock sogar der größte Anteilseigner."[203] Merrill Lynch (Tochter der Bank of America), Barclays und PNC Financial Services wiederum besaßen 2013 zusammen 75 Prozent der Anteile an BlackRock.[204] An den führenden deutschen Unternehmen, die im Dax30 zusammengefasst sind, hielt BlackRock im selben Jahr Anteile im Wert von 44,2 Milliarden Euro. Es folgen die Porsche Holding mit 30 Milliarden Euro, die Familie Quandt mit 25,6, die Katar Holding mit 15,9, die KfW mit 15,7, die Familie Schaeffler mit 14,6, die Familie Henkel mit 12,5 und die Capital Group mit 12,3.[205] Bei den großen Fonds muss jeder Anleger eine gewisse Mindestsumme anlegen, beispielsweise eine Million Dollar, was den Kundenkreis stark eingrenzt.[206] Die Fonds haben enorme Mittel, auf die sie sich noch zusätzlich Geld leihen und dadurch mit Hebelwirkung kurzfristige Gewinne suchen.

Das Spezifische am Finanzkapitalismus besteht darin, dass immer mehr Unternehmen von Finanzinstitutionen kontrolliert werden, die nur an einer aus ihrer Sicht angemessenen Profitrate interessiert sind. Die verschachtelten TNCs müssen den maximalen Profit erzielen, um die Finanzinvestoren zu behalten. Die Zentrale jeder TNC gibt die Profitziele nach unten weiter. Alle Unternehmen werden zunehmend von der Finanzabteilung gesteuert und von der Rechtsabteilung am Leben gehalten. In vielen Unternehmen werden die Profitziele sogar numerisch festgelegt. Ob die Firma langfristig überlebt, gute Produkte anbietet, korrekte Arbeitsbedingungen bietet oder sich rechtlich einwandfrei verhält, ist bestenfalls zweitrangig.

Nach der Finanzkrise 2008/09 hat sich das Finanzkapital nochmals entscheidend transformiert. BlackRock, Vanguard und State Street haben die so genannten aktiven Fonds abgelöst. An die Stelle einzelner konkurrierender Fonds, Banken und Investoren, die jeweils Aktien einzelner profitabler Unternehmen kaufen, ist das Portfolio der „passiven" Fonds BlackRock, Vanguard und State Street getreten, die Anteile an den meisten TNCs halten, im Allgemeinen sogar die größten Anteile.[207] Damit tritt das Schicksal des einzelnen Unternehmens in den Hintergrund und die Gesamtentwicklung der Börse in den Vordergrund. Auf diese Weise wird die Konkurrenz zwischen den Großunternehmen noch weiter abgeschwächt. Vor allem aber investieren in dieser Konfiguration alle Großkapitalisten einen signifikanten Teil ihres Vermögens in dieselben Unternehmen, haben also dasselbe Interesse – auch wenn die Konkurrenz zwischen Familien und Individuen bestehen bleibt.

6.3 Finanzmärkte

An Finanzmärkten werden Verträge gehandelt: Versprechen, für ein Papier Geld zu bekommen oder etwas zu einem bestimmten Preis kaufen zu können. Das Finanzkapital ist zwar in dem Sinne fiktiv, dass es in sich selbst nichts ist und keinen Gebrauchswert hat, gesellschaftlich aber hat es durchaus eine zentrale Bedeutung, denn es handelt sich um einen Anrechtstitel auf einen Wert. Die Finanzmärkte haben zwei zentrale Aufgaben: An ihnen beschaffen sich Unternehmen und Staaten Finanzmittel, und es wird mit Wertpapieren gehandelt. Letztere Funktion ist immer wichtiger geworden. Das Finanzinvestment ist gegenüber der Investitionsfinanzierung heute die treibende Kraft. Die Lage für die Aktiengesellschaften wird immer prekärer, da die Investoren jederzeit ihr Geld abziehen können. Daraus entsteht der Vorrang des „shareholder value", des Nutzens für den Wertpapierbesitzer.

Im Spielcasino heißt es, die Bank gewinnt immer. Ähnlich verhält es sich an der Börse. Die Großanleger, also vor allem Fonds, Versicherungen oder Banken, sind in der Lage, die Kurse zu beeinflussen. Kleinanleger hingegen sind den Bewegungen ausgeliefert, die von ihnen unbekannten Kräften verursacht werden. Bei großen Einsätzen können schon kleine Bewegungen beträchtliche Gewinne erzeugen. Daher sind kleine Manipulationen an der Börse alltäglich.[208]

Die Möglichkeiten der Finanzmärkte wurden vor allem durch die Auflösung des Systems von Bretton Woods vervielfacht. Es folgten die Öffnung der weltweiten Staatshaushalte und Finanzsysteme für das Finanzkapital durch den Internationalen Währungsfonds (IWF) und die Ablösung der Geldschöpfung von der Regierung. Das Ende von Bretton Woods wurde oben beschrieben, der IWF ist Gegenstand des nächsten Abschnitts. Die Ablösung der Geldschöpfung vom Staat geschah durch die Einrichtung einer unabhängigen Zentralbank. Die Bank of England war der erste Schritt in diese Richtung, aber erst in den vergangenen Jahrzehnten wurde die Geldschöpfung gesetzlich einer von der Regierung unabhängigen Institution übertragen.

Die Zentralbank ist dem Staat und der Bevölkerung keine Rechenschaft schuldig und gerät zunehmend unter den Einfluss von Finanzinteressen. Die Geldschöpfung wird damit eher von den Finanzmärkten als von den Staaten kontrolliert.[209] Die Geschäftsbanken legen ein immer größeres Gewicht auf die Finanzmärkte, weil dort die Gewinne größer sind, die Kunden nach höherer Rendite verlangen und die Finanzmärkte durch Deregulierung immer mehr Möglichkeiten bieten. Zwischen 1965 und 1985 wuchs die so genannte Realwirtschaft in Deutschland um 319 Prozent, während die Börsenkurse um 93 Prozent stiegen; zwischen 1985 und 2014 hingegen wuchs die Realwirtschaft um 178 Prozent, die Börsenkurse aber stiegen um 1038 Prozent.[210]

Die Banken finanzieren die von ihnen vergebenen Kredite durch Einlagen und immer mehr durch Kreditschöpfung, sie schaffen das Geld also selbst. Im April 1999 betrug die Summe aus Bargeld und Bankguthaben bei der Zentralbank 745 Milliarden Euro. Der Wert der umlaufenden Kredite betrug jedoch 9262 Milliarden Euro.[211] Da diese Summe nur zu weniger als zehn Prozent durch die Einlagen gedeckt war, handelte es sich beim überwältigenden Rest um gleichsam fiktives Geld, das Kreditgeber – meist Finanzinstitutionen – ausgeben, ohne über dieses Geld wirklich zu verfügen. Das fiktive Geld verschafft dem Kreditgeber Zinseinnahmen ohne eine reale Investition.

Darüber hinaus wird immer mehr auf Pump spekuliert, was dadurch möglich wurde, dass der Staat nicht mehr die alleinige Hoheit über die Geldschöpfung hat. Man spricht von einer „Kreditpyramide". Ein Finanzinvestor kann Kredit für die Spekulation mit Derivaten, also Spekulationen auf Wertpapiere (beispielsweise Optionsscheine), bekommen, wenn er fünf Prozent Eigenkapital hat. Damit kann er beispielsweise auf Derivate von Derivaten spekulieren. Heute bezieht sich die überwältigende Mehrheit der Derivate auf Finanzprodukte, nicht mehr auf Gegenstände. Mit Optionsscheinen lassen sich enorme Gewinne erzielen, während die eingesetzten (und möglicherweise verlorenen) Geldmengen gering sind. Oft finden die Optionsspekulationen allerdings mit geliehenem Geld statt, so dass Überschuldung und bei Fehlspekulation

Bankrott drohen.[212] Das Risiko trägt der Kreditgeber, der es jedoch über die Zentralbank und letztlich über den Staat an die Allgemeinheit weitergibt.

Das Ende von Bretton Woods hat die Möglichkeiten der Finanzspekulation enorm vermehrt. Dabei zeigt sich die Vorherrschaft der USA in Kooperation mit Großbritannien. Zunächst wurde Devisenspekulation angefacht. Der enorme Anstieg des Devisenhandels resultiert aus der Freigabe der Wechselkurse, den globalen Handelsmöglichkeiten, der Konkurrenz zwischen den Landeswährungen und Spekulation. An drei bis vier Tagen Devisenhandel wird so viel Geld umgesetzt wie im gesamten Welthandel eines Jahres. Beim Welthandel hat der Dollar einen Marktanteil von 44 Prozent, während die meisten Länder ihre Devisenreserven zumindest teileweise in Dollar halten. Ein Drittel des gesamten Devisenhandels wird in London getätigt. Die großen Finanzhändler wiederum sind größtenteils in Steueroasen ansässig.[213]

Auf die Gefahr der Wiederholung muss noch einmal darauf hingewiesen werden, dass nicht die Nationalstaaten Großbritannien oder die USA die Finanzmärkte beherrschen und erst recht nicht die ärmeren 99,9 Prozent der Bevölkerung. Lediglich die großen Finanzinstitutionen, die wichtigsten Großunternehmen und zentrale Holdinggesellschaften, also die oben genannten 147 mächtigsten TNCs üben die Kontrolle aus. Sie befinden sich wiederum im fast ausschließlichen Besitz der Großinvestoren, also der Kapitalisten. Und diese rekrutieren sich im Wesentlichen aus den herrschenden Klassen – insbesondere denen der USA und Großbritanniens.

6.4 Der Internationale Währungsfonds

Der Internationale Währungsfonds (IWF) und die Weltbank sind aus Institutionen von Bretton Woods hervorgegangen. Auf der Konferenz, die 1944 in Bretton Woods stattfand, einigten sich die USA und Großbritannien zusammen mit 42 weiteren künftigen Siegermächten auf eine Neuordnung des internationalen Wirtschaftssystems nach dem Zweiten Weltkrieg. Der IWF wurde 1945 gegründet, um die vereinbarten fixen Wechselkurse zu überwachen und in Zahlungsnot geratene Staaten zu unterstützen. Die Weltbank wurde als Internationale Bank für Wiederaufbau und Entwicklung ebenfalls 1945 gegründet. Nach dem Ende der fixen Wechselkurse und der Liberalisierung der Weltwirtschaft in den 1970er Jahren erhielten beide neue Aufgaben, nämlich die „Unterstützung" der ärmeren Länder, besser gesagt: ihre Öffnung für ausländisches Kapital.

Beide Finanzinstitutionen haben ihren Sitz in Washington und werden von den USA maßgeblich kontrolliert.[214] Die Stimmanteile im IWF richten sich nach der Höhe der Einzahlungen. Die ärmsten 40 Prozent der Weltbevölkerung haben durch ihre Vertreter zehn Prozent der Stimmrechte im IWF, während die reichsten zehn Prozent im IWF 43 Prozent der Stimmanteile haben (und 40 Prozent des Welteinkommens).[215] In der Weltbank ist die Lage ähnlich. Dort haben die USA knapp 16 Prozent der Stimmrechte und stellten seit Gründung fast alle Direktoren der Bank.[216]

Die wichtigste Aufgabe des IWF besteht darin, die internationalen Investoren zu schützen, also private Kapitalisten.[217] Ein Nationalstaat, der in Zahlungsnot gerät oder sich nicht für ausländisches Kapital öffnet, wird unter Druck gesetzt, sich dem neoliberalen Modell des Kapitalismus anzupassen.[218] Der IWF entwirft mit einem Schuldnerstaat eine Absichtserklärung, die Kredite gegen eine Strukturanpassung verspricht.[219] Mehr als die Hälfte der Staaten sind mittlerweile beim IWF verschuldet, und fast alle Länder des globalen Südens haben mindestens ein Strukturanpassungsprogramm hinter sich.[220] An die Schulden binden IWF und Weltbank strenge Bedingungen. Die Staaten verlieren ihre Souveränität über Wirtschafts-, Steuer- und Geldpolitik.

Die erste Auflage, die der IWF einem Schuldnerstaat macht, ist die Senkung der Staatsschulden.[221] Zu diesem Zweck wird die Währung gegenüber dem Dollar abgewertet, was zu einem relativen Anstieg der Preise im Inland und zu einem Sinken der Reallöhne führt. Der Effekt ist die Freisetzung von Staatseinnahmen für die Bedienung von Auslandsschulden – die jetzt relativ gesehen höher sind als zuvor. Ferner werden die Geldmenge und die Ausgaben für Staatsbedienstete verringert, um die Inflation zu begrenzen. Aus demselben Grund sollen der Arbeitsmarkt liberalisiert und Tarifvereinbarungen gekündigt werden. Staatliche Unterstützung für die heimische Wirtschaft wird beseitigt, gleichzeitig wird der Binnenmarkt für ausländische Produkte und Investitionen geöffnet. Die Zentralbank soll von der Regierung abgekoppelt werden. Die Beschränkung der Ausgaben führt zu einer Finanzkrise des Staates, der auch nicht mehr für die Infrastruktur aufkommen kann. Die Infrastruktur wird dann privatisiert und zunehmend in ausländische Hände gegeben. Teilweise wird sie von der Weltbank finanziert, die in der Folge auch über sie bestimmt. Die Weltbank verpflichtet Staaten zu internationalen

Ausschreibungen öffentlicher Projekte, so dass ausländische Investoren daran verdienen können.

Die Programme von IWF und Weltbank hatten zur Folge, dass mehr Geld aus den ärmeren Ländern in die reicheren floss, insbesondere in die USA. Zwischen 1970 und 1998 stieg die Gesamtverschuldung der so genannten „Entwicklungsländer“ um das 32fache.[222] Seit Mitte der 1980er Jahre übersteigt der Kapitalabfluss aus den „Entwicklungsländern“ für den Schuldendienst die Gesamtsumme des Zuflusses aus dem Ausland (Entwicklungshilfe, Kredite und Investitionen). 100 Euro deutscher Entwicklungshilfe bringen für die deutsche Wirtschaft einen Ertrag von 279 Euro.[223] Und die armen Länder bezahlen jeden Tag 100 Millionen Dollar Zinsen an die reichen Länder.[224] Schließlich erhalten westliche Unternehmen, insbesondere auf Betreiben des IWF, günstige Bedingungen, damit sie in den Schuldnerländern investieren. Die Gewinne und die erzeugten Produkte strömen zurück in den globalen Norden.[225] Auf diese Weise tragen sie zur Finanzierung des Konsums und der Kapitalprofite in den reichen Ländern, insbesondere in den USA, bei.

Ferner wurde die Wirtschaft vieler Länder ruiniert. Lateinamerika musste im letzten Drittel des 20. Jahrhunderts rund ein Drittel seiner Einkünfte aus Exporten für die Schuldentilgung (im Ausland) aufwenden.[226] Von 1982 an wurde Argentinien zum Spielball internationaler Banken und des IWF, vor allem unter dem in Chicago ausgebildeten Finanzminister Cavallo. Immer mehr Kredite flossen ins Land. Ende 2001 betrug die Verschuldung 146 Milliarden Dollar. Der Präsident musste die Privatkonten einfrieren, um die Kapitalflucht ins Ausland zu stoppen. Daraufhin brach die Wirtschaft zusammen und der IWF verweigerte neue Kredite. Im Zusammenhang mit der Kreditkrise verkaufte Argentinien die meisten seiner Staatsunternehmen, um kurzfristige Einnahmen zu erzielen, obwohl es langfristig mit den Unternehmen mehr Geld hätte verdienen können.

Gewinner der argentinischen Pleite waren amerikanische Banken. Die großen Finanzunternehmen der Wall Street (Morgan Stanley, Goldman Sachs, Merrill Lynch, First Boston) sackten in dieser Zeit fast eine Milliarde Dollar Gebühren für das Auflegen argentinischer Staatsanleihen ein. Goldman Sachs legte 1992 eine argentinische Anleihe in Höhe von 3,5 Milliarden Dollar auf, die sechs Jahre keine Rendite für die kleinen Anleger abwarf und nach zehn Jahren verfiel. Die Anleihen wurden bei einem Trust auf den Cayman Islands deponiert. Alle Zinszahlungen gingen an den Trust, der sie an Morgan Stanley weitergab und dafür Zinsen erhielt. Die Anleger kauften Papiere beim Trust und erhielten später Zinsen von ihm. Beim Zusammenbruch 2002 waren ihre Papiere nichts mehr wert, aber Morgan Stanley hatte gegen kleine Zinszahlungen alle Kaufsummen eingesackt.[227]

Viele der grausamen Kriege und Hungersnöte im globalen Süden sind Folgen der Politik des IWF gewesen. Ein Beispiel ist Somalia. Bis in die 1970er Jahre war das Land vor allem von Nomaden besiedelt, die sich selbst versorgten. Das änderte sich mit der Einführung privater Viehwirtschaft, die wiederum wirtschaftliche Schwierigkeiten und Auslandsschulden zur Folge hatte. Der IWF griff ein. Am Ende wurden 35 Prozent des Nahrungsmittelbedarfs durch Hilfslieferungen gedeckt.[228] Gleichzeitig eigneten sich mit dem Staat verknüpfte Familien einen Großteil des besten Landes an. Die Gehälter im öffentlichen Dienst sanken von 1975 bis 1989 um 90 Prozent. Bis heute ist Somalia ein „gescheiterter Staat", der von Terror und Gewalt geprägt wird.

Als weiteres Beispiel möge Ruanda gelten. 1989 wurden weltweit die Kaffeepreise auf Druck amerikanischer Großhändler gesenkt.[229] Das hatte direkte Auswirkungen in Ruanda, wo die belgischen Kolonialherren eine Aristokratie der ethnisierten Tutsi gegen die ethnisierten Hutu aufgebaut hatten und das Land so unter Kontrolle hielten. Nach der Unabhängigkeit dominierten die Hutu, bis zum Verfall der Kaffeepreise. Es brachen Hungersnöte aus. Der IWF überwies 1990 die erste Rate an Ruanda, gleichzeitig mit dem Beginn des Bürgerkriegs.[230] Die USA unterstützten die Tutsi von Uganda aus, dessen Präsident mit den USA verbündet war. Der Bürgerkrieg in Ruanda wurde teilweise mit den IWF-Krediten bezahlt und durch die USA unterstützt, die Interesse an den Bodenschätzen des Landes hatten. Ruanda hat sich bis heute nicht vom Krieg erholt.

Als letztes Beispiel sei Äthiopien angeführt. In den 1990er Jahren spendeten die USA zunächst Dünger an das hungerleidende Äthiopien, was dazu führte, dass die einheimischen Düngerproduzenten verdrängt wurden.[231] Dann wurde gentechnisch veränderter Mais gespendet, der in Europa verboten war. Gleichzeitig ließen sich amerikanische Firmen viele einheimische Pflanzen patentieren. Die äthiopischen Bauern mussten daraufhin diese Firmen bezahlen, wenn sie die entsprechenden Pflanzen anbauten, sowie Dünger und spezielle Insektizide aus dem Ausland einführen. Äthiopien ist weiterhin eines der ärmsten Länder der Welt.

Im Ergebnis hat die Politik des IWF die meisten Staaten des globalen Südens destabilisiert. In allen Ländern, die Strukturanpassungen vorgenommen haben, ist die Ungleichheit stark angestiegen. Die herrschenden Klassen haben sich Teile der Investitionen, Hilfszahlungen und Kredite aus dem Ausland – legal und illegal – angeeignet, während der Staatsapparat und die Sozialausgaben reduziert wurden, die einheimische Wirtschaft zerstört wurde und die Armut zunahm. Gleichzeitig sind die Staaten ausländischen Kreditgebern ausgeliefert, vor allem IWF und Weltbank, aber auch westlichen Geschäftsbanken und Unternehmen. Sozial und politisch sind die Länder unsicher geworden.

Die Länder des globalen Nordens unterliegen zunehmend den gleichen Strukturanpassungsprogrammen wie die so genannten Entwicklungsländer. Die Einnahmen der Staaten werden durch Kürzungen von Steuern für Reiche und Verkäufe von Staatsunternehmen gesenkt, dafür werden die Schulden bei Privatbanken (über Staatsanleihen) gesteigert. Die Zentralbanken sind von der Politik unabhängig und von Privatbanken abhängig. Die Geldpolitik wird mehr von den Banken als vom Staat beeinflusst.

Der IWF spielt eine Vorreiterrolle bei der Öffnung von Ländern für Investitionen mit dem Ziel von Profit. Gleichzeitig beeinflusst er das Verhalten aller anderen Investoren.[232] Denn sobald der IWF einen Vertrag mit einer Regierung geschlossen hat, ist dieser Staat vorrangig zur Befriedigung der Investoren gezwungen und wird damit für sie attraktiv. Wo sich ein Staat dem IWF nicht beugt, herrscht ein „unfreundliches" Klima für Investitionen, und sowohl Kreditgeber (wie IWF und Weltbank) als auch Privatinvestoren wenden sich lieber einem Land zu, in dem die Investitionen besser geschützt sind.

6.5 Welthandel

Der Welthandel wirkt bei oberflächlicher Betrachtung wie ein freier Markt, auf dem Staaten und Unternehmen auf der Grundlage von Angebot und Nachfrage miteinander konkurrieren. Tatsächlich aber sind die reichsten und mächtigsten Staaten ebenso im Vorteil wie die größten Unternehmen. Die TNCs können nicht nur effizienter agieren, indem sie Synergieeffekte und Mengenvorteile nutzen, sie können auch alle Preise schwächerer Akteure – zumindest für einen gewissen Zeitraum – unterbieten und diese dadurch zur Aufgabe zwingen. Vor allem aber werden sie durch die Staaten, in denen sie ansässig sind, unterstützt – in Form von Subventionen, Steuererleichterungen,

Zöllen auf Konkurrenzprodukte aus dem Ausland und Druck auf ausländische Regierungen mit dem Ziel verbesserter Bedingungen. Ähnlich verhielt es sich mit den Kolonialgesellschaften.

Freihandelsabkommen scheinen den freien Markt international durchzusetzen. Tatsächlich aber öffnen sie die Wirtschaftsräume benachteiligter Staaten, schützen die Patente der westlichen TNCs und zerstören die einheimische Produktion durch Billigerzeugnisse, die entweder subventioniert sind (wie in der Landwirtschaft) oder konkurrenzlos billig hergestellt werden können. Da die meisten TNCs in den reichsten Staaten, insbesondere in den USA, ansässig sind, profitieren sie von der ungleichen Weltordnung.

Die westliche und vor allem amerikanische Herrschaft über den Welthandel wird insbesondere durch die Welthandelsorganisation (WTO) vermittelt. Die Vereinten Nationen schreiben zur WTO, die ihnen angeschlossen ist: „Die WTO ist fast vollständig in der Hand internationaler Privatgesellschaften."[233] Der Bericht, aus dem dieses Zitat stammt, wurde zwar von der WTO angegriffen, ist aber bis heute ein amtliches Dokument der Vereinten Nationen. Der Anteil der 49 ärmsten Länder (etwa 25 Prozent aller Staaten) am Welthandel beträgt 0,5 Prozent.[234] Innerhalb der WTO kann kein armes Land eine eigene Industrie aufbauen, weil ihr Schutz durch Zölle etc. verboten ist. Für Agrarprodukte sind die Märkte des globalen Nordens jedoch verschlossen, während diese ihre Landwirtschaft subventionieren und damit auch die Landwirtschaft der armen Länder zerstören. Die WTO garantiert, dass ausländische Investoren entschädigt werden, wenn die Staaten, die Ziel der Investitionen sind, ihre Profite gefährden.[235] Jeder Mitgliedsstaat der WTO hat das Recht, vor der WTO gegen ein Gesetz eines anderen Mitgliedsstaats zu klagen. Der Konflikt wird vor einer Kommission der WTO ausgetragen, ohne die Beteiligung von Bürgern und gewählten Organen und ohne schriftliches Protokoll.[236]

Die Herrschaft der TNCs wird durch die Welthandelsorganisation gefördert. Die WTO wurde von hohen Beamten hinter verschlossenen Türen ausgehandelt, dann unterzeichneten Vertreter zahlreicher Regierungen den Vertrag 1994 auf einer Konferenz in Marrakesch.[237] Erst danach wurde der Vertrag den nationalen Parlamenten zur Absegnung vorgelegt. Durch die Absegnung wurde der Vertrag in nationales Recht umgewandelt. Der Vertrag beinhaltet die Senkung von Zöllen, durch die Wirtschaftszweige in ärmeren Ländern bislang vor der billigeren Konkurrenz von TNCs geschützt wurden. Die fehlenden Einnahmen durch Zölle kompensieren die meisten Staaten durch eine Mehrwertsteuer. Während die Zölle von Unternehmen entrichtet werden, muss die Allgemeinheit der Konsumenten für die Mehrwertsteuer aufkommen.

Ein beträchtlicher Teil des Welthandels wird innerhalb und zwischen TNCs abgewickelt. Niederlassungen an unterschiedlichen Orten produzieren unterschiedliche Teile. Auf diese Weise kann das Unternehmen die jeweiligen lokalen Vorteile ausnutzen, wie ich im Abschnitt über Großunternehmen zu zeigen versuchte. Ein ganz bestimmter Vorteil sind niedrige Steuern. Das Unternehmen stellt sich dann so auf, dass seine Gewinne letztlich an einem Ort mit geringen Steuersätzen gemacht werden. Das gelingt, indem die Niederlassung dieses Ortes im innerbetrieblichen Handel sehr hohe Preise verlangt, die anderen hingegen niedrige. So berechnet sich ein amerikanisches Unternehmen für den Import von Toilettenpapier über 4000 Dollar pro Kilo.[238] Die Ausgabe konnte vom Gewinn in den USA und dementsprechend von der Steuer abgezogen werden. Die Unternehmen klagen über hohe Steuern, die angeblich die Schaffung von Arbeitsplätzen verhindern. Ihre Gewinne machen sie jedoch offiziell in Steueroasen, so dass sie in den angeblich zu hoch besteuernden Ländern kaum Steuern bezahlen.

Das wichtigste Exportgut der ärmeren Länder sind seit der Kolonialzeit Rohstoffe. Die zwölf großen Rohstoffhändler setzen jährlich über eine Billion Dollar um und kontrollieren mehr als die Hälfte aller frei gehandelten Rohstoffe.[239] Fast alle haben ihre Zentrale in Steueroasen, vor allem in der Schweiz. Es handelt sich um Vitol, Glencore, Cargill, ADM, Gunvor, Trafigura, Mercuria, Noble, Dreyfus, Bunge, Wilmar und Arcadia. Die Rohstoffpreise schwanken ständig, damit kurzfristige Spekulationsgewinne an den Börsen erzielt werden können. Durch ihre Lagerhaltung sind die Händler von den Schwankungen kaum betroffen, wohl aber die Produzenten.[240]

Die armen Länder kämpfen um Investitionen aus den reichen Ländern, indem sie den sozialen Rahmen stark einschränken und Auflagen des IWF befolgen – um überhaupt an ökonomisches Kapital zu kommen. TNCs machen sich das zunutze, indem sie die Produktion an die billigsten Orte verlegen und die Arbeiterschaft in westlichen Ländern unter Druck setzen. Zunehmend akzeptieren alle Arbeiter auf der Welt fast alle Bedingungen zu jedem Preis. Es entsteht eine Kluft zwischen Arbeitern und Arbeitslosen sowie zwischen Einheimischen und Ausländern. Durchschnittlich gehen von einem Produkt, das in einem Niedriglohnland gefertigt wird, nicht viel mehr als drei Prozent des Verkaufspreises in das betreffende Land (davon zwei Drittel in Form von Löhnen und ein Drittel in Form von Profiten für lokale Unternehmer), der Rest geht in den globalen Norden.[241]

6.6 Ratingagenturen

Nicht nur Staaten, sondern auch Großunternehmen erhalten ihr Kapital zu einem wachsenden Teil durch Anleihen und zu einem sinkenden Teil direkt von Banken. Die Anleihenmärkte haben Bankkredite als vorrangige Form der Finanzierung von institutionellen Akteuren abgelöst.[242] Eine Anleihe funktioniert wie ein verkäuflicher Kredit. Bei einem Kredit leiht man sich das Geld gegen Zahlung von Zinsen (und meist Zinseszinsen) mit dem Versprechen einer Rückzahlung der Kreditsumme. Bei der Anleihe wird die Kreditsumme in einzelne Einheiten aufgeteilt, die auf dem Kapitalmarkt gekauft werden können. Der Käufer erhält dafür eine jährliche Zinszahlung und kann die Anleihe gegebenenfalls vor Fälligkeit weiterverkaufen.

Staaten und Unternehmen werden nach ihrer Kreditwürdigkeit bewertet. Danach bemisst sich die Höhe der Zinszahlungen. Die Bewertung wird durch formal unabhängige Institutionen, die Ratingagenturen, vorgenommen. Allerdings sind sie Unternehmen, die teilweise wiederum TNCs gehören und auf Profit abzielen. Die wichtigsten drei Firmen zur Bewertung von Wertpapieren haben ihren Stammsitz in den USA: Moody's, Standard & Poor und Fitch.[243] Sie operieren jeweils in bis zu 100 Ländern. Daneben existieren rund 40 Agenturen zur Bewertung von Aktien außerhalb der USA. Ratingagenturen veröffentlichen Einschätzungen der Kreditwürdigkeit, die sie als „Meinungen" bezeichnen.[244] Die Ratingagenturen bewerten jährlich bis zu drei Millionen Papiere insgesamt allein in den USA.[245] Die Agenturen erzeugen keine neuen Informationen, sondern sortieren vorhandene und sorgen damit für mehr Übersichtlichkeit und Effizienz. Bis jetzt wird nicht staatlich überprüft, ob ihre Einstufungen korrekt sind.[246]

Bis etwa 1970 finanzierten sich die Agenturen, indem sie ihre Bewertungen an Kunden verkauften. Seither werden sie großenteils durch die Unternehmen und Länder finanziert, die eine Bewertung ihrer eigenen Papiere wünschen.[247] Die Bewertung durch die Ratingagenturen beeinflusst den Wert von Anleihen und die Höhe der Zinszahlungen. Da die Auftraggeber für ein Rating bezahlen, sind die Agenturen ebenso von den Auftraggebern, also Staaten und Großunternehmen, abhängig wie umgekehrt. Ihre Bewertung wird durch den Wert des Kunden für sie beeinflusst, da die größten Kunden die höchsten Summen bezahlen. Ferner sind die einflussreichsten Agenturen mit dem amerikanischen Staat als Auftraggeber verbunden und in den USA ansässig. Ihre Interessen ergänzen sich zum Teil. Sie sind keinesfalls unabhängige Gutachter, sondern spiegeln die globale Herrschaftsordnung wider. Reiche Staaten und Unternehmen werden positiv bewertet, arme negativ. Die amerikanischen Banken und ihre Produkte, die sich in der Finanzkrise 2008 als unsolide erwiesen, hatten bis zum Ausbruch der Krise allesamt beste Bewertungen der Ratingagenturen.[248]

6.7 Buchhaltung

Die Bewertung von Unternehmen und Staaten soll dem tatsächlichen Wert entsprechen, der mit der künftigen Gewinnerwartung verknüpft wird. Der tatsächliche Wert ergibt sich aus den relevanten Zahlen über Investitionen, Profitrate und Risiken (wie Rechtsstreitigkeiten, Schließung von Absatzmärkten oder Wegfall von Rohstoffquellen). Die meisten Zahlen werden von Buchhaltungsfirmen (oder Wirtschaftsprüfern) geprüft, die eigentlich die Transparenz der Informationen für die Allgemeinheit und den Staat garantieren sollten.

Fast alle der größten TNCs weltweit sind Kunden einiger weniger Wirtschaftsprüfungsfirmen, die selbst zu den größten Unternehmen der Welt gehören: Ernst and Young, Price Waterhouse Coopers, KPMG und Deloitte. Zusammen werden sie als die „Big Four" bezeichnet. Ihr Gesamtumsatz betrug 2019 rund 155 Milliarden Euro.[249]

Bis in die 1960er Jahre agierten Buchhaltungsfirmen fast ausschließlich national.[250] Heute sind sie weltweit tätig und immer mehr konzentriert. Die Konzentration im Buchhaltungswesen ist wie im Versicherungswesen mit dem Vertrauen der Kunden auf Größe und Alter verknüpft. Außerdem saßen die großen Buchhalter an den Finanzplätzen London und New York. Zunehmend entwickelten sich Buchhaltungsfirmen mehr zu Beratern als zu Buchhaltern.[251] Sie verschaffen Möglichkeiten der Steuerflucht und nehmen eine wachsende Bedeutung in der Finanzstruktur der Welt ein. Auch haben sie einen wachsenden Einfluss auf die Regulierung der Wirtschaft.

Ein Teil der buchhalterischen Arbeit besteht darin, die Bücher gegenüber dem Staat und den Aktionären zu schönen.[252] Außerdem kann ein und dieselbe Prüfgesellschaft ein Unternehmen beraten und prüfen, so dass sie sich gewissermaßen selbst prüft.[253] Das führt zu immer mehr Anzeigen. Schon Ende des 20. Jahrhunderts gaben die Buchhaltungen ein Zehntel ihrer Gewinne für Rechtsstreitigkeiten aus.[254] Tendenziell entsteht eine Symbiose von Buchhaltern, Banken, Versicherungen und Anwälten, die das Risiko von Inkompetenz, Nachlässigkeit und Fälschung von sich auf die Allgemeinheit abwälzen.[255]

Die staatliche Großzügigkeit gegenüber Großunternehmen wird in der Öffentlichkeit dadurch gerechtfertigt, dass diese Arbeitsplätze und Steuern garantierten. Die Aufgabe der Buchhaltungsfirmen besteht jedoch gerade darin, diese Posten zu minimieren, da sie für das Unternehmen Kosten sind und den Börsenkurs senken. Der Staat ist wie die Öffentlichkeit hingegen auf die Berichte der Buchhalter angewiesen. Gleichzeitig beraten die großen Buchhaltungsfirmen auch die Regierungen. Sie verfolgen dabei nicht das Interesse der Allgemeinheit, von der sie keinen Nutzen zu erwarten haben, sondern das Interesse ihrer größten Kunden. Das sind die größten Unternehmen.

Die problematische Rolle der Buchhaltungsfirmen wurde deutlich, als eine der damals größten von ihnen, Arthur Andersen, wegen des Enron-Skandals 2001 gerichtlich verfolgt wurde. Als die Behörden wegen der betrügerischen Aktivitäten der TNC Enron von ihrem Buchhalter Arthur Andersen die Aushändigung aller Unterlagen forderten, vernichtete Andersen einen Teil der Dokumente und wurde daraufhin wegen Behinderung der Justiz angeklagt. Um einer Verurteilung zuvorzukommen, stellte Andersen die Arbeit ein und fusionierte mit anderen Buchhaltungsunternehmen auf nationalstaatlicher Ebene. Trotz Schuldeingeständnisses und klarer Beweislage wurde das Unternehmen am Ende vom Obersten Gerichtshof der USA 2005 freigesprochen.[256] Eine ähnliche Konfiguration sehen wir beim Wirecard-Skandal in Deutschland. Hier gab es scharfe Kritik an der Bundesfinanzaufsicht (BaFin), die jedoch übersieht, dass diese von Privatunternehmen finanziert wird.

Ein weiterer berühmter Skandal, der eine Buchhaltungsfirma betrifft, war ein Betrug seitens des Großunternehmens WorldCom. Die TNC gab 2002 zu, ihre Einkünfte in den Berichten zwischen 1999 und 2001 um neun Milliarden Dollar übertrieben zu haben. Das war von Buchhaltern verschwiegen worden und wurde erst entdeckt, als das Unternehmen zahlungsunfähig wurde. Die

Firma änderte einfach ihren Namen in MCI und erhielt weiterhin einen beträchtlichen Teil ihrer Aufträge vom amerikanischen Staat.[257]

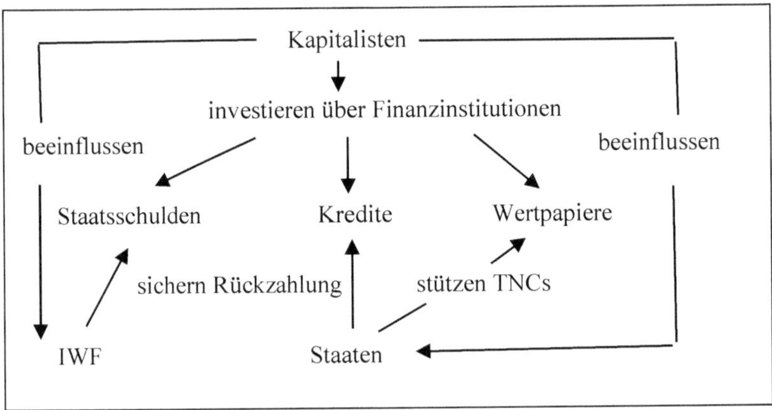

Abb. 1: Überblick über das Finanzkapital

7 Politik

Der Staatsapparat soll in demokratischen Ländern das gesamte Volk vertreten. Tatsächlich besteht zumindest die formale Möglichkeit für alle Bürger, Einfluss auf die Politik zu nehmen. Allerdings variiert der Einfluss zwischen den sozialen Klassen. Zunächst befindet sich der Staat über seine Schulden und das internationale Kreditsystem gleichsam in Geiselhaft der Gläubiger, die sich fast vollständig aus der herrschenden Klasse rekrutieren. Das gilt in besonderem Maße und auf besondere Weise für die Staaten, die beim IWF verschuldet sind und daher letztlich den Gläubigern in den reichen Ländern, vor allem den USA, ausgeliefert sind. Darüber hinaus haben die Angehörigen der herrschenden Klasse ganz andere Mittel, auf die Politik Einfluss zu nehmen, als ein gewöhnlicher Bürger, sei es direkt, sei es mittelbar. Insofern spiegelt die Politik die Ungleichheit zwischen den sozialen Klassen wider.[258] Die ungleiche Einflussnahme soll im Folgenden genauer beleuchtet werden.

7.1 Postdemokratie

Die meisten Staaten der Welt haben eine Regierungsform, die sie selbst als demokratisch bezeichnen. Das gilt für Russland oder Nordkorea ebenso wie für Schweden oder Deutschland. In westlichen Ländern stellen wir uns die Demokratie als eine Volksvertretung vor. Wir können unsere Parlamente und Regierungen aus mehreren Konkurrenten auswählen. Wenn sie unseren Willen nicht vertreten, können wir sie wieder abwählen. Tatsächlich können wir jedoch immer nur zwischen wenigen Optionen wählen, in vielen Staaten sind es sogar nur zwei Optionen. Selbstverständlich ist es immer noch besser, wählen zu können, als in einem autoritären Staat zu leben. Auch zwischen zwei äußerst schlechten Parteien wählen zu können, bedeutet, die Möglichkeit zu haben, die schlechtere von beiden abzuwählen. Es herrscht keine reine Willkür.

Allerdings ist die gegenwärtige Form der Demokratie keine echte Volksvertretung und erst recht keine Volksdemokratie. Erstens sind die Vertreter nach der Wahl für ihre einzelnen Entscheidungen der Wählerschaft nicht mehr rechenschaftspflichtig. Die Parteien vertreten nicht die Wähler, sondern suchen nur für die Wahl ihre Stimmen zu gewinnen. Und die Volksvertreter sind zunächst Parteimitglieder. Nach der Wahl vertreten sie ihre eigenen Interessen, die Interessen der Partei und die Interessen der Menschen, die sie finanzieren, unterstützen und beeinflussen – von denen ihr politisches Überleben abhängt.

Zweitens handelt es sich bei den Politikern um Berufspolitiker, deren Ziel zumeist nicht darin besteht, den Willen des Volkes zu vertreten, sondern Karriere zu machen. Politik ist eine Berufsarbeit, die den Lebensunterhalt der Person sichert. Es geht in erster Linie darum, den Job zu behalten, das Einkommen zu steigern und die berufliche Position zu verbessern – tendenziell wie in jedem anderen Beruf. Selbstverständlich könnte man auch unter diesen Bedingungen dem Volk dienen, aber ich werde im Folgenden zeigen, dass viele Mechanismen dagegenwirken.

Schließlich werden immer mehr politische Entscheidungen hinter verschlossenen Türen gefällt, oft von Gremien, die nicht gewählt wurden und auch formal niemandem rechenschaftspflichtig sind, beispielsweise von den Vereinten Nationen, der Europäischen Kommission, einem Expertenausschuss oder einer Branchenvertretung. Colin Crouch hat diese Entwicklung als „Postdemokratie" bezeichnet, weil trotz der Existenz politischer Wahlen die wichtigen Entscheidungen immer weniger von Gremien getroffen werden, deren Mitglieder vom Volk gewählt werden.[259]

Zentral für diese Entwicklung ist die Entfernung des Volkes aus den politischen Entscheidungsprozessen. Die Menschen sollen weder wissen noch beeinflussen können, wie Gesetze erarbeitet, Entscheidungen gefällt und Gerichtsurteile gesprochen werden. Das Ziel besteht darin, Politik in eine rein technologische Lösung systemimmanenter Probleme zu verwandeln. Man sieht bereits das Ende aller ideologischen Konflikte. Stiftungen und Expertengremien sollen an die Stelle von Parteien treten. Unsere Zeit zeichnet sich gerade nicht dadurch aus, dass wir mit der Demokratie eine schlechte Regierungsform haben. Wir haben nicht zu viel Demokratie, sondern zu wenig. So sagte Jean-Claude Juncker, der damalige Chef der Europäischen Kommission: „Wir beschließen etwas, stellen das dann in den Raum und warten einige Zeit ab, was passiert ... Wenn es dann kein großes Geschrei gibt und keine Aufstände, weil die meisten gar nicht begreifen, was da beschlossen wurde, dann machen wir weiter – Schritt für Schritt, bis es kein Zurück mehr gibt."[260]

In der Postdemokratie werden Wahlen immer bedeutungsloser. Falls die Politiker sich nicht aus der herrschenden Klasse rekrutieren, sind sie von einflussreichen Familien, Unternehmen und Netzwerken abhängig. Ihr Spielraum ist gering. Wenn sie die engen Grenzen überschreiten, verlieren sie die Unterstützung und haben Schwierigkeiten, sich in wichtigen Positionen zu halten und nach ihrer politischen Laufbahn einen Job zu finden. Politiker werden durch freundschaftliche und feindschaftliche Beziehungen kontrolliert. Wie wir im Folgenden sehen werden, halten kleine Gefallen, Geschenke, Unterstützung, Parteispenden, Zugang zu Netzwerken, gute Presse und andere Freundschaftsdienste die Politiker auf dem Kurs, den Mitglieder der herrschenden Klasse vorgeben oder durch ihre Vertreter vermitteln lassen. Die herrschende Klasse kann ohne Probleme die Existenz eines Politikers vernichten, beispielsweise indem wirkliche oder vermutete Regelwidrigkeiten aus der Vergangenheit ausgegraben und veröffentlicht werden – was regelmäßig geschieht. Allerdings ist es selten, dass diese Maßnahmen ergriffen werden müssen, weil eine widerspenstige Person kaum innerhalb des Parteiapparats aufzusteigen vermag.

Unter diesen Bedingungen ist der politische Erfolg eines Systemkritikers oder eines moralisch empfindenden Menschen unwahrscheinlich. Einerseits herrscht innerhalb der politischen Parteien ein harter Konkurrenzkampf um jede Position. Für ein derartiges Leben und das ständige Ausstechen der Konkurrenz muss man geschaffen sein. Abweichende Meinungen sind ebenso hinderlich für die Wahl durch eine Mehrheit wie moralische Skrupel für die Beseitigung der Konkurrenz. Andererseits sind Politiker und Parteien auf finanzielle Unterstützung angewiesen. Moral und kritisches Denken sind keine Eigenschaften, die kapitalkräftige Unterstützer schätzen und die einen dafür prädestinieren, die Unterstützung anzunehmen.

7.2 Herrschende Klasse und politische Ämter

Die herrschende Klasse hat zwar einen privilegierten Zugriff auf den Nationalstaat und seine Funktionen, aber in der Demokratie muss sie die politischen Institutionen mit den anderen sozialen Klassen teilen. Durch die Wahlen, so gering ihr Einfluss auch sein mag, muss sich die herrschende Klasse zumindest diskursiv mit der Wählerschaft verständigen, die sich zum allergrößten Teil aus anderen sozialen Klassen rekrutiert. Politik ist in der Demokratie ein Klassenkompromiss. Die Parteien haben ihre Wählerbasis tatsächlich teilweise in Klassen oder Milieus, in Deutschland beispielsweise die Sozialdemokraten in der protestantischen Arbeiterklasse, die Christdemokraten in den katholischen Mittelklassen, die Rechten in der absteigenden Mittelklasse, die Grünen im intellektuellen Bürgertum und die freien Demokraten im unternehmerischen Bürgertum.[261]

Die Politiker selbst rekrutieren sich jedoch größtenteils aus der etablierten Klasse. Und die Agenda wird von der herrschenden Klasse gestaltet. Dass auch Angehörige anderer Klassen politische Ämter innehaben, führt zu einem latenten Konflikt zwischen Staatsapparat und herrschender Klasse. Diese versucht, den Konflikt zu ihren Gunsten zu entscheiden, indem sie Einfluss auf die Politik ausübt. Die Herrschenden suchen den Staat für ihre Interessen zu nutzen. Dem dienen mehrere Institutionen, aber auch die direkte Beteiligung der Herrschenden an der Politik.

Die unmittelbare Ausübung der politischen Herrschaft durch Mitglieder der herrschenden Klasse ist in demokratischen Gesellschaften nicht unbedingt notwendig. Die Herrschenden greifen meist nur dann in die Politik ein, wenn ihre Interessen direkt betroffen sind. Allerdings darf die direkte Beteiligung der herrschenden Klasse an der Politik nicht unterschätzt werden. Viele der heute amtierenden Regierungschefs weltweit sind Milliardäre, zum Beispiel Vladimir Putin, der Sultan von Brunei, der Präsident der Vereinigten Arabischen Emirate, Kim Jong-Un, Sebastian Pinera und der König von Marokko. Nur wenige der amerikanischen Präsidenten kamen nicht aus der herrschenden Klasse. Mehr als zwei Drittel der US-Parlamentarier rekrutierten sich Ende des 20. Jahrhunderts aus den obersten zehn Prozent der amerikanischen Gesellschaft.[262]

Die führenden Politiker rekrutieren sich jedoch nicht nur aus der herrschenden Klasse selbst, sondern großenteils aus Menschen, die unmittelbar für die herrschende Klasse gearbeitet haben oder arbeiten, nämlich als Manager oder Mitarbeiter von Think Tanks, Stiftungen und Institutionen, die von Kapitalisten finanziert werden. Die amerikanischen Präsidenten berufen als Minister vorrangig Personen, die Vorstandsposten in Großunternehmen und Stiftungen innehatten. In der Regierung von John F. Kennedy waren beispielsweise Dean Rusk tätig, zuvor Präsident der Rockefeller Foundation und Mitglied des Council of Foreign Relations, Robert McNamara, vormals Vorstandsvorsitzender von Ford, und Douglas Dillon, Investmentbanker und Mitglied des Council for Foreign Relations.[263] Von den über 90 Kabinettsmitgliedern und Beratern Reagans waren 31 Mitglieder des Council for Foreign

Relations, 25 mit dem American Enterprise Institute verknüpft und 13 mit dem Center for Strategic and International Studies Georgetown.[264] Dies sind einige der wichtigsten amerikanischen Think Tanks, die im nächsten Abschnitt genauer beschrieben werden.

Die Familie Bush spielt seit einem Jahrhundert eine führende Rolle in der Stadt New Haven, Sitz der Yale University. Senator und Banker Prescott Bush (Vater von George Bush sr.) ebnete der Dynastie den Weg.[265] Den Grundstein für den Reichtum der Familie Bush legte jedoch das Öl. Die Familie ist seit 1950 im Ölgeschäft tätig.[266] Einige Minister im Kabinett von George Bush jr. waren ebenfalls im Geschäft, so Dick Cheney (in den 1990er Jahren Vorstand von Halliburton, des weltgrößten Öldienstleistungsunternehmens), Condoleezza Rice (Aufsichtsrat von Chevron, sogar ein Öltanker ist nach ihr benannt) und der Handelsminister Donald L. Evans (Chef von Tom Brown, einem Energieunternehmen).[267] Von der Vergrößerung des Militärhaushalts unter der Regierung Bush jr. hat insbesondere die Carlyle Group profitiert, für die Bush sr., James Baker und Frank Carlucci arbeiteten (allesamt ehemalige Regierungsmitglieder). Enron finanzierte den Wahlkampf von George Bush. Zum Dank schützte der Finanzminister, Paul O'Neill, Enron vor Steuerkontrollen.[268] Die Gewinne wurden in Steuerparadiesen gelagert. Die Geschäftsinteressen von Enron wurden international durch den amerikanischen Staat unterstützt.[269]

Auch die internationalen Organisationen sind eng mit dem großen Geld verknüpft. Während der Coronakrise wurde der Einfluss von Bill Gates auf die Weltgesundheitsorganisation öffentlich diskutiert. Der frühere Präsident der Weltbank, Lewis Preston, war Chef von J.P. Morgan, sein Nachfolger, James Wolfensohn, Investmentbanker.[270] Peter Sutherland ging von seinem Posten als Direktor der Welthandelsorganisation zu Goldman Sachs. Bei ihnen handelt es sich zwar nicht um gewählte Politiker, aber um Geschäftsleute, die einen großen Einfluss auf die internationale Politik ausüben.

Mitglieder der herrschenden Klasse treten nicht nur in die Politik ein, um sie zu beeinflussen. Einige Reiche nutzen ein politisches Amt auch, um ein Vermögen zu erwerben oder (vor allem) zu vergrößern. Ein politisches Amt ermöglicht zusätzliches Wissen über das Geschehen und damit einen Informationsvorsprung, den Politiker ökonomisch nutzen. Zwischen 1993 und 1998 haben Insider in den USA mit ihren Gewinnen den Börsenindex um sechs Prozent übertroffen – und Mitglieder des amerikanischen Senats um zwölf Prozent.[271]

In der Bundesrepublik Deutschland rekrutieren sich die führenden Politiker seltener aus der herrschenden Klasse, auch wenn es weit mehr sind, als man zunächst meinen möchte. Ferner sind die Verstrickungen zwischen Kapital und Politik kaum weniger eng als in den USA. Ein Beispiel ist das Verhältnis von Carsten Maschmeyer zu Bundeskanzler Gerhard Schröder. Maschmeyer gründete 1987 das Unternehmen AWD und avancierte zum Berater Schröders, der die Riesterrente einführte. Heute sitzen Bert Rürup und Walter Riester gemeinsam in der MaschmeyerRürup AG.[272] Bekannt ist auch die Tatsache, dass der CDU-Politiker Friedrich Merz Aufsichtsratsvorsitzender von BlackRock Deutschland war, während er die Kandidatur zum Kanzleramt anstrebte.[273] Es handelt sich hierbei um strukturelle Zusammenhänge, nicht um Skandale oder persönliches Fehlverhalten. Der Hass auf einzelne dieser Individuen, aber auch auf die „Eliten" insgesamt ist unangemessen. Er beruht darauf, dass die eigentlichen Zusammenhänge und Prozesse unsichtbar bleiben.

7.3 Think Tanks

Eine weitere Form der Einflussnahme auf die Politik ist die Steuerung der Informationen, die Grundlage politischer Entscheidungen sind. Prinzipiell ist es für einen einzelnen Menschen unmöglich, alle verfügbaren Informationen, die für politische Entscheidungen wichtig sind, aufzunehmen und zu analysieren. Think Tanks systematisieren diese Informationen und machen sie verständlich.[274] Sie organisieren Seminare, produzieren Veröffentlichungen, schicken Informationen an Medien und unterhalten direkten Kontakt zu staatlichen Organen. Die Politik versorgt sich heute immer weniger an (staatlichen) Universitäten mit Ideen und Informationen, sondern vor allem bei Think Tanks.[275]

Der Terminus „Think Tank" wurde in den USA während des Zweiten Weltkriegs eingeführt, um eine sichere Umgebung zu charakterisieren, in der Experten militärische Strategien entwickeln konnten. Nach dem Krieg wurde der Begriff auf Institutionen ausgedehnt, die von der Regierung mit Forschung beauftragt wurden.[276] Unter Präsident Reagan ist die Zahl von Think Tanks in den USA explodiert, vor allem am konservativen Ende des politischen Spektrums. Die Globalisierung und die Informationstechnologie haben ihre Ausbreitung begünstigt. Heute existieren weltweit Tausende von Institutionen, die man als Think Tanks bezeichnen kann.[277] Sie sind in vielfacher Weise nicht nur mit der Politik und den Medien, sondern auch miteinander und mit den Universitäten vernetzt.

Die Think Tanks werden vor allem vom Staat, von Privatpersonen, Parteien oder Unternehmen finanziert. Die großen amerikanischen Unternehmer von John D. Rockefeller bis George Soros sind die bedeutendsten Spender an die Think Tanks gewesen. 2006 wurde schätzungsweise rund eine Milliarde Dollar an insgesamt 1736 Think Tanks in den USA gespendet, der Großteil von Privatpersonen.[278] Selbstverständlich haben die Spender einen Einfluss auf die Think Tanks, zumindest auf ihre allgemeine ideologische Orientierung.

Think Tanks beraten nicht nur, sondern entwickeln auch neue politische Initiativen. In den USA handelt es sich bei ihnen vor allem um die RAND Corporation (mit einem Budget von 170 Millionen Dollar), das Urban Institute, die Heritage Foundation, die Brookings Institution, die Hoover Institution, den Council on Foreign Relations (CFR), den Carnegie Endowment for International Peace, das Center for Strategic and International Research, das American Enterprise Institute und das National Center for Policy Analysis. Diese Think Tanks üben einen maßgeblichen Einfluss auf die Politik aus.

Zwischen 1945 und 1972 berief der amerikanische Präsident 15 Kommissionen zur Außen- und Militärpolitik ein. Bei zwölf von ihnen war der Vorsitzende Mitglied des Council on Foreign Relations (CFR).[279] Für die Wirtschaftspolitik ist der Business Council besonders wichtig. Seine 154 Mitglieder bis Ende der 1970er Jahre hatten insgesamt 730 Vorstandsposten inne. Eng verknüpft mit dem Council ist der Business Roundtable. 28 Prozent der Personen mit mehreren Vorstandsposten waren Mitglieder in mindestens einer regierungsberatenden Kommission. Auch hier ist der CFR einflussreich. 92 Prozent der größten 25 Unternehmen und 70 Prozent der größten 100 hatten mindestens ein Vorstandsmitglied, das dem CFR angehörte. Der CFR war an der Entwicklung des IWF, der Weltbank und der Vereinten Nationen beteiligt.[280]

In Deutschland sind beispielsweise die Stiftung für Wissenschaft und Politik, das Deutsche Institut für Wirtschaftsforschung und die Deutsche Gesellschaft für Auswärtige Politik einflussreich. Alle sind eng mit dem Staat, aber auch mit der Wirtschaft verwoben. Der Präsident der Deutschen Gesellschaft für Auswärtige Politik ist der Industrielle Arend Oetker, zugleich Mitglied im neoliberalen Think Tank Initiative Neue Soziale Marktwirtschaft. Vorstandsvorsitzender des Deutschen Instituts für Wirtschaftsforschung ist Marcel Fratzscher, der zuvor bei der Europäischen Zentralbank und der Weltbank arbeitete. Der Direktor Stiftung Wissenschaft und Politik, Volker Perthes, ist Mitglied der Trilateralen Kommission, einer auf Initiative Rockefellers gegründeten Interessengruppe der Wirtschaftselite Europas, Japans und der USA. Die Stiftung wurde auf Drängen Henry Kissingers von Klaus Ritter, Mitarbeiter des Bundesnachrichtendienstes, ins Leben gerufen. In den letzten Jahren gehörte sie zu einer der einflussreichsten Lobbyorganisationen bei der Durchsetzung des Freihandelsabkommens TTIP in Deutschland.[281] Die Liste der Mitglieder des Stiftungsrats liest sich wie ein Who Is Who der deutschen Wirtschaft.

7.4 Stiftungen und Nichtregierungsorganisationen

Eine wichtige Rolle beim Einfluss auf Politik und Gesellschaft nehmen Aktivitäten ein, durch die Angehörige der herrschenden Klasse ihre Wohltätigkeit erweisen. Die Wohltätigkeitsindustrie unterhält die meisten der 950 000 Nichtregierungsorganisationen (NGOs) in den USA. Die meisten Spender widmen nur Teile ihres Einkommens der Wohltätigkeit und greifen ihr Kapital dafür nicht an.[282] Gespendet wird insgesamt meist genau der Betrag, der sich von der Steuer absetzen lässt.[283] Die Wohltätigkeit kostet strenggenommen also fast nichts. Viele Familien aus der herrschenden Klasse haben ganze Abteilungen, die sich darum kümmern.

Wie Theresa Odendahl gezeigt hat, besitzen Spenden gegenüber Steuern den Vorteil, dass man Einfluss darauf hat, was mit dem Geld passiert.[284] Es können Aktivitäten finanziert werden, die den eigenen Interessen entsprechen. Einerseits werden Institutionen gefördert, die Kunst, Bildung oder Gesundheit für die gehobene Gesellschaft liefern. Andererseits beinhalten viele Projekte der Wohltätigkeit Aufträge an Unternehmen der Stifterfamilie oder zumindest an die Privatwirtschaft im Allgemeinen. Medizinische Projekte fördern Pharmaunternehmen, Infrastrukturmaßnahmen fördern die Bauwirtschaft, Digitalisierung kommt IT-Unternehmen zugute usw. Die äußerst wohlhabende und einflussreiche Bill and Melinda Gates Foundation beispielsweise kooperiert mit Monsanto, DuPont und zahlreichen Unternehmen, die Impfstoffe, genmanipulierte Produkte und Saatgut herstellen, während Bill Gates einen beträchtlichen Teil seiner Investitionen in Pharmaunternehmen hält.[285] Für die Großunternehmen erfüllt Wohltätigkeit auch den Zweck, mehr Freiraum in anderen Bereichen zu bekommen. Neben Kontrolle und Macht ist darüber hinaus Eitelkeit ein wesentlicher Faktor der Wohltätigkeit. Schließlich ist es für die erste Generation von Reichen im Hinblick auf den Zugang zum Establishment hilfreich, an Künste zu spenden.[286]

Die Grenzen zwischen Think Tanks, Lobbys, Stiftungen und Nichtregierungsorganisationen sind fließend. Stiftungen dienen in Abgrenzung von den anderen Institutionen vorrangig dem Zweck öffentlicher Wohltätigkeit, also oft der Verherrlichung des Stifters. Jährlich werden in den USA Rankings der größten Spender veröffentlicht. Die amerikanischen Stiftungen haben ein Gesamtkapital von 500 Milliarden Dollar.[287] Einen beträchtlichen Teil, nämlich mehr als 100 Milliarden Dollar, geben sie für Fundraising und Verwaltung aus. Einen weiteren Teil bewahren sie als Kapital. Der Rest wird für Aktivitäten der Stiftungen eingesetzt. In Deutschland gibt es mehr als 16 000 Stiftungen mit einem Gesamtvermögen von mindestens 100 Milliarden Euro und jährlichen Einkünften von 4,5 Milliarden.[288]

Viele Stiftungen sind eng mit Wirtschaft und Politik verknüpft. Zehn der zwölf größten amerikanischen Stiftungen hatten um 1980 mindestens ein leitendes Mitglied, das aus dem Vorstand eines der 201 größten Unternehmen stammte.[289] Die amerikanischen Außenminister Kissinger, Rostow und Brzezinski waren vor ihrer Laufbahn bei der Rockefeller Foundation tätig.[290]

In der Außenpolitik der USA ist neben den oben genannten Think Tanks die Foreign Policy Association (FPA) einflussreich. Fast die Hälfte ihrer leitenden Mitglieder sind auch Mitglieder des Council on Foreign Relations. Während dieser aber die öffentliche Meinung nicht direkt anspricht (außer über die Zeitschrift *Foreign Affairs*), dient die FPA dem unmittelbaren Einfluss auf die öffentliche Meinung.[291] Im Bereich der amerikanischen Wirtschaft ist der Joint Council on Economic Education wichtig, der zunächst von der Ford Foundation finanziert wurde und heute vor allem von Großunternehmen.[292]

In Österreich sind bis zu 45 Milliarden Euro in Stiftungen angelegt. Die Familie Mayr-Melnhof-Saurau investierte fast 2 Milliarden, die Familie Schwarzenberg 207 Millionen und die Familie Stepski 166 Millionen in ihre Privatstiftungen.[293] In Deutschland gehören die Boschstiftung, die Bertelsmann-Stiftung, die Fritz-Thyssen-Stiftung und die Volkswagenstiftung zu den finanzstärksten Organisationen. Wie ihre Namen andeuten, sind sie mit Großunternehmen verknüpft. Tatsächlich halten die Stiftungen einen beträchtlichen Aktienbesitz an den Mutterunternehmen.[294] Es ist daher klar, dass sie den Interessen der Unternehmen nicht direkt widersprechen. Darüber hinaus aber gehören die genannten Stiftungen zu den größten Förderern der Wissenschaft. Was das für die Wissenschaft bedeutet, erläutere ich im neunten Kapitel.

Organisationen der Zivilgesellschaft, auch als Nichtregierungsorganisationen (NGO) bezeichnet, sollen angeblich die Interessen der Bürger vertreten, die sich nicht in Wirtschaft und Politik äußern können. Allerdings wird die Zivilgesellschaft stark von der Wirtschaft beeinflusst. Viele NGOs sind Ableger von TNCs oder werden teilweise von ihnen finanziert.[295] Das Vermögen der amerikanischen NGOs beträgt über eine Billion Dollar.[296] Viele Programme der Weltbank und des IWF werden von NGOs begleitet, die ihre sozialen Folgen abmildern sollen. Die von den Großunternehmen finanzierten oder unterstützten NGOs vertreten häufig deren Interessen, die aber in ihrer Rolle nicht erkennbar sind. So lassen sich Chiquita, Kraft und McDonald's von ihrer Rainforest Alliance ein sauberes Image geben.[297] Sogar Initiativen, die von der Bevölkerung auszugehen scheinen, werden nicht selten von Großunternehmen gesteuert. Man spricht hierbei auch von „Astroturfing“ oder „Grassroots Lobbying“.

7.5 Ein Beispiel: Die Bertelsmann-Stiftung

Die vermutlich mächtigste deutsche Stiftung ist die Bertelsmann-Stiftung. Reinhard Mohn, Chef des Bertelsmann-Konzerns, gründete sie 1977, laut dem früheren Stiftungsvorsitzendem Professor Heribert Meffert, aus der Überzeugung, dass Eigentum verpflichte. Tatsächlich aber hatte er in der Familie keinen eigenen Nachfolger und umging so teilweise die Erbschaftssteuer.[298] Außerdem konnte er sich in Anlehnung an Rockefeller das Image eines Wohltäters geben. Reinhard Mohn war Eigentümer des Unternehmens Bertelsmann und übertrug es nach und nach an die Stiftung. Die Bertelsmann-Stiftung hielt im Jahr 2010 über 77 Prozent der Stimmrechte an der Bertelsmann AG, den Rest hielt die Familie Mohn über die Bertelsmann Verwaltungsgesellschaft mbH.[299]

Die Stiftung erfüllt für die Familie Mohn einen doppelten Zweck. Die an sie abgeführten Gewinne müssen nicht versteuert werden, und sie betreibt Propaganda für das Unternehmen und den Kapitalismus insgesamt. Für Mohn war das gemeinnützig, denn: „Indem die Stiftung die Interessen des Unternehmens verfolge, erwirtschafte das Unternehmen Geld, das die Stiftung dann gemeinnützig verwenden könne.“[300] Es wird allerdings nur die Summe an die Stiftung ausgezahlt, die sich steuerlich absetzen lässt. Die Stiftung erhält nicht die ihrem Anteil entsprechenden Dividenden, sondern der größte Teil wird wieder in die AG investiert. „Nicht Mohn finanziert der Allgemeinheit eine Reformwerkstatt. Vielmehr finanziert die Allgemeinheit den Mohns ein Institut, mit dem diese Gesetze nach ihren Wünschen und Interessen beeinflussen können."[301] Die Stiftung gibt nicht annähernd den Betrag aus, den sie Bertelsmann an Steuern spart, wie Thomas Schuler in seinem Buch *Bertelsmannrepublik Deutschland* ausführt.[302]

Das Unternehmen Bertelsmann lässt sich rund 200 Jahre zurückverfolgen.[303] Es wurde 1835 vom Lithografen Carl Bertelsmann gegründet, um Bibeln für die lutherische Gemeinde zu drucken. 1887 übernahm Johannes Mohn, Ehemann von Friederike Bertelsmann, das Unternehmen und fügte Unterhaltungsliteratur hinzu. Nach dem Zweiten Weltkrieg wurden Drückerkolonnen, die auf eigene Rechnung arbeiteten, eingesetzt, um Mitglieder für den Buchclub des Unternehmens zu rekrutieren. Der Buchclub war die Grundlage des heutigen Unternehmens, das Anfang des 21. Jahrhunderts rund 73 000 Mitarbeiter in 50 Ländern beschäftigte. Die wichtigsten Unternehmenszweige sind die RTL Group, Arvato (Druck, Werbung und Finanzgeschäfte) und Bertelsmann Music. Die Mitarbeiter sind am Gewinn beteiligt – wodurch das Unternehmen Steuern spart und die eingesparten Steuern kontrollieren kann. Das Unternehmen ist in rund 600 Profit Center organisiert. Ziel ist eine Rendite von mindestens zwölf Prozent. Das spiegelt die oben beschriebene Finanzialisierung wider.

Bertelsmann verfolgt nicht nur eine Gewinnmaximierung mithilfe der Senkung von Kosten und Steuern, sondern auch eine klare politische Agenda. „Fast immer münden die als unabhängige, wissenschaftliche Studien getarnten Dogmen der Gütersloher in der Generalforderung nach weniger Staat, mehr Eigenverantwortung, mehr Kindern".[304] Bertelsmann treibt die Privatisierung voran und profitiert davon auch unternehmerisch. „Die Stiftung unterhält ein großes, eng gespanntes Kontaktnetz zu Journalisten. In der Mitte des Netzes befinden sich Verleger und Chefredakteure aller namhaften und einflussreichen Magazine, Zeitungen und Fernsehsender".[305]

Die Bertelsmann-Stiftung fördert direkt die Interessen der Bertelsmann AG und spart dafür der AG Steuern. Ein Beispiel ist das Engagement des Bertelsmann-Tochterunternehmens Arvato, das seit 2005 Teile der englischen Kommunalverwaltung übernommen hat. Um die Privatisierung der

Gemeindeverwaltungen auch in Deutschland durchzusetzen, führte die Bertelsmann-Stiftung laut Thomas Schuler mit Unterstützung der Politiker Otto Schily, Brigitte Zypries und Andrea Fischer eine Studie zu den Vorteilen von „E-Government" durch, auf deren Grundlage 2007 Teile der Würzburger Stadtverwaltung privatisiert wurden, um Kosten zu sparen.[306] Nach der Neuwahl des Oberbürgermeisters wurde das Projekt eingestellt, weil es mehr Kosten verursacht als eingespart hatte. Die Ausgaben dieser Periode waren allerdings nicht mehr an die Stadt und ihre Angestellten gegangen, sondern an Bertelsmann.

Thomas Schuler erklärt, wie Bertelsmann auf ähnliche Weise in die öffentliche Gesundheitsversorgung eingreift. Die Stiftung betreibt einen Think Tank namens Centrum für Krankenhaus Management (CKM), das Expertise im Bereich Gesundheit anbietet und vom früheren Audi-Manager Wilfried von Eiff geleitet wird.[307] Gleichzeitig sitzt von Eiff im Vorstand eines privaten Klinikbetreibers. Brigitte Mohn, die Tochter Reinhard Mohns, leitet den Bereich Gesundheit in der Bertelsmann-Stiftung und ist Mitglied im Kontrollgremium der Rhön Klinikum AG.[308] Das Modell von Unternehmen wie Rhön Klinikum besteht darin, kommunale Krankenhäuser billig aufzukaufen und dann die unrentablen Bereiche abzustoßen (die weniger als zehn Prozent Rendite bringen).[309] Die Vollversorgung der Bürger im Bereich der Gesundheit spielt keine Rolle. Die Folgen der profitorientierten Gesundheitspolitik haben wir in der Coronakrise beobachten können.

Die Stiftung hat ranghohe Politiker der meisten Parteien für sich rekrutiert. Die Liste der ehemaligen und heutigen Vorstandsmitglieder liest sich fast wie ein Who Is Who der deutschen Politik. Roman Herzog verlieh Reinhard und seiner Ehefrau Liz Mohn das Bundesverdienstkreuz.[310] 1998 war Roman Herzog zum Staatsbesuch bei der Königin von England eingeladen. Er durfte zwei Personen mitbringen, eine davon war Liz Mohn.[311] Roman Herzog vertrat Mohns Idee, dass der Staat durch mehr privaten Wettbewerb und durch nichtstaatliche Organisationen geschrumpft werden sollte. Gerhard Schröder, dessen Wahl von der Stiftung unterstützt wurde, stimmte Herzog zu.[312] Die „Ruckrede" von Roman Herzog basierte auf Mohns Ideen.[313]

Eine weitere Verbindung zur Politik ist der „Kanzlerdialog", zu dem die Stiftung alle sechs Monate Bundeskanzler(in), Minister und Ministerpräsidenten ins Schloss Grunewald einlädt.[314] Die Verbindungen sind aber oft noch persönlicher und reichen in fast alle Parteien. Rita Süssmuth (CDU) war Mitglied im

Stiftungskuratorium von Bertelsmann, Präsidentin des Deutschen Bundestags und Leiterin der Zuwanderungskommission.[315] Otto Schily (SPD) begann 2005 mit Bertelsmann das Projekt „Staat der Zukunft", das Medieninstitut von Peter Glotz (SPD) in Sankt Gallen wurde von Bertelsmann finanziert, und Oswald Metzger (damals Grüne, heute CDU) war Fellow der Stiftung.[316] Finanz- und Wirtschaftsminister Manfred Lahnstein (SPD) wechselte nach seinem Ausscheiden in den Vorstand der Bertelsmann AG und machte bei Politikern Werbung für das Privatfernsehen.[317] Elmar Brok saß für die CDU im Europaparlament und arbeitete gleichzeitig für Bertelsmann.[318] Der angesehene Sozialwissenschaftler Werner Weidenfeld war Vorstandsmitglied der Stiftung, ebenso Dieter Stolte (Intendant des ZDF), der Ulrich Viehöver zufolge Recherchen über Bertelsmann während des Nationalsozialismus für 3sat untersagte.[319] Schließlich verdient Erwähnung, dass auch Kanzlerin Merkel enge Kontakte zum Vorstand der Bertelsmann-Stiftung pflegt.[320] Und ihr Ehemann, Joachim Sauer, sitzt übrigens im Kuratorium der Stiftung des anderen großen deutschen Medienkonzerns, der Friede Springer Stiftung.

Ein Beispiel für den faktischen Einfluss der Bertelsmann-Stiftung ist die Vorbereitung des Programms, das als Hartz IV bekannt wurde. Schon in den 1980er Jahren begann die Stiftung mit Plänen für eine Reform des Arbeitsmarkts.[321] 1999 rief Bundeskanzler Schröder über das Bündnis für Arbeit eine Arbeitsgruppe ins Leben, die einen Bericht mit dem Titel „Benchmarking Deutschland" erstellen sollte. Mitglieder waren neben namhaften Wissenschaftlern sowie Vertretern von Stiftungen und der Wirtschaft auch zwei Angehörige der Bertelsmann-Stiftung. Peter Hartz stützte seine Konzeption auf diesen Bericht.[322] Stefan Profit, für die Stiftung einer der Autoren des Berichts, wechselte später in das Bundesarbeitsministerium unter der Leitung Walter Riesters.[323]

7.6 Finanzierung der Politik

Neben der direkten und mittelbaren Beteiligung an der Politik spielt die finanzielle Einflussnahme durch die herrschende Klasse eine entscheidende Rolle in demokratischen Gesellschaften. Hier ist zunächst die Finanzierung von Parteien und Politikern zu nennen. Der Wert der Wahlspenden in den USA betrug 2004 mehr als zwei Milliarden Dollar, etwa halb so viel wie die jährlichen Ausgaben für Lobbys.[324] Die meisten Wahlspenden kommen von

Unternehmen, die auf die Regierung und die Legislative angewiesen sind, insbesondere aus den Bereichen Rüstung, Energie, Umweltverschmutzung und Gesundheitsgefährdung.[325] 388 der Forbes 400, also fast alle der amerikanischen Großunternehmen, spendeten im Zuge der Präsidentschaftswahl 2012.[326] Auch in Deutschland ansässige Großunternehmen spendeten an amerikanische Kandidaten, die Gesetze gegen den Klimawandel ablehnten.[327]

Seit vielen Jahrzehnten wird von Wissenschaftlern und Aktivisten vor dem Klimawandel gewarnt. Das reicht bis zu Prominenten wie dem amerikanischen Präsidentschaftskandidaten Al Gore. Der wissenschaftliche Begriff des Klimawandels wurde zuerst 1988 durch einen Direktor der NASA-Forschung öffentlich. Der damalige amerikanische Präsident Bush versprach, etwas gegen den Treibhauseffekt zu tun. Während all dieser Jahrzehnte hat das Kapital jedoch erfolgreich jegliche Maßnahme gegen den Klimawandel verhindert. Insgesamt wurden zwischen 2003 und 2010 mehr als 500 Milliarden Dollar ausgegeben, um die Öffentlichkeit über den Klimawandel zu täuschen, ein Großteil davon als steuerfreie Wohltätigkeit über Stiftungen.[328] Mittlerweile wird dem Thema mehr Aufmerksamkeit zuteil – denn der Markt für erneuerbare Energien scheint größer zu werden als der Markt für fossile Brennstoffe.

2012 hatten die reichsten 0,1 Prozent der Amerikaner, die ökonomische Klasse der Kapitalisten, noch einen Anteil von 44 Prozent an allen Wahlspenden, 2016 waren es schon über 65 Prozent.[329] Unter den Reichen waren 158 Familien für die Hälfte aller Wahlspenden für den Präsidentschaftswahlkampf verantwortlich. Fast die gesamten Wahlkampfspenden in den USA werden von rund 100 000 Personen getätigt. Die ultrakonservative Familie Koch beispielsweise sammelte 2012 rund 400 reiche Spender um sich und unterstützte die Republikaner mit 400 Millionen Dollar und 2016 mit 750 Millionen.[330] Jane Mayer hat die Entwicklung der Unternehmerfamilie Koch zu einer der wichtigsten Kräfte in der amerikanischen Politik nachgezeichnet.[331]

Selbstverständlich werden von den Politikern Gegenleistungen erwartet. Wenigstens ist klar, dass ein Politiker seine Chancen auf finanzielle Unterstützung durch ein Unternehmen senkt, wenn er dem Unternehmen aktiv Schwierigkeiten bereitet. Nur fünf Prozent der führenden Manager in den USA stimmen dem Begriff „pay to play“ (frei übersetzt: „Wer zahlt, bestimmt die Musik“) nicht zu, um die amerikanische Demokratie zu beschreiben.[332] 94 Prozent meinen, dass die Politiker eher Sonderinteressen zu befriedigen suchten als die Wähler, und 83 Prozent äußern die Meinung, dass das Parlament aus diesem Grund die wichtigsten Probleme des Landes nicht lösen könne.[333]

Die Unternehmen finanzieren Politik nicht nur über Wahlspenden, sondern auch über Geschenke und Posten während und nach ihrer politischen Laufbahn. So schlägt William Tabb vor, Parteien als Blöcke von Investoren zu interpretieren, die Kandidaten für die Vertretung ihrer Interessen unterstützen.[334] Wer sich gegen die Investoren stellt, bekommt zwar Stimmen aus dem Volk, verliert aber seine finanzielle Grundlage und die Unterstützung durch Großunternehmen, unter ihnen auch die großen Medien.

Ich möchte ausdrücklich darauf hinweisen, dass nicht alle Politiker Mitglieder oder Werkzeuge der herrschenden Klasse sind. Es ist jedoch schwer, in der Politik eine abweichende Meinung oder gar die Bevölkerung zu vertreten. Politiker A ist Mitglied der herrschenden Klasse, Politiker B im Vorstand eines Großunternehmens, C wird vom Think Tank eines Kapitalisten mit Informationen versorgt, D erhält Wahlspenden von einem Unternehmen, und auf E trifft alles zugleich zu. Sich all diesen Kräften zu entziehen, ist fast unmöglich. Sich als Politiker gegen sie zu stellen, ist wohl tatsächlich unmöglich. Eben in diesem Sinne ist die Herrschaft weder eine Verschwörung noch ein naturalistischer Prozess. Vielmehr wirken die meisten (von Menschen gemachten) Kräfte in die gleiche Richtung.

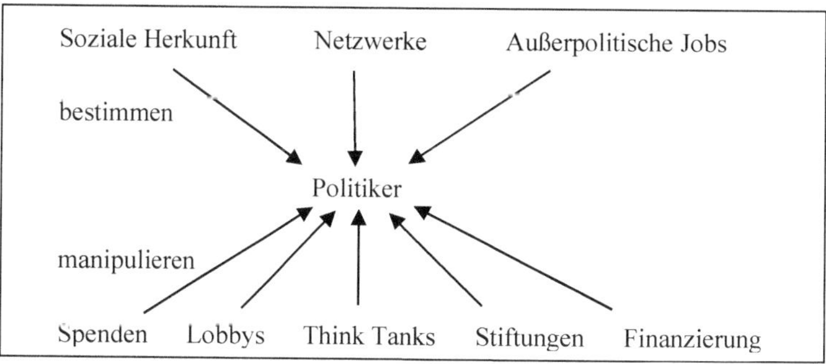

Abb. 2: Beeinflussung der Politik

7.7 Kriege

Der Kapitalismus scheint eine Gesellschaftsform zu sein, in der Krieg und Gewalt durch Handel und Recht ersetzt werden. Tatsächlich aber wurden die vermutlich verheerendsten Kriege der Geschichte zwischen kapitalistischen Staaten geführt, während der Kolonialismus als Massenvernichtung bezeichnet werden muss. Die indigenen Bevölkerungen Amerikas und Ozeaniens wurden dezimiert und teilweise ausgerottet, weltweit töteten die Kolonialkriege insgesamt bis zu 262 Millionen Menschen.[335] Die Kriege des 20. Jahrhunderts kosteten rund 187 Millionen Menschen mittel- oder unmittelbar das Leben.[336]

Großbritannien führte während der Kolonialzeit fast durchgehend Krieg und ist noch heute zu jedem beliebigen Zeitpunkt an mindestens einem Krieg beteiligt. Die USA befinden sich jederzeit in allen Weltregionen im Krieg und waren in fast jedem Land der Erde militärisch aktiv. Sie unterhalten über 700 Militärstützpunkte in 130 Ländern, also in etwa zwei Drittel aller Staaten.[337] Die Kriege verfolgen nicht die Interessen der Bevölkerung, aber auch nicht so sehr das Interesse des Nationalstaats. Vielmehr geht es letztlich um die Position der herrschenden Klasse. Die Anwendung von Gewalt wird gerechtfertigt, als geschehe sie im Interesse des Nationalstaats und seiner gesamten Bevölkerung, der durchschnittliche Amerikaner hat jedoch nichts von einer Bombardierung Afghanistans oder einem Militärputsch in Afrika. Kriege werden fast nie von Bevölkerungen angezettelt.

Die Expansion des kapitalistischen Handels war stets von militärischen Aktivitäten flankiert. Von Venedig im 11. Jahrhundert über den englischen Kolonialismus bis zur amerikanischen Weltherrschaft unterstützte der Staat die Wirtschaft militärisch. Das gestand auch der politisch eher liberale Kolumnist Thomas Friedman zu: „The hidden hand of the market will never work without a hidden fist. McDonald's cannot flourish without McDonnell Douglas, the designer of the F-15. And the hidden fist that keeps the world safe for Silicon Valley's technologies is called the US Army, Air Force, Navy and Marine Corps."[338]

Trotz des langsamen Niedergangs der amerikanischen Vorherrschaft sind die USA jedem anderen Nationalstaat militärisch weit überlegen. Der amerikanische Verteidigungshaushalt entsprach Anfang des 21. Jahrhunderts den Verteidigungsausgaben aller anderen Staaten zusammen und dem gesamten Bruttosozialprodukt Russlands.[339] Mit ihrem Budget von über 30 Milliarden

Dollar übertraf die CIA 2001 das Bruttosozialprodukt von 90 Prozent aller Staaten der Erde. 40 Prozent der amerikanischen Steuern landen letztlich beim Verteidigungsministerium, dem Pentagon.[340]

Die militärischen Aktivitäten der amerikanischen Regierung zielen einerseits auf die Bereicherung ihrer herrschenden Klasse und andererseits auf die Bewahrung ihrer Vorherrschaft ab. Im zehnten Kapitel werde ich zeigen, dass die herrschende Klasse und die politische Führung in den USA eng miteinander verknüpft sind. Die langfristige Strategie richtet sich gegen ein Wiedererstarken Russlands und Chinas, der beiden größten Konkurrenten. Die Unterstützung des radikalen Islams ist dabei ein wichtiges Mittel. Die CIA unterstützte die Islamisten in Afghanistan gegen Russland schon vor dem russischen Einmarsch 1979. Präsident Clinton half Bosnien gegen die Allianz von Russland und Serbien im Jugoslawienkrieg, indem Tausende von Islamisten eingeführt wurden.[341] Auch in Tschetschenien wurden die Islamisten unterstützt, da die großen Ölunternehmen über Tschetschenien Zugriff auf die Pipelines vom Kaspischen Meer erhielten.[342]

Die Unterstützung der Islamisten finanzierte die CIA durch den Verkauf von Heroin, wie sie das zuvor schon bei den Antikommunisten im Vietnamkrieg und später bei den Contras in Nicaragua durch Kokainverkäufe tat.[343] Innerhalb weniger Jahre nach der amerikanischen Invasion stieg Afghanistan zum weltgrößten Heroinproduzenten auf und deckte 75 Prozent der weltweiten Nachfrage.[344] Die Zahl der Heroinabhängigen in Pakistan stieg von fast Null im Jahr 1979 auf 1,2 Millionen 1985, und auch global explodierte die Zahl der Süchtigen.[345] Vom weltweiten Volumen des Drogenhandels, den die Vereinten Nationen auf 500 Milliarden Dollar schätzte, entfiel etwa ein Drittel auf Afghanistan.

Die CIA griff in fast alle Staaten des globalen Südens ein, um sie für das amerikanische Kapital zu öffnen. Neuberger und Opperskalski haben etliche Beispiele zusammengetragen, von denen ich einige aufgreifen möchte. Präsident Arbenz in Guatemala drohte 1951 mit der Verstaatlichung von Land, so dass das Lebensmittelunternehmen United Fruit eine Medienkampagne gegen ihn begann und ihn in der Öffentlichkeit als Bedrohung der Freiheit darstellte.[346] Die CIA kooperierte mit dem amerikanischen Unternehmen United Fruit, das sowohl in Kuba als auch in Guatemala ursprünglich große Landstriche besaß. Allen W. Dulles (damals CIA-Direktor) und John Foster Dulles (damals Außenminister, außerdem als Rechtsanwalt Vertreter von

United Fruit) besaßen große Anteile an United Fruit. Der Vorsitzende des Nationalen Sicherheitsrats der USA, Robert Cutler, saß im Vorstand von United Fruit. Die CIA stürzte Arbenz 1954. Es wurde eine Militärdiktatur eingesetzt, der Zehntausende Menschen zum Opfer fielen.[347] Guatemala hat sich bis heute nicht davon erholt.

In El Salvador wurden unter Anleitung der CIA Herbizide gegen die Gebiete von Revolutionären verwendet, in Nicaragua Tierepidemien verursacht, in Kuba Versuche unternommen, das Wetter negativ zu beeinflussen.[348] 1970 bot John McClone, Vorstandsmitglied von ITT und früherer Direktor der CIA, eine Million Dollar, um den demokratisch gewählten chilenischen Präsidenten Salvador Allende zu stürzen.[349] Die CIA vermittelte die Auszahlung des Geldes an Gegner Allendes. Allende wurde 1973 gestürzt und ermordet. An seine Stelle trat der Militärdiktator Pinochet, der Zehntausende Menschen umbringen ließ.

Der amerikanische Kongressabgeordnete Leo Ryan untersuchte die Sekte People's Temple von Jim Jones und reiste im November 1978 nach Guyana, wohin die Sekte vor der Untersuchung durch den amerikanischen Kongress geflohen war. Ryan und seine Begleiter wurden ermordet, bevor die Sektenmitglieder Selbstmord begingen. Später stellte sich heraus, dass die Sekte von der CIA innerhalb des Programms „MK-Ultra" betrieben wurde, um Experimente zur Kontrolle menschlichen Verhaltens zu machen.[350]

1966 kam in Indonesien mit Unterstützung der CIA Suharto an die Macht, dessen Minister fast allesamt in den USA studiert hatten. Nach der Machtergreifung ließ Suharto mit der Hilfe amerikanischer Berater Hunderttausende Menschen ermorden, die verdächtigt wurden, Kommunisten zu sein. Wer auch nur des Kommunismus verdächtigt wurde, wurde auf oft sehr grausame Weise ermordet.[351] Trotz seiner gigantischen Öleinnahmen brauchte Indonesien noch Finanzhilfen aus den USA. Bis zum Ende seiner Herrschaft 1998 hatte sich Suharto bis zu 35 Milliarden Dollar vom Staat angeeignet, und der Staat war bei den amerikanischen Finanzinstitutionen und beim IWF verschuldet.[352]

Im Kongo erhielt Mobutu von der CIA rund 150 Millionen Dollar Unterstützung, um an die Macht zu kommen.[353] Die Bodenschätze des Kongo waren für den Westen wichtig. Mobutu stahl rund fünf Milliarden Dollar vom Staat und ließ Tausende von Menschen umbringen. Bis heute hat der Kongo unter den Nachwirkungen der Diktatur zu leiden, der Bürgerkrieg konnte nicht beigelegt werden.

Der amerikanische Milliardär Elon Musk erklärte auf Twitter, dass die USA jede Regierung beseitigen würden und dürften, die den Interessen des amerikanischen Kapitals widerspräche.[354] Er bezog sich hierbei ausdrücklich auf Bolivien, wo Evo Morales gestürzt worden war – Musk zufolge, um die Interessen seines Unternehmens Tesla an den Lithiumvorkommen des Landes zu wahren.

Transnationale Waffenproduzenten verdienen am Eingreifen der CIA zugunsten amerikanischer Interessen. Sogar Hilfszahlungen dienen oft Waffenkäufen bei westlichen Unternehmen. Die amerikanische Regierung bat den Kongress 1998 um neun Millionen Dollar Hilfszahlungen an Mexiko – aber mit dem Geld sollten amerikanische Waffen gekauft werden.[355] Gleichzeitig mit dem Konflikt mit Hussein haben die Amerikaner biologische Waffen an ihn geliefert. Ein Mitglied des amerikanischen Kongress-Untersuchungsausschusses sagte dazu: „It was all money, it was all greed. The US Government knew, the British Government knew. Did they care? No. It was a competition with the Germans. That's how the arms trade works."[356]

Die Zahl der Menschen, die durch Kriege im Dienst des Kapitalismus starben, liegt weit höher als die aller anderen Kriegstoten der vorkapitalistischen Geschichte zusammen. Hinzugezählt werden müssen auch die mittelbar Getöteten. In Südostasien sterben bis heute täglich Menschen durch amerikanische Blindgänger und die Folgen des im Vietnamkrieg eingesetzten Entlaubungsmittels „Agent Orange". Nach dem Golfkrieg hat sich die Krebsrate im Irak mehr als verzehnfacht – was vermutlich an den mehr als 300 Tonnen Uranmunition liegt, die von den Amerikanern verwendet worden war; auch die eigenen Soldaten waren danach von höheren Krebsraten betroffen.[357]

Die von den USA eingesetzten Diktatoren wurden nicht nur loyale Partner des amerikanischen Staates, sondern auch gute Geschäftspartner. Die Kriege sorgen einerseits für direkten Umsatz der amerikanischen Rüstungsindustrie – einer der wenigen Branchen industrieller Produktion, die in den USA noch existieren. Andererseits sollen sie sicherstellen, dass im jeweiligen Land eine Regierung eingesetzt wird, die dem amerikanischen Kapital günstige Bedingungen bietet. Die amerikanische Regierung verfolgt diese Politik, weil die Regierungsmitglieder teils selbst Kapitalisten sind (wie oben am Beispiel der Regierung Bush und ihrer Verstrickung mit der Öl- und Rüstungsindustrie gezeigt wurde) und teils vom Kapital direkt oder indirekt beeinflusst werden.

Nach der Eroberung des Irak wurden 200 staatliche Unternehmen privatisiert und zu 100 Prozent an ausländische Investoren verkauft, deren Gewinne steuerfrei ausgeführt werden durften.[358] Der Banksektor wurde privatisiert. Ausländische Banken erhielten das Recht, bis zu 50 Prozent der irakischen Banken zu kaufen. Ausländische Firmen, die im Irak tätig waren, wurden als immun gegenüber dem irakischen Recht erklärt. Internationales Umweltrecht wurde in Bezug auf die Ölindustrie aufgehoben.

7.8 Weltherrschaft

Bereits in den 1970er Jahren warf der Soziologe Niklas Luhmann die Frage auf, ob die Welt zu einer einzigen Gesellschaft zusammenwachse.[359] Das war rund ein Jahrzehnt, bevor der Begriff der Globalisierung Einzug in die Sozialwissenschaften hielt.[360] Luhmann argumentierte, dass die Kommunikation bereits alle Grenzen überschreite und daher eine „Weltgesellschaft" entstehe, auch wenn es auf den Ebenen der Institutionen und der Ideen Gegentendenzen gebe. Die Deutung Luhmanns wurde vom Marxismus kritisiert, weil sie das Zusammenwachsen der Welt lediglich als funktionalen, gleichsam naturwüchsigen Prozess betrachte, aber die Rolle von Macht und Kapitalismus außer acht lasse. Insbesondere die Weltsystemtheorie entwickelte eine konkurrierende Interpretation.

1974 legte Immanuel Wallerstein den ersten Band seiner „Weltsystemtheorie" vor.[361] Im Buch versuchte er zu zeigen, dass die gesamte Welt seit dem 16. Jahrhundert zunehmend vom Kapitalismus beherrscht werde und daher die Klassenstruktur einer einzigen Gesellschaft aufweise: Die herrschenden Klassen der reichen Länder, der früheren Kolonialherren, bildeten die globale Oberklasse, die unteren Klassen der armen Länder seien die globale Unterklasse, und die herrschenden Klassen der armen Länder sowie die Arbeiterklassen der reichen Länder formten die globale Mittelklasse. Wallerstein hat meines Erachtens überzeugend argumentiert, dass die Welt vom Kapitalismus durchdrungen wird und damit zunehmend eine umfassende Herrschaftsordnung aufweist. Allerdings scheint er mir diese Ordnung nicht korrekt analysiert zu haben. Er unterscheidet nur zwischen zwei Gruppen von Ländern und zwischen drei weltumspannenden Klassen, aber er unterscheidet nicht hinreichend zwischen sozialer Klasse, ökonomischer Klasse und Staat. Daher halte ich seine Theorie für vereinfachend und irreführend.

Die Interessen von Staat, Kapitalisten und herrschender Klasse sind in fast allen Nationalstaaten nicht identisch. Der Staat wird von Politikern geführt, die sich vorrangig für ihre Karriere und nach außen für eine starke Position des Staates interessieren. Die Kapitalisten interessieren sich vor allem für die Vermehrung ihres Kapitals. Die herrschende Klasse interessiert sich in erster Linie für die Bewahrung ihrer herrschenden Position. Eine Stärkung der Position des Staates nach außen kann für Kapitalisten in schwächeren Ländern negativ sein, weil ihr Kapital auf der schwachen Position gründet und beispielsweise durch Entwicklungshilfe, Strukturanpassung des IWF, Ausbeutung von Bodenschätzen oder Bestechung vermehrt wird. Aggressive Kapitalvermehrung kann dagegen für die herrschende Klasse riskant sein, da sie zu Destabilisierung, Klassenkämpfen und Aufständen führen kann. Die Interessen der Politiker hingegen umfassen gleichzeitig einen starken Nationalstaat und Stabilität, die aber meist nicht vollkommen kompatibel sind.

Beim stärksten Nationalstaat verhält es sich anders. Hier können aggressive Kapitalvermehrung, Stärkung des Staates und Sicherung der Herrschaft Hand in Hand gehen, denn alle drei Tendenzen implizieren die Weltherrschaft. Es bedarf keiner weiteren Belege, dass die USA die Rolle der weltbeherrschenden Macht im Ersten Weltkrieg von Großbritannien übernommen haben. Im zweiten Kapitel habe ich bereits gezeigt, dass die englische Weltherrschaft durch eine winzige Gruppe von Adligen und Kapitalisten herbeigeführt wurde. Im letzten Kapitel werde ich erläutern, dass die Nachkommen dieser Gruppe auch eng mit der herrschenden Klasse der USA verwoben sind.

Tatsächlich dient die Weltherrschaft eines Staates fast ausschließlich seiner herrschenden Klasse. Die Berichte über das Elend der englischen Arbeiterschaft seit dem Beginn des Kolonialismus sind in die Literatur eingegangen. Besonders plastisch sind die Schilderungen, die Karl Marx zusammengetragen hat.[362] Auch in den Vereinigten Staaten leben heute Millionen von Menschen im Elend. Rund 20 Prozent der Bevölkerung befinden sich unterhalb der Armutsgrenze, und viele Menschen müssen zwei Jobs nachgehen, um oberhalb dieser Grenze zu bleiben. Ich selbst habe in den USA einen Lehrer interviewt, der abends in einem Supermarkt aushilft, weil sein Gehalt nicht ausreicht.

Ferner tragen die Bürger der USA und fast aller anderer Staaten der Welt die Kosten für die amerikanischen Kriege. Amerikanische Soldaten kämpfen gegen lokale Soldaten und Zivilisten – allein im Dienst der herrschenden Klasse der USA. Der Wiederaufbau der Länder wird nur dann vom amerikanischen Kapital finanziert, wenn sich damit Profit machen lässt. Auch deutsche Bürger bezahlen für die Folgen amerikanischer Kriege, beispielsweise indem Millionen von Flüchtlingen aus Kriegsgebieten wie Syrien, Afghanistan/Pakistan oder Somalia aufgenommen und finanziert werden.

Man könnte daraus schließen, dass die herrschende Klasse der USA die Welt in dem Sinne beherrscht, dass sie die amerikanische Regierung steuert und darüber das Weltgeschehen leitet. Das ist nur in einem übertragenen Sinne der Fall. Tatsächlich rekrutieren sich die amerikanischen Regierungen sehr stark aus der herrschenden Klasse. Ferner haben der Staat und das Kapital innerhalb des mächtigsten Staates weitgehend identische Interessen, nämlich die weltweit beherrschende Position und eine damit gleichsam totale Globalisierung – während die herrschenden Klassen der anderen Staaten bei völliger Aufhebung der Grenzen unter die direkte Oberherrschaft der weltbeherrschenden Klasse geraten würden. Darüber hinaus sind die schwächeren Staaten, ihre Kapitalisten und ihre herrschenden Klassen von den mächtigen Staaten (oder dem mächtigsten Staat) abhängig, indem sie militärisch bezwungen und finanziell ruiniert werden können. Diese Spannung zwischen Globalisierung des Kapitals und Nationalismus im Dienst der jeweiligen herrschenden Klasse erleben wir derzeit sehr plastisch im Aufstieg des so genannten Populismus.

Die herrschende Klasse der USA lenkt das Weltgeschehen jedoch nicht direkt und koordiniert. Es handelt sich nicht um eine einheitliche Gruppe mit einem gemeinsamen Interesse. Vielmehr konkurrieren die Familien (und häufig sogar die Familienmitglieder) miteinander. Darüber hinaus haben sie unterschiedliche ideologische und moralische Vorstellungen. Ferner ist die Gruppe viel zu groß, um bindende Absprachen treffen zu können. Und schließlich verstehen die meisten Mitglieder der herrschenden Klasse die Wirklichkeit nicht besser, als jeder Normalbürger es tut.

Des Weiteren agiert die herrschende Klasse über TNCs, insbesondere Finanzinstitutionen. Im fünften Kapitel war gezeigt worden, dass Fonds wie BlackRock, Vanguard und State Street heute einen beträchtlichen Teil des weltweiten Kapitals verwalten. Auf diese Weise koordinieren sie tatsächlich die Aktivitäten der Kapitalisten. Sie üben auch einen großen Einfluss auf die Politik aus, darunter die USA und die EU. Das bedeutet aber, dass ihre Vorstände teilweise miteinander, mit den Kapitalisten und mit Vertretern der Politik konkurrieren. Ihre Interessen konvergieren und sind stark in den USA verwurzelt, da die Fonds, die mächtigsten Kapitalisten und der mächtigste

Staatsapparat hier zu Hause sind. Dennoch handelt es sich nicht um eine Identität von Interessen und Personen, sondern nur um Allianzen.

Darüber hinaus muss die herrschende Klasse der USA heute mit der Chinas und (wieder) mit der Russlands sowie (vielleicht bald) mit der Indiens konkurrieren. Sie kann die Geschehnisse der Welt nicht auf eigene Faust bestimmen. Während die amerikanische Weltherrschaft durch China, in Maßen Russland und zunehmend auch Indien herausgefordert wird, sind alle anderen Staaten mehr oder weniger abhängig. Ihre herrschenden Klassen haben jedoch nichts mit den Mittelklassen der mächtigen Staaten gemeinsam, wie Wallerstein behauptet.

Damit können wir das kapitalistische Weltsystem genauer charakterisieren. Die heutige Welt unterscheidet sich in vieler Hinsicht kaum von der kolonialen Welt des 17. Jahrhunderts. Die herrschende Klasse des mächtigsten Staats ist zugleich die reichste und mächtigste Klasse der Welt, indem sie den mächtigsten Staatsapparat instrumentalisiert, um (fast) alle anderen Staaten auszubeuten. Das ist möglich, indem die herrschenden Klassen der schwächeren Staaten einerseits das Kapital des mächtigsten Staats unterstützen, indem sie ihren Staat für die Ausbeutung öffnen, und andererseits vom mächtigsten Staat unterstützt werden, indem sie die Möglichkeit erhalten, ihre herrschende Position in ihrem Staat zu bewahren und dessen Bevölkerung auszubeuten. Im 17. Jahrhundert war England der mächtigste Staat, dessen Herrschaft über Spanien errungen und später gegen die Niederlande, Frankreich und Deutschland verteidigt wurde. Seit dem frühen 20. Jahrhundert sind die USA der mächtigste Staat, der England (bzw. Großbritannien) verdrängte und der Herausforderung durch Deutschland, Japan und Russland widerstand.

Es gibt jedoch wichtige Unterschiede zwischen dem 17. und dem 21. Jahrhundert. Erstens agieren die Kapitalisten der beherrschten Staaten zunehmend im Ausland und bilden mit den Kapitalisten des herrschenden Staats *eine* ökonomische (aber keine soziale) Klasse. Zweitens werden die USA – wohl erfolgreich – von China herausgefordert, so dass die Weltherrschaft geteilt werden muss oder erneut ein Krieg um die Weltherrschaft ausbricht. Auf der einen Seite ist China zu groß und mächtig, um von den USA vollständig beherrscht zu werden, auf der anderen ist die herrschende Klasse der USA zu reich, um von China unterworfen zu werden. Drittens liegt die Struktur der heutigen Weltherrschaft nicht so offen zutage, wie es in der kolonialen Welt der Fall war. Die USA haben keine formale Kolonialherrschaft inne.

Es sei darauf hingewiesen, dass Großbritannien im 19. und die USA im 20. Jahrhundert nicht als besonders schlimme oder bösartigste Staaten zu bewerten sind, obwohl sie für die meisten Kriege verantwortlich waren. Selbst wenn man die Staaten mit ihren herrschenden Klassen identifiziert und von ihren Bevölkerungen trennt, agieren Staat und herrschende Klasse so, wie es ihrer Position entspricht. Die herrschende Klasse eines mächtigen Staats muss im Kapitalismus die Weltherrschaft anstreben, weil nur dadurch die beherrschende Position gewährleistet ist. Alle anderen herrschenden Klassen sind abhängig und untergeordnet. Die grausamen Mittel, die eingesetzt wurden – Versklavung von ganzen Völkern, Abholzung der Wälder in aller Welt, Plünderung der Rohstoffe, Zerstörung von Gesellschaften und Kulturen, Einsetzung von Militärdiktatoren, Gebrauch biologischer und atomarer Waffen, Vernichtung gewachsener Produktionsweisen, massenhafte Verbreitung von Hunger und Armut – sind selbstverständlich zu verurteilen. Aber sie sind strukturell mit dem Kapitalismus verknüpft. Für einen kapitalistischen Staat ist Weltherrschaft nicht anders zu erlangen, als sich dieser oder ähnlicher Mittel zu bedienen.

8 Recht

Im Kapitalismus ist die Demokratie stark eingeschränkt, weil sie von einer kleinen Gruppe abhängiger Berufspolitiker gekapert wurde. Ähnliches gilt auch für das Rechtssystem. Die Demokratie wird immer mehr vom Kapitalismus erstickt und in eine Postdemokratie verwandelt. Das Rechtssystem, das prinzipiell Auswüchse des Kapitalismus, aber auch des Staatsapparats und krimineller Bürger zu begrenzen vermag, ist in weiten Teilen ein Instrument des Kapitalismus. Vom Kolonialismus über die amerikanischen Eingriffe in fremde Staaten bis hin zur Bankenrettung macht es teilweise Unrecht zu Recht, indem die Handlungen der im jeweiligen Staat ansässigen Kapitalisten als rechtens erklärt werden.

In den meisten Staaten hat das Rechtssystem mindestens zwei Bestandteile, die Gesetzgebung und die Judikative, welche man wiederum in Rechtsprechung und Justizapparat zu unterteilen vermag. Die Gesetzgebung ist gewöhnlich ein politischer Prozess, dem wie bei der Bestimmung der Regierung – oder der Exekutive – die oben skizzierte Dynamik von Parteien und Berufspolitikern zugrunde liegt. Die Rechtsprechung obliegt dagegen einer staatlichen Struktur, die man eher der Verwaltung zurechnen könnte. Während die Gesetzgebung immer mehr unter den Einfluss von Lobbys und Finanzströmen gerät, wird die Rechtsprechung im Bereich der Wirtschaft zunehmend privatisiert. Der Einfluss des Staates und erst recht der Bevölkerung schwindet.

8.1 Verrechtlichung

Formal und grob gesprochen, zerfällt das Rechtssystem in ein Zivilrecht und ein Strafrecht. Davon kann man noch das internationale Recht unterscheiden, das auch Völkerrecht genannt wird. Das Zivilrecht schützt in erster Linie das Eigentum, das Strafrecht in erster Linie die Person, auch wenn diese Bereiche nicht deckungsgleich sind. Die marginalisierte Klasse hat es fast nur mit dem Strafrecht zu tun, während die beiden oberen Klassen nahezu ausschließlich mit dem Zivilrecht in Berührung kommen. Dass ein Mitglied der oberen Klassen zu einer Haftstrafe verurteilt wird, ist sehr selten. Mir ist kein Fall bekannt, in dem ein Mitglied der herrschenden Klasse eine Haftstrafe antreten musste, lediglich über reiche Mitglieder der etablierten Klasse gibt es Berichte, und dann meist wegen Steuerhinterziehung, also wegen Eigentumsdelikten.

Der französische Philosoph Michel Foucault hat die kapitalistische Verwandlung des Rechtssystems in Frankreich detailliert nachverfolgt. Er arbeitete heraus, dass sich die Funktion des Strafrechts von einer Bestrafung von Übeltätern durch die Institution des Königtums über die Abschreckung und eine Verwahrung von Straftätern hin zu einer Disziplinierung der gesamten Bevölkerung gewandelt habe, bis sie schließlich zunehmend einer Selbstdisziplinierung und Kontrolle durch den Staat und die Mitmenschen gewichen sei.[363] Heute passe man sich aus Angst vor Konsequenzen, zur Erlangung einer Arbeitsstelle, durch sozialen Druck und auf Grundlage einer standardisierenden Erziehung vorauseilend an die gesellschaftlichen Normen an. Vor diesem Hintergrund kann das Recht als flankierende Maßnahme zur Integration der Bevölkerung in das kapitalistische System interpretiert werden.

Neben dem Strafrecht ist das Zivilrecht der zentrale Bereich der Rechtsordnung. Das Zivilrecht kreist um das Prinzip des Privateigentums. Dementsprechend hat Foucault diagnostiziert, dass das Strafrecht sich auf die unteren Klasse richte, das Zivilrecht hingegen auf die oberen Klassen.[364] Die Disziplinierung des Körpers stehe einem Ausgleich des Eigentums gegenüber. Tatsächlich lässt sich zeigen, dass der Schutz des Privateigentums seit Thomas Hobbes und John Locke – gemeinsam mit der liberalen Interpretation von Gesellschaft, die ich im zweiten Kapitel diskutiert habe – in das Zentrum rechtlicher Diskurse gerückt ist.[365] Dass Kapitalismus nur bei Existenz der Institution des Privateigentums möglich ist, liegt auf der Hand. Allerdings hat Hannah Arendt darauf hingewiesen, dass die Heiligkeit des Privateigentums nur für Kapitalisten gilt, nicht für die Masse der Bevölkerung, die im Zuge der kapitalistischen Transformation ja gerade enteignet wurde, um die Möglichkeit der Subsistenz zu zerstören und den Zwang zur Arbeit einzuführen.[366] Auch in der Gegenwart kann der Staat Ihr Eigentum, aus welchen Gründen auch immer, jederzeit konfiszieren. Staaten, die das mit dem Eigentum von Kapitalisten versuchen, werden sofort von der „internationalen Gemeinschaft“ attackiert, gegebenenfalls organisieren die USA einen Staatsstreich.

Heute ist das Rechtssystem so aufgebaut, dass vorrangig das Kapital geschützt und gefördert wird. Die Prämisse des kapitalistischen Systems lautet, dass die Welt als „Markt“ strukturiert ist, also auch die Rechtsprechung. Wer am meisten und besten investiert, ist erfolgreich.[367] Da die Gerichts- und Anwaltskosten rasch enorm teuer werden, können sich nur Reiche lange Prozesse und gute Anwälte leisten. In den USA ist überdies eine Gewinnbeteiligung der Anwälte des Klägers erlaubt. Aber auch in Deutschland ist ein Rechtsstreit für einen gewöhnlichen Menschen nicht zu finanzieren.

Während im amerikanischen Modell die Gerichte eine beträchtliche Entscheidungshoheit besitzen, sucht in Deutschland eher das Parlament die Rechtsprechung zu regulieren. Als drittes Modell wird zunehmend ein prozedurales Recht eingeführt, bei dem das Parlament strenge Verfahrensregeln erlässt, ohne aber die Gerichte inhaltlich anzuleiten. Diese Tendenz wird verstärkt durch die zunehmende Privatisierung des Rechts. Internationale Streitfälle werden vor privaten Institutionen ausgetragen, die keiner politischen und erst recht keiner staatsbürgerlichen Instanz mehr rechenschaftspflichtig sind.

Darüber hinaus hat sich das amerikanische Rechtssystem als übergeordnet etabliert. Jeder beliebige Streitfall auf der Welt kann prinzipiell vor ein amerikanisches Gericht gebracht und von diesem verbindlich entschieden werden.[368] Das Recht internationaler Organisationen, die von den (westlichen) Staaten bestimmt werden, die privaten Schiedsgerichte und die amerikanische Rechtsprechung gelten als *global* legitimiert, während die Rechtssysteme der anderen, insbesondere der armen Staaten rein lokale Geltung haben. Stehen diese im Widerspruch zum westlichen, vor allem zum amerikanischen, Recht und verhindern dadurch eine kapitalistische Ausbeutung, werden sie von außen zur Anpassung gezwungen.[369]

8.2 Gesetzgebung

Man möchte glauben, das Rechtssystem in kapitalistischen Staaten könne das Übergewicht des Kapitals bis zu einem gewissen Grad begrenzen. Auch wenn die Politik ganz offenkundig stark vom Kapital beeinflusst ist, so scheint die Judikative doch durch die formale Gewaltenteilung unabhängig von Regierung und Wirtschaft zu sein. Man kann sich auf Gesetze berufen, die innerhalb des Staates für alle gleichermaßen gelten und von unabhängigen Richtern auf den Rechtsfall angewendet werden.

Allerdings werden die Gesetze von der Politik gemacht, der Legislative. Diese ist stark vom Kapital abhängig, wie im vorangehenden Kapitel gezeigt wurde und im Folgenden weiter ausgeführt wird. Die Einflussnahme durch

Think Tanks, Lobbys, Korruption, persönliche Mitwirkung und Finanzierung seitens der herrschenden Klasse hat nicht zuletzt die Gestaltung der Gesetze zum Gegenstand. Selbst wenn die Richter unabhängig wären, müssten sie sich an Gesetze halten, die zugunsten der herrschenden Klasse beeinflusst wurden. Die Richter sind jedoch nur teilweise unabhängig. Erstens werden die obersten Richter in den meisten Staaten von der Regierung eingesetzt. Oft stehen sie daher einer politischen Partei nahe. Zweitens rekrutieren sie sich meist aus derselben sozialen Klasse wie die Politiker. Da in den meisten Staaten Berufspolitiker vorrangig Juristen sind, bestehen enge Beziehungen zwischen ihnen und den Richtern, die nicht selten wegen eines gemeinsamen Studiums oder Referendariats sogar persönlicher Natur sind.

In den meisten der heutigen Nationalstaaten werden die Gesetze von einem Parlament verabschiedet. Die Mitglieder des Parlaments werden gewählt, normalerweise direkt von der Bevölkerung. In vielen Staaten aber ist das Parlament zweigeteilt. In einem „Oberhaus" sitzen Parlamentarier, die nicht vom Volk gewählt werden. In Großbritannien beispielsweise handelt es sich um die Vertretung des Adels, das „House of Lords". Ein beträchtlicher Teil der herrschenden Klasse hat hier noch eine direkte und besonders einflussreiche politische Vertretung.

Auch wenn wir davon ausgehen, dass die gesamte Bevölkerung durch freie und gleiche Wahlen die Möglichkeit hat, die Mitglieder des Parlaments zu wählen, hat sie jedoch nicht die gleiche Möglichkeit, Einfluss auf die Gesetzgebung zu nehmen. Ist das Mitglied des Bundestags aus Ihrem Wahlkreis einmal gewählt, können Sie es nicht jederzeit abwählen oder anderweitig bestrafen, wenn Sie mit seiner Entscheidung nicht zufrieden sind. Sie haben auch nur eine geringe Möglichkeit, seine Entscheidungsfindung zu beeinflussen. Im vorangehenden Kapitel wurde herausgearbeitet, dass und wie die Politik, also insbesondere die Gesetzgebung, über Lobbyarbeit, Think Tanks, Stiftungen, Parlamentarier aus der herrschenden Klasse und direkte Korruption beeinflusst wird.

Im übernächsten Abschnitt wird gezeigt, dass in den Ministerien Berater sitzen, die von Großunternehmen (oder auch Unternehmensberatungen) beschäftigt werden und Gesetzesvorlagen entwerfen. Zahlreiche Lobbys versuchen, Einfluss auf die Vorlagen zu nehmen. Think Tanks, Stiftungen und Lobbys versorgen die Parlamentarier mit „Informationen", die für die Entscheidung über eine Gesetzesvorlage relevant sind. Schließlich sind die Parlamentarier durch ihre soziale Herkunft, ihre Netzwerke oder Beeinflussung mit der herrschenden Klasse verwoben. Der Einfluss der Bevölkerung auf ein Gesetz ist demgegenüber minimal.

8.3 Privatisierung

Recht muss vor Gericht erkämpft werden. Dabei ist man auf Fachjuristen angewiesen. Recht bekommen meist die besten Anwälte. Sie sind tendenziell auch die teuersten. Daher gewinnen Reiche gewöhnlich Rechtsstreitigkeiten gegen weniger Reiche. Kommt es doch zur Anwendung eines Gesetzes, die nachteilig für Reiche ist, wird die Rechtsprechung durch ein Aufgebot an Spitzenanwälten, Einschüchterung des Gegners und Medien beeinflusst, zur Not auch durch Bestechung von Richtern oder gar die gewaltsame Beseitigung des Gegners.

Daniel Drew, einer der frühen Eisenbahnkönige in den USA, erklärte: „When technicalities of the law stood in my way, I have always been able to brush them aside easy as anything.“[370] Und Cornelius Vanderbilt, seinerzeit der reichste Amerikaner, übertrumpfte ihn noch mit einer inzwischen klassisch gewordenen Äußerung: „Law. What do I care about the law. Ain't I got the power?“[371]

Sobald man in den Bereich der TNCs kommt, greifen gewöhnliche Gesetze nicht mehr, weil die verhandelten Streitfälle selten innerhalb der Grenzen und damit der Jurisdiktion eines einzigen Nationalstaats verbleiben. Zuständig sind oft keine zwischenstaatlichen Institutionen wie der Internationale Gerichtshof, sondern Schiedsgerichte, die an keinen Staat gebunden sind. Immer mehr transnationale Prozesse fallen mit Abschluss eines Vertrags in diese Kategorie. Wer gegen einen Vertrag verstößt, kann vor einem Streitschlichter belangt werden. Dazu braucht man hervorragende spezialisierte Juristen. Diese sind vor allem in westlichen Staaten ansässig und sehr teuer. Institutionen aus armen Ländern haben eine schlechte Ausgangsposition, ebenso wie einfache Bürger und Bürgerinitiativen.

In gewisser Weise haben die Großunternehmen den Spieß sogar bereits umgedreht. Heutzutage können TNCs Staaten verklagen. Dazu haben sie ein eigenes Schiedsgericht geschaffen, das International Center for the Settlement of Investment Disputes (ICSID); die internationalen Verträge verleihen diesem Gericht entscheidende Kompetenzen bei Konflikten zwischen Staaten und

Unternehmen.[372] Die Schiedsgerichte des ICSID werden adhoc zusammengestellt, „bestehen aus drei Personen, sie tagen geheim unter Ausschluss der Öffentlichkeit, gegen die Urteile gibt es keine Berufungsmöglichkeit, und die Urteile müssen nicht einmal veröffentlicht werden"; die Mehrheit der Verfahren wird von insgesamt 15 Anwaltsfirmen abgewickelt, die in Westeuropa und den USA ansässig sind.[373]

Die Zahl von Unternehmensklagen gegen Staaten stieg seither sprunghaft an, wobei die Unternehmen ein Drittel der Fälle gewannen und in einem weiteren Drittel einen Vergleich erzwingen konnten.[374] Beispielsweise verklagt Vattenfall die Bundesrepublik wegen des Atomausstiegs, während Philip Morris gegen Australien und andere Staaten wegen zu strenger Auflagen für Tabakprodukte klagte.[375] Für den Sport sind fast nur noch Privatgerichte zuständig, die von den internationalen und nationalen Verbänden eingesetzt werden. Bei Vertragsunterzeichnung unterwirft sich die Sportlerin oder der Sportler deren Jurisdiktion. Bevölkerung und Staatsapparat haben keinen Einfluss mehr auf derartige Organe.

8.4 Berater

Wenn wir davon ausgehen, dass die Gesetze von gewählten Berufspolitikern gemacht werden, so ist diese Annahme trotz der starken Beeinflussung der Politiker immer noch naiv. Auf den starken Einfluss von Think Tanks, Lobbys, Stiftungen und Geldgebern wurde im vorangehenden Kapitel hingewiesen. Zunehmend aber werden die Gesetzestexte selbst nicht von Beamten, sondern von Angestellten der Privatwirtschaft verfasst. Immer mehr so genannte „Beraterаffären" gelangen an die Öffentlichkeit. In keiner Weise gewählte oder legitimierte Mitarbeiter von Privatunternehmen schreiben Gesetzesentwürfe für die oder gar in den Ministerien.

In Deutschland wurden seit 2008 im Bereich des öffentlichen Dienstes auf Bundesebene 50 000 Stellen abgebaut.[376] Gleichzeitig werden immer mehr Aufgaben ausgelagert. Mittlerweile werden viele Projekte von Unternehmensberatungen geplant und durchgeführt, darunter zunehmend auch der Entwurf von Gesetzen. 2005 gab der Staat geschätzte 1,1 Milliarden Euro für Unternehmensberater aus, 2017 schon 2,9 Milliarden – obwohl die Regierung behauptet, die genauen Zahlen nicht zu kennen. Die jährlichen Ausgaben liegen etwa im Bereich dessen, was die abgebauten Stellen im öffentlichen

Dienst kosten würden. Die Einsparung von Kosten ist jedoch gerade die offizielle Rechtfertigung für den Stellenabbau. Berater erhalten bis zu 12 000 Euro am Tag, die höchstbezahlten Beamten beziehen diese Summe im Monat.

Eine unlängst in die Öffentlichkeit gerückte und im *Spiegel* diskutierte Beraterаffäre betraf die damalige Verteidigungsministerin und gegenwärtige EU-Ratspräsidentin Ursula von der Leyen. Unter ihrer Führung kooperierte das Ministerium eng mit der Beratungsfirma McKinsey.[377] Auch die Staatssekretärin Katrin Suder hatte zuvor bei McKinsey gearbeitet. Zahlreiche Aufträge wurden an ehemalige und aktuelle McKinsey-Mitarbeiter vergeben. Ein früherer Kollege Suders steigerte den Umsatz seines Unternehmens durch die Aufträge des Verteidigungsministeriums von 459 000 auf 12 Millionen Euro. Die Unternehmensberatungen erhielten Aufträge oft ohne Ausschreibung und ohne Transparenz. Der Sprecher von der Leyens gab anfangs an, dass McKinsey einen Anteil am Beratungsvolumen des Ministeriums von unter fünf Prozent habe, musste dann aber im Laufe einer offiziellen Untersuchung einen viel höheren Satz zugestehen. Sowohl Suder als auch von der Leyen erklärten im Laufe der Untersuchung, sich nicht erinnern zu können oder nichts gewusst zu haben. Wolfgang Müller hat darauf hingewiesen, dass die Ehemaligen von McKinsey ein Netzwerk bilden, das in allen Großunternehmen vertreten ist und diese sowie den Staat berät.[378] Es verdient außerdem Erwähnung, dass von der Leyen an der Spitze der EU BlackRock als Beraterfirma engagiert.[379]

Unternehmensberatungen haben das Management der Flüchtlingskrise ab 2015 geplant, Rentenkonzepte entworfen oder Pläne für die Verwendung von Zukunftstechnologie entwickelt. Berater von Roland Berger haben eine Strategie für die Digitalisierung Deutschlands erarbeitet, auf dessen Grundlage die Bundeskanzlerin am 15. November 2019 einen Plan vorlegte; im Plan wird die Unternehmensberatung Roland Berger allerdings nicht erwähnt.[380] Die Öffentlichkeit weiß gar nicht, dass die politischen Leitlinien, die Grundlage von Gesetzesentwürfen sind, von Privatunternehmen erarbeitet werden. Die Tatsache wird aktiv verschleiert, indem die Beratereinsätze so abgerechnet werden, dass sie nicht als solche erkennbar sind.[381]

Die Privatunternehmen haben selbstverständlich weder einen demokratischen Auftrag noch unbedingt das Allgemeinwohl als oberste Priorität, sondern Ziel ist die Steigerung des Profits. Gesetze und Strukturen, die den künftigen Gewinn steigern, werden im Zweifelsfall gegenüber Problemlösungen bevorzugt, die den Staat stärken und die Privatwirtschaft schwächen. Das Geld der Steuerzahler wird nicht in die Taschen von Arbeitnehmern im öffentlichen Dienst und in solide Infrastruktur geleitet, sondern in die Taschen von Privatunternehmen und deren Eigentümern.

Die Berater sind häufig mittelbar oder unmittelbar mit den Großunternehmen und der Politik persönlich verquickt. Zahlreiche Berater wechseln in die Chefetagen von Großunternehmen oder auch in leitende Funktionen von Ministerien. Im vorangehenden Kapitel und in diesem Abschnitt habe ich mehrere Beispiele angeführt. Man kann beobachten, dass es eine Rotation zwischen Politik, Beratung und Wirtschaft gibt, da auch viele ehemalige Politiker als Berater auftreten oder in Unternehmensvorstände wechseln.

8.5 Legalisierung von Ausbeutung

Das europäische Rechtssystem hat die weltweite Ausbreitung des Kapitalismus von Anfang begleitet und legitimiert. Da die kolonialisierten Bevölkerungen das europäische Eigentumsrecht nicht hatten, erklärten die Kolonialherren das Land und die Rohstoffe für rechtlich eigentümerlos. Daraufhin nahmen sie es in Besitz, verwandelten es in ihr Eigentum und definierten die indigenen Bevölkerungen bestenfalls als Pächter und schlimmstenfalls als unberechtigte Eindringlinge.[382] Seit der Unabhängigkeit der ehemaligen Kolonien werden das internationale Handelsrecht und die Menschenrechte herangezogen, um ein Land für das westliche Kapital zu öffnen. Zölle, lokale Gesetze, Förderung einheimischer Industrien oder eine anti-westliche Haltung werden bekämpft, indem man den entsprechenden Nationalstaat oder eine seiner Institutionen beschuldigt, im Widerspruch zum internationalen, also westlichen Recht zu stehen. Auf dieser Grundlage wird eine Intervention gerechtfertigt, die vor allem die Ausbeutung des Landes zum Ziel hat.[383]

Die Interessen der Kapitalgesellschaften werden von westlichen Staaten seit Beginn des Kolonialismus aktiv vorangetrieben. Wird ein Großunternehmen dennoch wegen Betrugs, Korruption oder Kartellbildung verurteilt, so ist das Ergebnis im Allgemeinen eine Bußgeldzahlung, oft ohne Schuldeingeständnis. Kein Manager oder Eigentümer haftet persönlich, weil keinem eine persönlich zu verantwortende Straftat nachgewiesen werden kann und in den meisten größeren Unternehmen weder Manager noch Eigentümer rechtlich haftbar sind. Mit der Zahlung ist die Sache erledigt. Dadurch wird Fehlverhalten zu einem bloßen Rechenexempel für das Unternehmen ohne persönliche Konsequenzen. Wenn die zu erwartende Bußgeldzahlung geringer als der Profit ist, entscheiden sich kapitalistische Großunternehmen tendenziell für eine Straftat.

Einige Beispiele: Das amerikanische Unternehmen ADM wurde 1996 wegen Preisabsprachen zur damaligen Rekordstrafe von 100 Millionen Dollar verurteilt. Da die Investoren diese Strafe dennoch für niedrig hielten, stieg daraufhin der Aktienkurs. Der Vorstand Mark Whitacre begründete die Preisabsprachen damit, dass man sich gegen den gemeinsamen „Feind", den Konsumenten, verbünden müsse.[384] GSK, sechstgrößtes Pharmaunternehmen der Welt, musste 2012 fünf Milliarden Dollar Strafe wegen Betrugs bezahlen. Daraufhin steig der Aktienkurs, weil die Strafe einschließlich Gerichtskosten weit unterhalb des Profits lag, der durch die Betrugsaktivitäten erzielt worden war.[385] Gegen die Deutsche Bank liefen 2016 rund 7000 Klagen; für die Begleichung der zu erwartenden Strafen hat die Bank 5,5 Milliarden Euro zurückgelegt, den Profit etwa eines Jahres.[386] JP Morgan Chase wurde 2015/16 mit vier anderen Banken wegen der Manipulation von Währungskursen verurteilt. Daraufhin erhielt der Vorstandsvorsitzende eine Gehaltserhöhung von 35 Prozent.[387] Die Liste ließe sich beliebig lang fortsetzen.

Auf diese Weise sind Korruption, illegale Absprachen und Gesetzesverstöße auch in der Gegenwart feste Bestandteile der kapitalistischen Wirtschaft. Eine Straftat wird begangen, wenn eine Verurteilung wegen dieser weniger kostet (oder kosten könnte) als der aus ihr resultierende Gewinn. Ein Heer von Anwälten versucht im Falle einer Entdeckung, die Verurteilung zu verhindern, was oft gelingt. Aber auch eine Verurteilung richtet normalerweise keinen Schaden an, da sie von vornherein in das Geschäftsmodell eingerechnet wird. 58 Prozent der Vorstandsvorsitzenden der größten amerikanischen Unternehmen geben an, Preisabsprachen gehörten zum Tagesgeschäft.[388] Aus meiner eigenen Erfahrung in einem großen deutschen Unternehmen kann ich bestätigen, dass Betrug ein fester Bestandteil des Tagesgeschäfts war. Jeder, der in einem Großunternehmen eine Funktion im Management hat, weiß das.

Die Akteure scheinen sich weder vor dem Gesetz zu fürchten noch der Masse der Anleger verpflichtet zu fühlen. Vor seiner Vertragsauflösung hat sich der Präsident von ABB in Zürich, Percy Barnevik, 149 Millionen Dollar vom Unternehmens- auf sein Privatkonto überwiesen.[389] Die Aktionäre versuchten zu klagen, aber die Überweisung war legal. Zuvor hatte Barnevik international das Image eines Vorreiters der Wirtschaftsethik gehabt. Sein Verständnis unternehmerischer Tätigkeit war jedoch nicht gerade ethisch, wenn man seinen eigenen Worten glauben darf: „Unter Globalisierung würde ich verstehen, dass meine Gruppe die Freiheit hat zu investieren, wo und wann sie will, zu produzieren, was sie will, zu kaufen und zu verkaufen, wo sie will, und dabei möglichst wenigen arbeits- und sozialrechtlichen Beschränkungen zu unterliegen."[390] Derartige Sätze werden in der Öffentlichkeit nur von Systemkritikern vorgebracht.

Um ihre Interessen durchzusetzen, schrecken Unternehmen und Kapitalisten oft nicht einmal vor direkter körperlicher Gewalt zurück. Hearst ist eines der größten Medienkonglomerate der Welt. Seinen Ursprung hat es der Forschung von Michael Woodiwiss zufolge in der Ermordung von Konkurrenten: In den 1920er Jahren haben Hearst und McCormick Zeitungsverkäufer umbringen lassen, die Blätter der Konkurrenz verkauften.[391] Henry Ford bezahlte in derselben Periode Gangster, um Gewerkschafter körperlich anzugreifen und dadurch einzuschüchtern.[392] Um nicht selbst ins Fadenkreuz zu geraten, verzichte ich auf Beispiele aus der Gegenwart. Forschen Sie einmal nach, was mit Gegnern der Holzindustrie in Brasilien oder alternativen Ärzten in den USA geschieht.

Großunternehmen versuchen jedoch zunächst, die Gesetzgebung so zu beeinflussen, dass ihre Aktivitäten offiziell legal sind. Das gelingt mit den genannten Mitteln: Think Tanks, Lobbys, Stiftungen, Spenden, Ämterrotation zwischen Wirtschaft und Politik, Berater und Vernetzung. Trotzdem spielt Korruption weiterhin eine große Rolle. Die weltweit gezahlten Bestechungsgelder belaufen sich auf mindestens 80 Milliarden Dollar.[393] Einer der weltgrößten Kapitalisten sagt dazu: „There is always somebody who pays, and international business is generally the main source of corruption."[394] Korruption innerhalb der Wirtschaft ist im Kapitalismus kaum sichtbar, weil die herrschende Klasse geschlossen ist und die Schließung unsichtbar gemacht wird.[395]

Aus westlicher Perspektive sind die Demokratien des globalen Südens korrupt und unvollkommen, weil sich die Politiker unmittelbar aus der herrschenden Klasse rekrutieren, keine Berufspolitiker sind und nicht verhehlen, dass sie mit dem Amt private Interessen verfolgen. Ferner bilden sie ein Netzwerk, das ihren Mitgliedern Ämter, Funktionen und Kapital zuschiebt. Tatsächlich geschieht in der westlichen Demokratie genau das Gleiche, aber vermittelt und daher unsichtbar. Die Privilegien verbleiben innerhalb der

Klasse, jedoch verliehen und legitimiert über ein komplexes System. Politiker scheinen die Interessen ihrer Wählerschaft zu vertreten, die Gesetze scheinen für alle gleichermaßen zu gelten, und die Wirtschaft scheint den Gesetzen Folge leisten zu müssen. Tatsächlich sind Recht und Straffreiheit teilweise eine Frage des Geldes und noch mehr eine Frage der Herrschaft.

Viele Profite werden ganz offenkundig auf Kosten der Allgemeinheit gemacht. In den 1920er Jahren benutzten Banker in den USA das bei ihnen angelegte Geld für Spekulationen.[396] Wenn die Spekulationen scheiterten, ging die Bank pleite und die Kleinanleger verloren ihr Geld. In diesem Jahrzehnt machten in den USA mehr als 5500 Banken Bankrott. Vermutlich mehr als 90 Prozent der Bankrotte beruhten auf betrügerischen Geschäften dieser Art. Die Geschichte wiederholte sich knapp 100 Jahre später und führte zur Finanzkrise von 2008. Auch dazwischen kam es immer wieder zu Bankkrisen. In den 1980er Jahren gingen viele Sparkassen in den USA pleite. Die staatliche Untersuchungskommission kam zum Ergebnis, dass fast jede Sparkasse am Rande des Betrugs operierte. Am Ende kostete die Krise rund 160 Milliarden Dollar.[397]

Ein besonders krasser Fall von Wirtschaftskriminalität waren die so genannten Cum-Ex- und Cum-Cum-Geschäfte in Deutschland bis 2012.[398] Hierbei beantragten Finanzinstitutionen die Rückzahlung von Steuern auf Dividenden von Aktien, die gar nicht im Besitz der Institution waren. Der Staat erstattete die Steuern, obwohl sie nie gezahlt worden waren. Die Gesamtsumme kann sich auf bis zu 40 Milliarden Euro belaufen, die der Staat aus Steuergeldern an die Banken überwiesen hat. Der damalige Bundestagsabgeordnete Gerhard Schick hat sich für die Aufklärung der Verbrechen eingesetzt, aber die Bundesregierung hat sehr langsam auf Hinweise reagiert und die Untersuchungen sogar teilweise behindert.[399] Bis 2020 wurden nur zwei britische Aktienhändler auf Bewährung verurteilt.[400] Es ist möglich, dass die den Banken fälschlich erstatteten Summen gar nicht zurückgefordert wurden.

Aber auch körperliche Schäden der Bevölkerung, bis hin zum Tod, werden in Kauf genommen, damit eine winzige Gruppe von Menschen ihre Milliarden um weitere Millionen vermehren kann. Dass Asbest gesundheitsschädlich ist, ist seit 1906 bekannt, aber erst 1989 wurden die meisten Asbestprodukte in den USA gerichtlich verboten.[401] Die Hersteller fochten das Verbot immer wieder erfolgreich an. Zu den Herstellern zählen einige der größten amerikanischen Unternehmen. 1949 schickte der Firmenarzt von Johns-Manville, dem damals weltgrößten Asbesthersteller, Röntgenaufnahmen der Lungen von Arbeitern an die Zentrale, die ihm verbot, die Ergebnisse, denen zufolge alle an Asbestose litten, zu verbreiten.[402] Auf vielen Bananenplantagen werden die Pflanzen während der Arbeitszeit mit Gift besprüht.[403] Für die Kakaoproduktion werden in Westafrika zu einem beträchtlichen Teil Kindersklaven eingesetzt, die auf Märkten gekauft werden können.[404]

Auf der anderen Seite sind die einfachen Leute dem alltäglichen Verbrechen immer schutzloser ausgeliefert. Der Kleineigentümer kann sein Eigentum zunehmend schlechter schützen. Er ist zum Schutz auf den Staat angewiesen, während der Großeigentümer privates Sicherheitspersonal einstellen, sich hoch versichern und das Eigentum in schwer angreifbare Formen umwandeln kann. Der Polizeiapparat wird in allen westlichen Ländern abgebaut, an vielen Orten kommen keine Einsatzkräfte mehr bei „kleinen" Eigentumsdelikten, die für „kleine" Leute jedoch von existentieller Bedeutung sein können.[405] Der Abbau des Staates betrifft auch in diesem Bereich allein die breite Masse und nicht die Superreichen.

Die Tatsache, dass fast alle Großunternehmen regelmäßig wegen Betrugs angezeigt und oft auch verurteilt werden, zeigt, dass die Welt nicht von einer Verschwörung der Reichen regiert wird. Das System würde viel besser funktionieren, wenn die Öffentlichkeit sich nicht über dreiste Manipulationen der Finanzmärkte, Lügen über die Qualität von Produkten, Steuerbetrug und Korruption ärgern würde. Um ihre Position zu bewahren und den Reichtum in den eigenen Reihen zu halten, bräuchte die herrschende Klasse eigentlich nicht auf illegale Mittel zurückzugreifen. Sie besteht aber nicht aus rationalen Akteuren, die das System genau verstehen und als koordinierte Gruppe handeln, sondern aus Menschen, die leicht den Versuchungen des Reichtums verfallen, gegeneinander konkurrieren und aus reiner Gier handeln. Die Konkurrenz innerhalb der herrschenden Klasse war schon immer der größte Feind ihrer Herrschaft.

9 Medien, Bildung und Wissenschaft

Die öffentliche Meinung wird durch Institutionen bestimmt, die auf die Erzeugung von Diskursen spezialisiert sind, insbesondere durch Medien und Wissenschaft. In die Diskurse eingeführt werden die Menschen durch ihre schulische Bildung. Bildung, Wissenschaft und Medien werden stark durch das Kapital beeinflusst, und zwar auf vielfältigen Wegen, die das Kapitel skizzieren wird. Die daraus entstehende öffentliche Meinung legitimiert den Kapitalismus und damit die ihm zugrunde liegende Herrschaftsordnung, die zugleich durch die öffentliche Meinung unsichtbar gemacht wird.

Die Medien sind neuerdings in Verruf geraten. Nicht zu Unrecht. Allerdings gilt für die Medien, was auch für Markt, Demokratie und Recht gilt: Sie sind eigentlich begrüßenswerte Institutionen, die jedoch vom Kapitalismus funktionalisiert wurden. Die meisten Medien gehören Großunternehmen, sind von Werbeeinnahmen abhängig, müssen bei kritischer Berichterstattung mit rechtlichen Konsequenzen rechnen und beziehen ihre Informationen von Think Tanks, Stiftungen, Großunternehmen und Politik. Es gibt jedoch in den Medien – wie in der Justiz oder der Politik – Menschen, die ihren Auftrag ernsthaft und verantwortungsbewusst ausführen. Einige Abschnitte dieses Buches stützen sich beispielsweise auf die Arbeit von Investigativjournalisten. Es werden auch nicht alle Medienerzeugnisse direkt von der herrschenden Klasse manipuliert – selbst wenn die Tendenz in diese Richtung geht. Um hier zu differenzieren, spreche ich im Folgenden von Leitmedien oder großen Medien, womit ich die mehr oder weniger direkt gesteuerten Erzeugnisse der Medienkonzerne und Staatsmedien meine.

9.1 Vereinheitlichung der Medien

Wir alle haben zwar eine gesunde Skepsis gegenüber der Berichterstattung in den Medien, aber am Ende diskutieren wir bei der Arbeit oder in der Kneipe doch über die Themen, die in unseren großen Medien verhandelt werden. Die prinzipielle Auswahl der Themen und die Standpunkte der Leitmedien halten wir für so vertrauenswürdig, dass wir unsere Meinung durch die Abarbeitung an ihnen bilden. Ferner können wir ihnen gar nicht entgehen, weil

„alle“ darüber sprechen. Die großen Medien bestimmen die Themen des Diskurses – wobei ich mit Diskurs das allgemein Sag- und Denkbare meine.[406]

Die Überzeugungskraft der Medien beruht darauf, dass sie ein Vorverständnis der Welt voraussetzen, welches von uns allen geteilt wird. Es legt fest, was sag- und denkbar ist und bestimmt so den Diskurs. Die Existenz von Geistern zu behaupten, Wirtschaftswachstum als negativ zu bewerten oder Fußball für unwichtig zu halten, ist in westlichen Gesellschaften zu Beginn des 21. Jahrhunderts nicht sinnvoll. Weder in den Medien noch in der Öffentlichkeit haben derartige Behauptungen einen nennenswerten Stellenwert. Die Medien stützen sich auf den allgemeinen Diskurs. Andernfalls würden sie nicht nur abgelehnt, sondern vielleicht nicht einmal verstanden. Erfolgreich können nur Medien sein, die für eine größere Zahl von Menschen anschlussfähig sind. Deshalb beziehen sich die Menschen auf sie. Dabei werden sie durch die Medien beeinflusst, so dass der Diskurs stark durch die Medien kanalisiert wird. Diskurs und Medien befinden sich in einem zirkulären Prozess und greifen immer aufeinander zurück.[407]

Medien liefern im Wesentlichen Information und Unterhaltung. Im Hinblick auf Information müssen die Medien aktuell wirken und zumindest so zuverlässig sein, dass sie sich nicht rechtlich angreifbar machen. Daher verwenden Journalisten in erster Linie Quellen, die zur Weitergabe von Informationen prädestiniert, besonders legitimiert und als Quellen allgemein anerkannt sind. Dabei handelt es sich insbesondere um Politiker und Experten.[408] Auf diese Weise erhalten nicht nur deren Standpunkte in der Berichterstattung ein besonderes Gewicht, sondern sie haben auch einen großen Einfluss auf die Auswahl der Themen, über die berichtet wird. Bestimmte Probleme werden als wichtig definiert, andere in den Hintergrund gedrängt.[409]

Lance Bennett hat diesbezüglich von „Indexierung“ gesprochen.[410] Journalisten bewerten (indexieren) die Verlässlichkeit ihrer Quellen nach Legitimität. Extreme oder isolierte Meinungen werden mit hoher Wahrscheinlichkeit nicht berücksichtigt, da ihre Darstellung für die Journalisten riskant ist. Derartige Meinungen könnten provozieren, falsch sein, sich nicht durch anerkannte Quellen legitimieren lassen, für den Großteil der Öffentlichkeit nicht anschlussfähig sein oder einfach nur unverständlich bleiben. Die Indexierung pendelt sich auf einen politischen Mainstream ein. Am Beispiel der Berichterstattung über Nicaragua in den 1980er Jahren hat Bennett gezeigt, dass die Medien in den USA kritisch waren, solange der amerikanische Kongress kontrovers über ein Eingreifen gegen die linksorientierten Sandinisten diskutierte. Nach der Einigung im Kongress war auch die Berichterstattung nicht mehr kontrovers. Bennetts Auswertung zeigte, dass von 889 kenntlich gemachten Meinungen in der Berichterstattung zu Nicaragua 604 von Vertretern der amerikanischen Regierung kamen.[411] Alle Meinungen bewegten sich innerhalb des Konsenses.

Um zeitlich schnell und qualitativ gut informiert zu sein, unterhalten Journalisten zu wichtigen Repräsentanten der legitimierten Gruppen regelmäßige Beziehungen. Politiker wollen Journalisten gewinnen, die sie positiv darstellen. Journalisten wollen Politiker gewinnen, die ihnen (die ersten, wichtigsten und legitimierten) Informationen liefern. Auf diese Weise werden Journalisten zu Medienreferenten.[412] Diese Vernetzung von Politik und Medien wird jedoch systematisch verdeckt. Uwe Krüger hat die Vernetzung der führenden Journalisten Deutschlands miteinander, mit Regierungskreisen und mit konservativen Interessengruppen untersucht. Empirisch konnte er bei vielen führenden Journalisten regelmäßige Kontaktpotentiale mit führenden Politikern nachweisen.[413] Einige der führenden deutschen Journalisten haben enge Netzwerke, die in die USA und die NATO reichen.[414] Krügers Analyse der Berichterstattung zeigt außerdem die Übereinstimmung der wichtigsten deutschen Medien mit dem Konsens der politischen Parteien, auf den am Beispiel der USA und Nicaragua hingewiesen wurde. Alternative Stimmen kommen kaum zu Wort.[415]

Krüger bringt ein anschauliches Beispiel: *Der Spiegel* berichtete 2001 über die Gefahren der Uranmunition.[416] Theo Sommer, der im Verteidigungsministerium und in der Wehrstrukturkommission der Bundesregierung gearbeitet hatte, wies daraufhin als Mitglied einer unabhängigen Kommission die Unschädlichkeit der Munition nach und veröffentlichte das in der *Zeit*. Dass er als Mitherausgeber der Zeitung für die Bundesregierung arbeitete, wurde nicht thematisiert. Vom Verteidigungsminister erhielt er das Ehrenkreuz der Bundeswehr in Gold.

Journalisten können nicht jede Information selbst ermitteln und überprüfen, insbesondere weil sie aus ökonomischen Gründen stets unter Zeitdruck arbeiten und kaum noch sorgfältig recherchieren können. Daher verlassen sie sich nicht nur auf ihre Netzwerke, sondern beziehen viele Informationen von Presseagenturen und Medienabteilungen. Das amerikanische Verteidigungsministerium beispielsweise unterhält eine Pressestelle mit Tausenden von Mitarbeitern und gibt selbst über Tausend regelmäßig erscheinende Veröffentlichungen heraus.[417] Journalisten können sich darauf stützen und gehen bei deren Weitergabe kein Risiko ein, weil die Quelle ein offizielles Organ der Regierung ist. Das bedeutet, dass ein hoher Prozentsatz an Informationen in den USA und darüber hinaus vom Pentagon erzeugt wird. Diese Informationen entsprechen selbstverständlich den Interessen des amerikanischen Verteidigungsministeriums.

Ganz allgemein suchen Interessengruppen politische Themen zu lancieren, Entscheidungen zu beeinflussen und Medien zu lenken. Dabei haben die finanzstärksten Gruppen den größten durchschnittlichen Einfluss. Angesehene Experten arbeiten oft direkt für Interessengruppen oder werden von ihnen für bestimmte Leistungen bezahlt.[418] Der Begründer der Public Relations, Edward Bernays, hat bereits in den 1920er Jahren geschrieben, dass des Volkes Stimme von Anführern und Propaganda-Experten gesteuert werde. „Ein seriöser und talentierter Politiker ist dank des Instrumentariums der Propaganda glücklicherweise in der Lage, den Volkswillen zu formen und zu kanalisieren."[419]

Schließlich stammen die Journalisten der führenden Medien nicht gleichmäßig aus allen Teilen der Bevölkerung, sondern aus den gebildeten Eliten und vorrangig aus der etablierten Klasse oder treten dieser mit der Anstellung bei einem Leitmedium bei. Spätestens gehören sie dann zu den gebildeten Eliten, sobald sie eine Anstellung bei einem führenden Medium haben. Sie sind nicht nur mit den Mitgliedern derselben sozialen Klasse vernetzt und teilen deren Weltanschauung, sondern werden ihre eigene Klasse nicht unnötig diskreditieren. Das politische, rechtliche und wirtschaftliche Führungspersonal rekrutiert sich größtenteils aus derselben sozialen Klasse.

Der Bezug auf legitime Quellen, der Einfluss von Eigentümern und Werbung, die vorherrschende Meinung und die soziale Verortung der Journalisten tragen zu einer Vereinheitlichung der Berichterstattung bei. Die Einheitlichkeit der Meinung sagt eigentlich nichts über ihre Wahrheit aus, ersetzt aber die Wahrheitsprüfung. Die Medien scheinen „objektiv" zu berichten und wie die Wissenschaft kein Interesse zu verfolgen. Dass die Medien von führenden Politikern, Regierungsorganen und finanzkräftigen Akteuren beeinflusst werden, bleibt unsichtbar. Dadurch erlangt eine Struktur, die Edward Herman und Noam Chomsky als „Propaganda" bezeichnet haben, den Status der Produktion von objektiver Wahrheit.[420]

Die digitalen Medien scheinen offener und demokratischer zu sein. Tatsächlich sind die Konzentration von Unternehmen und die Kontrolle hier noch stärker. Die digitalen Medien tendieren in Richtung Postdemokratie, die zu Beginn des siebten Kapitels diskutiert wurde (S. 117). Die Bevölkerung hat immer mehr Beteiligungsmöglichkeiten, aber immer weniger Einfluss auf die tatsächlichen Entscheidungen.[421] Das Internet wird von kommerziellen Medien dominiert, die im Besitz weniger Großkonzerne sind. Die Nutzer können zunehmend nur noch über deren Oberflächen kommunizieren, ihrer Meinungsäußerung sind damit die Grenzen gesetzt, die diese Unternehmen festlegen. Die Machtkonzentration bei Facebook, Google, Amazon und ähnlichen TNCs ist mit umfassender Überwachung und Steuerung verbunden.

Die digitalen Medien haben so genannte Fake News und den Zweifel an der Ehrlichkeit der Leitmedien hervorgebracht. Insofern scheint die Digitalisierung doch die Möglichkeit alternativer Berichterstattung zu eröffnen. Zu einem geringen Teil ist das sicher der Fall. In einem weit höheren Maße führen die alternativen Sichtweisen jedoch zu einer noch stärkeren Desinformation. Erstens weiß man nicht mehr, wem man überhaupt glauben kann, und betrachtet Nachrichten als beliebig. Zweitens bewegen sich auch Fake News im Rahmen des herrschenden Diskurses: Sie greifen genau die Themen auf, die von den Leitmedien vorgegeben werden. Derzeit sind das insbesondere Einwanderung und Klimawandel. Dass sie abweichende Meinungen dazu verbreiten, führt nicht zu einem besseren Verständnis der Welt, sondern nur zu einer anderen Interpretation eines vorgegebenen Themas. Damit nimmt, drittens, auch die Fragmentierung zu. Es wird ebenso wenig wie in den Leitmedien versucht, das gesamte System zu verstehen, sondern die Meinung wird von Bruchstücken beherrscht, die für sich bedeutungslos sind.

Es wirken also mehrere Kräfte gemeinsam darauf hin, dass die abweichende Meinung eines einfachen Bürgers keinen Eingang in die Medien findet. Seine Meinung weist keine Legitimation auf, ihre Berücksichtigung wäre also für den Journalisten riskant. Der Bürger ist nicht Teil der journalistischen Netzwerke, hat also kaum Zugang zu den Medien. Er oder sie steuert keine Interessengruppe und kein staatliches Organ. Er oder sie pflegt keine sozialen Kontakte mit den führenden Journalisten. Schließlich kann er oder sie die Meinungsbildung auch nicht ökonomisch beeinflussen, wie wir im nächsten Abschnitt sehen werden.

9.2 Finanzierung der Medien

Wir meinen, dass die Medien durch ihre eigene Logik gesteuert werden. In der Unterhaltung zählt der Unterhaltungswert, in der Berichterstattung die Überzeugung der Journalisten. Am Ende scheint sich Qualität immer durchzusetzen, die in erster Linie den Regeln der Wahrheit und der Unterhaltung gehorcht. Wir müssen jedoch bedenken, dass die meisten Medien privatwirtschaftliche Unternehmen sind, die einen Gewinn erwirtschaften sollen. Die Medientechnologie wird immer teurer, immer größere Investitionen sind erforderlich. Daraus ergibt sich eine immer größere Konzentration, weil immer weniger Unternehmen in der Lage sind, diese Investitionen aufzubringen.[422] Ferner werden profitable Medien aufgekauft, die anderen gehen ein. Die steigende Konzentration der Medienkonzerne führt dazu, dass immer mehr Medien einer Konzernzentrale rechenschaftspflichtig sind.[423] Die Vorstandsmitglieder der großen Medienkonzerne sitzen zumeist gleichzeitig in Vorständen anderer Großunternehmen. Es gibt sogar Konzerne, die sowohl Medien als auch andere Produkte, beispielsweise Waffen, produzieren.[424] Eine negative Berichterstattung über die vom Konzern verkauften Produkte ist in seinen eigenen Medien unwahrscheinlich.

Prinzipiell muss man davon ausgehen, dass Eigentümer einen starken indirekten Einfluss auf die bei ihnen beschäftigten Journalisten ausüben. Diese riskieren selbstverständlich ihren Job, wenn sie die Interessen der Eigentümer explizit angreifen. Tendenziell werden sie für niedrigere Steuern, ein positives Geschäftsumfeld, weniger Regulierung und wirtschaftliche Freiheit eintreten. Damit gehen derartige Überzeugungen auch in die öffentliche Meinung ein, da alle Eigentümer und Konzernvorstände diese Einstellungen teilen (müssen). Einen ähnlichen Effekt erzielt die äußere Finanzierung der Medien. Sie geschieht meist durch eine Form von Werbung. Negative Berichterstattung über Werbekunden und ihre Interessen wäre bestenfalls ein Eigentor, schlimmstenfalls das geschäftliche Aus. So gut wie alle Medien sind privatwirtschaftliche Unternehmen, die ökonomische Interessen verfolgen und auf Einnahmen angewiesen sind. Der Verkauf des Produkts und die Finanzierung seiner Herstellung müssen die vorrangigen Interessen sein.

Die großen Medienmogule werden langsam durch das Netzwerk von TNCs, Managern und Finanzinstitutionen ersetzt, das im fünften Kapitel beschrieben wurde. Der globale Medienmarkt wird zunehmend in Schichten transnationaler Unternehmen organisiert, wie andere Industrien auch. Die erste

Schicht waren 2004 etwa acht vertikal integrierte Konglomerate mit einem Umsatz über zehn Milliarden Euro, in denen Familien als Eigentümer allerdings immer noch eine große Rolle spielen: Comcast (das der amerikanischen Familie Roberts gehört), News Corporation (Familie Murdoch), Time Warner (Konglomerat), Bertelsmann (Familie Mohn), Disney (Familie Disney und Stiftung Familie Steve Jobs), Sony (Konglomerat), NBC (General Electric), Viacom (vor allem Familie Redstone).[425] Die zweite Schicht bilden rund 40 Großunternehmen, die eher auf regionale Märkte ausgerichtet sind. Auf der dritten Ebene bedienen Tausende weiterer Firmen nationale und lokale Märkte. Sie werden allerdings zunehmend in nationale und transnationale Konzerne integriert. Die horizontale und vertikale Integration steigert das Gewinnpotential. Erstens können Kosten (Arbeitsplätze) gespart werden. Zweitens stärken die einzelnen Unternehmen einander durch Werbung und Teilung von Ressourcen wechselseitig.

Nationale und lokale Medien spielen eine wichtige Rolle und sind größtenteils im Besitz national herrschender Familien. Denken wir beispielsweise an Silvio Berlusconi in Italien oder Thaksin Shinawatra in Thailand. In Deutschland herrscht noch eine vergleichsweise große Vielfalt der Medien und ihrer Eigentümer. Doch dominieren auch hier wenige Großunternehmen, die wiederum im Besitz weniger Familien sind. Bertelsmann ist oben ein ganzer Abschnitt gewidmet. Dem Konzern gehören beispielsweise Gruner und Jahr, die RTL Group, Random House und Arvato. *Bild* und SAT1 sind im Besitz der Springer AG (Familie Springer); *Die Zeit*, das *Handelsblatt* und *Der Tagesspiegel* sind Unternehmen von Holtzbrinck; die *Bunte* und der *Focus* gehören der Familie Burda und etliche Medien der Bauer Media Group.[426]

Die Gesamtheit der Medienkonzerne hat kaum eine Opposition, die sich Gehör verschaffen könnte. Alle großen und viele kleine Medien sind im Besitz weniger Großunternehmen, von denen einige bis heute Familienunternehmen sind und von den Eigentümern auch inhaltlich beeinflusst werden. Die Tendenz geht jedoch zur oben beschriebenen Netzwerkstruktur unter der Herrschaft von Finanzinstitutionen. Auch wenn die Chefs nicht direkt in die Inhalte eingreifen, dürfen Journalisten nicht prinzipiell der herrschenden Ordnung und den Interessen des Unternehmens widersprechen.

Auch im Bereich der Medien ist die Rolle der CIA und des amerikanischen Kapitals nicht zu unterschätzen. In den 1950er Jahren unterstützte die CIA Axel Springer beim Aufbau seines Medienimperiums finanziell, um die Interessen der USA zu fördern.[427] Im Oktober 1977 enthüllte der *Rolling Stone* die Namen von über 400 amerikanischen Journalisten, die für die CIA arbeiteten.[428] Ferner gehörte die ehemalige Nachrichtenagentur Forum World Features der CIA; sie wurde von John Hay Whitney geleitet, dem Herausgeber des *International Herald Tribune*, damals einer der angesehensten Tageszeitungen der Welt, die politisch immer eher links eingeordnet wurde.[429] Heutige Beteiligungen der CIA sind selbstverständlich schwer zu recherchieren.

9.3 Mittel der Manipulation

Die Medienproduzenten sind nicht nur von den Interessen ihrer Geldgeber, Quellen und Kontakte abhängig. Vielmehr wird auch zu bewusster und aktiver Manipulation der Medienkonsumenten gegriffen. Die meisten Konzerne haben Presseabteilungen, die größer sind als die Wirtschaftsredaktionen der meisten Zeitungen. Sie können mit viel größerer Sorgfalt die Themen bearbeiten, zu denen die Journalisten innerhalb kurzer Zeit mit wenig Sachkenntnis Informationen benötigen. So bereiten die Think Tanks, Stiftungen, Berater, Presseabteilungen und Regierungsorgane Informationen auf, durch die Journalisten und die Öffentlichkeit bewusst manipuliert werden sollen.

Auch die Journalisten und insbesondere ihre Chefredakteure steuern die Wahrnehmung des Publikums aktiv. Die Methoden gleichen denen der Produktwerbung und sind manchmal sogar direkt miteinander verknüpft. Albrecht Müller hat einige der Methoden der Manipulation sehr überzeugend und übersichtlich dargestellt: Wiederholung, die Sendung der gleichen Botschaft aus (vermeintlich) unterschiedlichen politischen Ecken, der Gebrauch einer allgemein geläufigen Sprache, eine affirmative Haltung, Zitate von Experten, die Erzeugung von Angst, Übertreibung und das Verschweigen von alternativen Sichtweisen.[430]

Prinzipiell konzentriert sich die Berichterstattung Müller zufolge auf Personen und Ereignisse, nicht auf Strukturen. Konflikte und kritische Ansichten werden gelegentlich dargestellt, dann aber singulär und fragmentiert. Einzelne Personen oder Institutionen kommen dabei oft schlecht weg und werden kritisch hinterfragt. Die Einzelfälle rücken in den Vordergrund, die Strukturen in den Hintergrund. Das trägt dazu bei, dass wir unsere Aufmerksamkeit auf die Einzelfälle richten und die Strukturen nicht hinterfragen.[431] Beim Lesen ärgert man sich beispielsweise über die kriminelle Energie, die zu Tage tritt, und fordert unwillkürlich eine Strafverfolgung oder strengere Gesetze. Der Rahmen aber wird nicht hinterfragt, sondern die Verfolgung und die Gesetze werden im Gegenteil gerade innerhalb des bestehenden Rahmens verortet.

Unter diesen Bedingungen ist es umso erstaunlicher, dass einzelne Investigativjournalisten in der Lage sind, wirklich kritische Ergebnisse zu veröffentlichen. Ihre Leistung ist nicht hoch genug zu bewerten. Allerdings stützen auch viele der Enthüllungen das System auf die gleiche Weise wie die kritischen Darstellungen innerhalb des Mainstreams, indem sie die Aufmerksamkeit auf einzelne Personen oder Ereignisse lenken, anstatt Strukturen zu beleuchten. Letztlich liefern nur die Investigativjournalisten eine wertvolle Kritik, die ihre Ergebnisse innerhalb des Gesamtsystems verorten und zu dessen Verständnis beitragen. Diejenigen aber, die das System wirklich bloßstellen, müssen um ihre Sicherheit und letztlich sogar um ihr Leben fürchten, wie man beispielsweise an Julian Assange und Edward Snowden sieht. Ihre Beispiele dürften alle kritischen Journalisten zumindest einschüchtern.

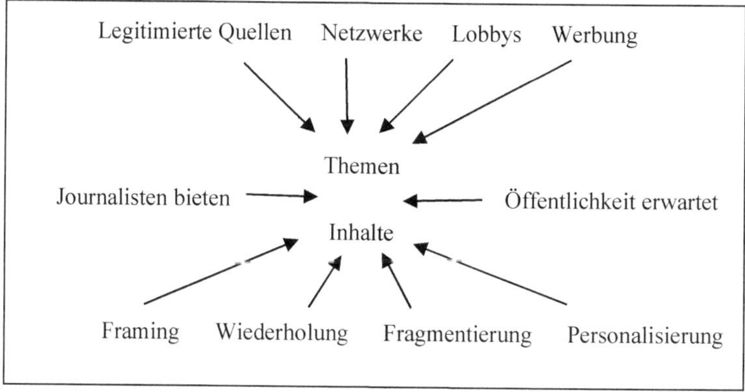

Abb. 3: Beeinflussung der Medien

9.4 Wissenschaft

Die öffentliche Meinung wird auch durch Wissenschaft beeinflusst. Einerseits gehen wissenschaftliche Theorien in irgendeiner Form früher oder später in den Alltagsverstand ein. Andererseits rekrutieren sich die Experten, die politische, wirtschaftliche und soziokulturelle Institutionen beraten, oft aus der Wissenschaft. Grundsätzlich möchte man meinen, dass Wissenschaft ein unabhängiges Streben nach der Wahrheit sei. Tatsächlich aber sind viele Wissenschaftler direkt oder indirekt von den Interessen der herrschenden Klasse abhängig.

Die Kapitalisten sitzen in den Vorständen der Stiftungen und Think Tanks, die aktiv die öffentliche Meinung zu beeinflussen suchen. Ferner finanzieren sie diese Institutionen, oft mit dem klaren Ziel der Einflussnahme. Das trifft zunehmend auch auf Universitäten und Forschungsinstitute zu. Immer mehr Universitäten weltweit und in Deutschland sind in Privatbesitz oder nehmen Spenden an, beispielsweise zur Finanzierung eines Lehrstuhls oder eines Forschungsprojekts.

Hugh Roy Cullen gründete 1947 die Cullen Foundation mit 160 Millionen Dollar Startkapital, um wissenschaftliche Forschung zu unterstützen.[432] Das war der erste Schritt zur Privatisierung der amerikanischen Universitäten. Heute sind viele der anerkanntesten Universitäten der USA (und zugleich der Welt) private Institutionen, beispielsweise Harvard, Yale, Princeton und Stanford. Vertreter von Großunternehmen sitzen in den Aufsichtsräten der Universitäten, um Einfluss auf die Forschung zu nehmen. Im Hinblick auf Spenden und Einfluss sind die Reichen an den Universitäten um ein Vielfaches stärker vertreten als andere Gruppen. Ihre Auffassungen haben daher ein höheres Gewicht.[433]

Ferner spielen ihre Vertreter als öffentliche Intellektuelle und über die universitäre Lehre eine immer größere ideologische Rolle. Ehemalige Politiker und Manager erhalten Honorarprofessuren und Lehraufträge an Universitäten.[434] Beispiele sind der Unternehmensberater Roland Berger (Cottbus) und der frühere Finanzminister Peer Steinbrück (Leipzig). Umgekehrt sitzen viele Professoren in Unternehmensvorständen und Ministerien. Von den 55 Professoren, die zwischen 1957 und 1973 Mitglieder des President's Science Advisory Committee der USA waren, waren mehr als die Hälfte auch Vorstandsmitglieder eines Unternehmens mit mehr als 100 Millionen Dollar Umsatz.[435] Dass eine derartige Position einem Interesse an Wahrheit gleichsam direkt widerspricht, bedarf wohl keiner Erläuterung.

Immer mehr Professoren haben das Zentrum ihrer Forschung nicht mehr an der Universität oder einem unabhängigen Institut, sondern in der Wirtschaft. Viele technologisch orientierte Professoren sowie zahlreiche Vertreter der

Rechts- und Wirtschaftswissenschaften arbeiten so eng mit der Privatwirtschaft zusammen, dass sie einen Großteil ihrer Zeit nicht an der Universität verbringen, sondern im Unternehmen. Dort werden ihnen Material und Umfeld für die Forschung, Forschungsfinanzierung und Bezahlung geboten, von denen man an der Universität nur träumen kann.

Insgesamt rund 800 Professuren werden in Deutschland durch private Geldgeber finanziert.[436] Es ist klar, dass sich die Inhaber dieser Professuren kaum gegen die Interessen ihrer Geldgeber wenden werden. Im Extremfall bezahlen Großunternehmen ganze Institute und steuern dadurch die Forschung. Direkte Bestechung von Wissenschaftlern ist eher selten, kommt aber auch regelmäßig vor. Beispielsweise unterstützte der Ölkonzern Exxon das National Enterprise Institute, das jedem Wissenschaftler 10 000 Dollar bot, der den UN-Bericht über den Klimawandel in Frage stellte.[437]

Ein beträchtlicher Teil der Forschung dient privaten Profitinteressen, wird aber vom Staat bezahlt. In den USA sind das Flugwesen, das Radio, die Telekommunikation, der Computer und die Biotechnologie gute Beispiele dafür. Die Entwicklungen in diesen Bereichen wurden fast vollständig vom amerikanischen Staat bezahlt.[438] Das erarbeitete Wissen wurde dann kostenlos an die Wirtschaft übergeben, die es mit dem Ziel, private Profite zu erzielen, einsetzte. Von den Profiten erhält weder der Staat noch der Steuerzahler etwas.

Zahlreiche Stiftungen und Unternehmen vergeben Forschungsaufträge, eine Finanzierung von Projekten und Stipendien. In Deutschland wurden 2010 insgesamt 26,5 Milliarden Euro Drittmittel an deutsche Universitäten überwiesen, oder fast ein Viertel der Gesamtfinanzierung der Hochschulen.[439] Oft fehlt ein direkter Zwang zur Orientierung an den Interessen des Mittelgebers, aber indirekt werden diese Interessen immer transportiert. So kann es bei einem Forschungsprojekt zu Nachhaltigkeit, das von einer Stiftung oder einem Unternehmen finanziert wird, nicht darum gehen, eine Alternative zum Kapitalismus zu entwickeln, sondern gefördert werden Projekte, die Nachhaltigkeit in einen weiteren Bereich staatlicher Steuerung und wirtschaftlicher Aktivität verwandeln, damit weitere Profite für das Kapital möglich werden.

In Deutschland wird die Tätigkeit wissenschaftlicher Stiftungen stark vom Deutschen Stifterverband reguliert.[440] Hauptgeldgeber des Deutschen Stifterverbands sind die Großunternehmen Daimler, Deutsche Bank und Bosch. Der Verband betreut rund 400 Stiftungen, die Forschung und Wissenschaft fördern. Im Zentrum der Aufmerksamkeit stehen derzeit Qualitäts- und Personalmanagement an den Hochschulen und Anwendungsorientierung. Diese Agenda wird seit Jahren von der Bertelsmann- und der Volkswagenstiftung vorangetrieben, den vermutlich einflussreichsten Stiftungen in Deutschland.

Der damalige Chef von Bertelsmann, Reinhard Mohn, stellte 1990 ein neues Modell der Hochschulen vor, das sich an der freien Wirtschaft orientierte.[441] Sie sollten einen Aufsichtsrat haben, dem zur Hälfte Vertreter der Wirtschaft angehörten. In einem Jahresbericht sollten sie ihre Leistungen darlegen, damit sie untereinander vergleichbar werden. Die Bezahlung der Lehrenden sollte nach Leistung gestaffelt werden. Die Hochschulen sollten ihre Einnahmen durch Studiengebühren und wirtschaftliche Tätigkeit erhöhen. 2006 veröffentlichte der damalige Wissenschaftsminister von Nordrhein-Westfalen, Andreas Pinkwart, das neue „Hochschulfreiheitsgesetz".[442] Es verwandelte Hochschulen in selbstständige Körperschaften und ermöglichte den Universitäten unternehmerische Tätigkeit. Die Professoren sollten jetzt direkt von den Universitäten beschäftigt werden, die von Hochschulräten beaufsichtigt wurden. Das Gesetz trat 2007 in Kraft. Grundlage des Gesetzes war ein Papier des Centrums für Hochschulentwicklung (einem Think Tank der Bertelsmann-Stiftung) von 2005 mit dem Titel „Zehn Anforderungen an ein Hochschulfreiheitsgesetz für Nordrhein-Westfalen".[443] 2010 saßen in den Hochschulräten der wichtigsten deutschen Exzellenzuniversitäten die Vertreter der größten deutschen Unternehmen, beispielsweise Nikolaus von Bomhard (LMU München), Norbert Reithofer und Susanne Klatten (TU München), Dieter Zetsche und Stefan Quandt (Uni Karlsruhe).[444]

Selbst die Deutsche Forschungsgemeinschaft, die vermeintlich unabhängige Förderorganisation der deutschen Wissenschaft, wird stark von den Interessen des Kapitals gelenkt. Nicht nur in ihren Gremien sitzen einige Professoren, die maßgeblich von Unternehmen finanziert werden oder auf andere Weise abhängig sind. Auch Ernst-Ludwig Winnacker, der 1998-2006 Präsident der Deutschen Forschungsgemeinschaft war, ist ganz offenkundig eng mit den Großunternehmen, aber auch mit der Politik verwoben. Er ist Sohn des ehemaligen Vorstandsvorsitzenden der Hoechst AG und war später Generalsekretär des Europäischen Forschungsrats und fast gleichzeitig Aufsichtsratsmitglied der Bayer AG.

Auch die Veröffentlichung von Forschungsergebnissen gerät immer mehr unter die Kontrolle von Großunternehmen. 1995 erschienen 15 Prozent aller wissenschaftlichen Artikel bei den fünf größten Wissenschaftsverlagen der

Welt. 2013 waren es schon 66 Prozent.[445] Diese Verlage wurden von Großunternehmen aufgekauft. Alle Rankings vergeben mehr Punkte für die Veröffentlichung wissenschaftlicher Aufsätze in den Zeitschriften dieser Großunternehmen als in alternativen Medien. Von den Punkten wiederum hängen der Status des Wissenschaftlers und in einigen Ländern auch seine Bezahlung ab. Wie bei den Medien muss in der Wissenschaft die Meinung nicht direkt von einem Kapitalisten vorgegeben werden – sondern die Vielzahl der Kräfte wirkt darauf hin, dass sich ein Mainstream herausbildet, der den Interessen des Kapitals entspricht.

Es ergibt sich ein Prozess der zirkulären Wahrheitsproduktion, die dem der Medien ähnelt. Die mächtigsten Geldgeber beeinflussen oder besitzen die Institutionen der Forschungsförderung, die großen Privatuniversitäten und die Wissenschaftsverlage. Die Institutionen und die Geldgeber sind größtenteils in den USA ansässig. Sie legen die Kriterien der Bewertung wissenschaftlicher Erzeugnisse und der Wissenschaftler selbst fest. Selbstverständlich entsprechen sie ihren eigenen Kriterien am besten und belegen somit in allen Rankings die ersten Plätze. Der Rest muss sich anpassen oder marginalisiert werden.

9.5 Schule

Die Beeinflussung der öffentlichen Meinung und des Wissens reicht hinunter bis in die Schulen. Das Lehrmaterial wird von Privatunternehmen produziert und von Wissenschaftlern entwickelt, die den oben genannten Einflüssen unterliegen. Ferner sucht die Wirtschaft die Lehrpläne zu beeinflussen. Schließlich sind auch die Lehrenden Ziel von Lobbyarbeit, Umgarnung und sogar direkter Finanzierung. 90 Prozent der 15jährigen besuchten 2006 in Deutschland eine Schule, an der die Wirtschaft Einfluss auf die Lerninhalte zu nehmen suchte.[446]

Markus Balser und Uwe Ritzer führen als Beispiel die Aktivitäten der Öllobby an, insbesondere des Ölkonzerns Exxon Mobil, der viele Jahre lang in der Nähe des Ortes Sulingen in Niedersachsen nach Öl bohrte.[447] Unter der Schirmherrschaft des damaligen Ministerpräsidenten Christian Wulff wurde eine von Exxon Mobil finanzierte Kooperation zwischen dem Konzern und dem örtlichen Gymnasium ins Leben gerufen, um das Interesse der Schüler an naturwissenschaftlichen Fächern zu stärken. Das Projekt war Teil eines umfassenden Programms der Erdöllobby, das an den Oberstufen von 50 Gymnasien über das Thema Erdöl und Erdgas Unterrichtseinheiten konzipierte, zumal der Widerstand in Niedersachsen gegen Fracking immer stärker wurde. Das Land unterstützte die Maßnahmen zur Förderung naturwissenschaftlicher Fächer im Dienst der Erdöllobby. Es begründete die Maßnahmen auch mit der „Verbesserung der Reputation der Branche" und der „Verbesserung der Akzeptanz vor Ort".[448]

Unternehmen erarbeiten kostenlose Unterrichtsmaterialien für Schulen, bieten Kurse und Informationen für Lehrer an, entwickeln Apps für Schüler und suchen die Lehrpläne zu beeinflussen. Die Sozialwissenschaftlerin Eva Matthes kam zum Ergebnis, dass mehr als eine Million kostenlose Unterrichtsmaterialien im Internet heruntergeladen werden können, vor allem finanziert durch Großunternehmen.[449] Die meisten Materialien machen nicht Werbung für ein konkretes Unternehmen, sondern sollen die Akzeptanz des Systems oder einer Branche fördern, gemäß dem Zitat am Ende des vorangehenden Absatzes. Lehrer greifen auf diese Materialien zurück, weil Mittel gekürzt werden und die Lehrbücher veraltet sind. Die Materialien der unternehmensnahen Organisationen sind hingegen aktuell, kostenlos und für Jugendliche attraktiv aufgemacht. Es gibt sogar zahlreiche Agenturen, die Unternehmen anbieten, ihre Interessen in den Schulen zu fördern.

Auch indirekt wird die Schule durch das Kapital beeinflusst, indem der Druck wächst, eine angemessene Ausbildung zu erhalten, die dem Bedarf des Arbeitsmarkts entspricht. Bildung wird durch Ausbildung ersetzt. Während Kinder noch in der zweiten Hälfte des 20. Jahrhunderts vorrangig an Kinderthemen interessiert waren (etwa am Spiel), hat heute schon die Mehrheit der Schüler Angst vor Arbeitslosigkeit.[450] Ihre Eltern teilen diese Angst. Gleichzeitig wird der Lehrerfolg einer Schule ebenso wie der einer Universität an der Vermittlung der Absolventen auf dem Arbeitsmarkt gemessen. Lehrende und Lernende streben gemeinsam nach der Anpassung an die Bedürfnisse des Kapitals.

9.6 Beispiel: Gesundheit

Das Beispiel Gesundheit illustriert, wie Kapital, Politik, Recht, Medien und Wissenschaft ineinandergreifen, um das vielleicht wichtigste Gut des Menschen, seine Gesundheit, für den Profit zu instrumentalisieren und dabei zu beeinträchtigen. Man kann außerdem nachverfolgen, wie die Gesundheit als ein Objekt des Kapitalismus entdeckt wurde. Schließlich zeigt das Beispiel die zerstörerischen Folgen des Kapitalismus, indem er das Leben jedes Einzelnen und jeder Einzelnen von uns verschlechtert oder sogar vernichtet.

Um die kapitalistische Ausbeutung der menschlichen Gesundheit historisch nachzuverfolgen, können wir zum Flexner Report zurückgehen. 1908 beauftragte die amerikanische Ärztekammer die Carnegie Foundation mit einer Untersuchung der medizinischen Ausbildung in den USA, die von Abraham Flexner durchgeführt und 1910 publiziert wurde.[451] Sein Bericht identifizierte die Ausbildungsstätten, die von Carnegie und Rockefeller produzierte Medikamente einsetzten oder empfahlen, als wissenschaftlich und riet zur Schließung der anderen Institutionen, insbesondere im Bereich der Alternativmedizin, was im Laufe der folgenden 30 Jahre geschah. Alle Schulen, die Alternativmedizin auf dem Lehrplan hatten oder die nicht der pharmazeutischen Industrie dienten, wurden geschlossen.[452] Die Kommerzialisierung wurde als Qualitätssicherung legitimiert.

Die Tendenz zur Kommerzialisierung der menschlichen Gesundheit hält bis heute an. Man kann argumentieren, die rechtliche Reglementierung der ärztlichen Ausbildung und der Anwendung medizinischen Wissens diene dem Patienten. Allerdings kann das bestenfalls ein sekundärer Nebeneffekt sein. Zunächst ist die Pharmaindustrie an der Erstellung der Behandlungsrichtlinien beteiligt und profitiert von den Richtlinien überproportional.[453] Heute behandelt die Ärzteschaft in Deutschland nach rechtlich bindenden Leitlinien, die großenteils mit der Pharmaindustrie verknüpfte Fachleute erstellen. „Lediglich jede fünfzigste Leitlinie wurde ohne Interessenkonflikt erarbeitet", also ohne Mitwirkung einer Person, die mit der Pharmaindustrie verknüpft ist.[454] Eine ärztliche Leitlinie empfiehlt beispielsweise, auch todgeweihte Krebspatienten künstlich zu ernähren, zumal die künstliche Ernährung zu den teuersten Leistungen gehört; die Erstellung der Leitlinie wurde von Medizinunternehmen gefördert.[455]

Auch die medizinische Wissenschaft wird stark von der Pharmaindustrie beeinflusst. Bis zu 50 Prozent der im Bereich der internationalen Wissenschaft veröffentlichten pharmakologischen Literatur wird von Pharmaunternehmen mitgeschrieben.[456] Markus Pohlmann hat aufgezeigt, in welchem Maße die Grenzen zwischen Wissenschaft, Marketing und Korruption hier verschwimmen.[457] Darüber hinaus werden die klinischen Tests von Medikamenten oft von den Pharmaunternehmen selbst finanziert, konstruiert und manipuliert.[458] Viele dieser Tests werden im Übrigen an armen Menschen durchgeführt. Das indische Oberhaus ermittelte, dass in Indien zwischen 2005 und 2012 insgesamt 2644 Menschen während klinischer Tests starben, meist ohne hinreichende Aufklärung über die Risiken.[459]

Matthias Thöns hat in einem Buch, das unter die Haut geht, detailliert gezeigt, wie mit Krankheit und sogar mit dem Tod systematisch Geld gemacht wird, und zwar in einem Netzwerk aus medizinischer Wissenschaft, Pharmaindustrie, Kliniken und Politik. Die Kliniken bevorzugen teure Fälle, weisen wirtschaftlich problematische Fälle ab, richten ihre Behandlung an den optimalen Gewinnspannen aus und verlegen Patienten unnötig auf die teure Intensivstation.[460] Zu diesem Zweck erhielten 2015 rund 97 Prozent der Chefärzte Bonusverträge, also eine Art Umsatzbeteiligung.[461]

Die Mehrheit der leitenden Kardiologen gab zu, wegen finanzieller Anreize Herzkatheter einzusetzen, und ein Arzt gestand, dass in seiner Klinik Kaiserschnitte vorgenommen würden, wenn Betten für Frühgeburten leerstehen.[462] 39 Prozent der Chirurgen gestanden, aus wirtschaftlichen Gründen mehr Operationen als notwendig durchzuführen.[463] Die Behandlung von Darmkrebs kostete in den 1990er Jahren rund 6000 Euro, heute kosten allein die Medikamente oft 150 000 Euro.[464] Ein Notarzteinsatz schlägt mit lediglich 50 Euro zu Buche, er kann aber bis zu 1000 Euro bringen – wenn der Patient in eine Klinik eingeliefert wird, wo man versuchen wird, ihm die kostspieligsten Therapien zu verabreichen, die unter den jeweils gegebenen Umständen möglich sind.[465]

Die Explosion der Kosten für Medikamente und Behandlungen wird von den Krankenkassen gleichsam zwangsläufig unterstützt, weil sie den ärztlichen und den gesetzlichen Richtlinien folgen (müssen). Thöns führt das Beispiel eines Nierenkranken an, dessen Behandlung während der letzten zweieinhalb Lebensmonate 182 475 Euro kostete, die von der Krankenkasse bezahlt wurden; eine palliativmedizinische Sterbebegleitung ohne Behandlung zu einem Hundertstel des Preises wäre hingegen nicht erstattet worden.[466]

Die hohen Preise von Medikamenten werden in der Öffentlichkeit mit den hohen Entwicklungskosten begründet. Allerdings sind die Marketingausgaben der Pharmaunternehmen meist deutlich höher als die Entwicklungskosten, und nur rund vier Prozent der neu eingeführten Medikamente sind Neuentwicklungen, der Rest sind Abwandlungen vorhandener Mittel.[467] Schließlich wird 85 Prozent der Grundlagenforschung an Universitäten durchgeführt.

Die Gesetzgebung wird, wie oben gezeigt wurde, stark von Lobbys beeinflusst. Im Bereich der Gesundheit ist die Einflussnahme besonders groß. Von den 2000 Lobbyverbänden, die der Deutsche Bundestag auflistet, betreffen 400 das Gesundheitsministerium.[468] Gesetze werden den Bedürfnissen der Großunternehmen angepasst, so dass die Krankenkassen ebenso wenig eine andere Wahl haben wie die Patienten.

Wie in anderen Bereichen der Wirtschaft suchen die Großunternehmen die Medien in ihrem Sinne zu beeinflussen. Dem *Handelsblatt* zufolge hat das Unternehmen Monsanto, heute Bestandteil des Bayer-Konzerns, über Jahre hinweg Informationen von Politikern, Wissenschaftlern und Politikern gesammelt, um die Öffentlichkeit besser mit Bezug auf das Unkrautvernichtungsmittel Glyphosat, dessen extrem gesundheitsschädliche Nebenwirkungen seit vielen Jahren bekannt sind, beeinflussen zu können.[469] Die Personen wurden in Kategorien eingeteilt: Verbündete, zu Rekrutierende, zu Erziehende und zu Überwachende. Zu Kritikern wurden Informationen gesammelt, die ihren Ruf in der Öffentlichkeit beschädigen könnten. Der damalige Chef des Instituts IQWiG hatte Matthias Thöns zufolge einige neue Medikamente kritisch bewertet, woraufhin ihm Missbrauch seines Dienstwagens vorgeworfen und sein Vertrag nicht verlängert wurde.[470] Im Nachhinein stellte sich heraus, dass er den Dienstwagen nicht missbraucht hatte – aber Ruf und Karriere waren bereits dauerhaft beschädigt. Gesetzesbrüche seitens der Pharmaindustrie scheinen keine Ausnahme, sondern Routine zu sein: Die führenden acht Pharmaunternehmen mussten laut Lobo und Weiss wegen Gesetzesbrüchen zwischen 2006 und 2012 insgesamt rund zwölf Milliarden Dollar Strafe bezahlen.[471]

Die Politik unterstützt die Machenschaften der Pharmaindustrie infolge der vielen Mechanismen, die seitens der Wirtschaft zur Einflussnahme auf die Politik eingesetzt werden können, von der Bedrohung im gerade genannten Beispiel über Lobbyarbeit und manipulierte Information bis zu Korruption.[472] Die Zeitung *Le Monde* liefert folgendes Beispiel: Die Europäische Kommission hielt viele Jahre lang einen Bericht über endokrine Disruptoren unter Verschluss. Im April trafen sich 68 Wissenschaftler in Berlin, um ihre Unschädlichkeit zu erweisen (von denen 50 nachweisbare Verbindungen zur Industrie hatten). Sieben von ihnen begaben sich drei Wochen später zum

Gesundheitskommissar der EU und verurteilten jegliche Argumente gegen die Schädlichkeit der Substanzen als unwissenschaftlich. Sechs von diesen arbeiten mit der Industrie zusammen (darunter Monsanto und BASF).[473]

Die menschliche Gesundheit ist auch ein Spielball im Kampf um die Weltherrschaft. Sie wird einerseits wirtschaftlich ausgebeutet und andererseits zerstört, um weitere Ausbeutung zu ermöglichen und um den jeweiligen Gegner zu schwächen. Die Kriege der USA haben seit Vietnam unzählige Krankheiten produziert, von den Missbildungen infolge von Agent Orange in Vietnam bis zu Uranmunition im Irak. Dem *Spiegel* zufolge war auch die inzwischen weltweit verbreitete, durch Zeckenbiss übertragene Borreliose Produkt der Forschung an biologischer Kriegführung, „um Behinderungen, Krankheiten oder sogar Todesfälle bei möglichen Feinden auszulösen".[474] Jährlich erkranken bis zu 200 000 Menschen in Deutschland an Borreliose, viele mit lebenslangen Spätfolgen bis hin zur Lähmung.

Schließlich sind die internationalen Organisationen mit der Pharmaindustrie verwoben. Kofi Annan hat als Präsident der Vereinten Nationen mit seinem Programm „Global Compact" im Jahr 2000 die Möglichkeit eines stärkeren Einbezugs der Privatwirtschaft in die Organe der Vereinten Nationen ermöglicht. Von dieser Möglichkeit machten auch Pharmaunternehmen Gebrauch, die heute einen Großteil des Budgets der Weltgesundheitsorganisation (WHO) finanzieren.[475] Der größte Einzahler in diese Organisation ist jedoch die Bill and Melinda Gates Foundation, die wiederum einen regelrechten Feldzug zur weltweiten Verbreitung pharmazeutisch basierter Medizin betreibt.[476]

In diesem Zusammenhang kann noch einmal erläutert werden, auf welche Weise Verschwörungstheorien den Kapitalismus missverstehen. Eine verbreitete Theorie lautet, dass Bill Gates über die WHO und seine Stiftung die Überreaktion aller Staaten auf die Verbreitung des Coronavirus verursacht habe, um die gesamte Weltbevölkerung einerseits mit den von ihm produzierten Impfstoffen zu versorgen und andererseits mit dem Impfstoff einen Mikrochip zur totalen Überwachung zu implantieren. Das ist sehr unwahrscheinlich. Gates verfügt über ein Vermögen von rund 100 Milliarden Dollar. Wenn er sein gesamtes Vermögen für die Bestechung in allen Staaten der Erde eingesetzt hätte, wären das 500 Millionen pro Nationalstaat. Dass es Herrn Gates gelungen sein sollte, mit einem Betrag von höchstens 500 Millionen Dollar gleichzeitig Trump/Biden, Putin, Xi und die anderen Regierungschefs zu Maßnahmen zu veranlassen, die beim Wahlvolk großen Unmut erzeugen, ist nicht realistisch. Ferner kann Gates nicht die Firmenpolitik von Pharmaunternehmen bestimmen, an denen er nur kleine Anteile hält. Auch über die WHO hat er keine Entscheidungsgewalt.

Dieses Beispiel kann dennoch illustrieren, wie Kapitalismus funktioniert. Die Pharmakonzerne betreiben Lobbyarbeit für ihre Produkte bei der Politik und bei der WHO. Gemeinsam mit Gates können sie die Politik der WHO maßgeblich beeinflussen. Gemeinsam beeinflussen sie auch in den meisten Ländern die Gesundheitspolitik, denn die Pharmakonzerne haben keine ernsthafte Konkurrenz. Alle alternativen Mediziner und Organisationen weltweit haben zusammen nicht annähernd den Umsatz eines großen Pharmaunternehmens. Die Politik muss sich auf Dokumente stützen, die maßgeblich von den Pharmalobbys beeinflusst werden, da alternative Dokumente untergraben, attackiert und verdrängt werden, bis sie unseriös erscheinen. Die Experten unterliegen dem gleichen Druck wie die Politiker. Für sie ist es weniger riskant, die Vorschläge der Pharmalobbys zu befolgen, als randständige Quellen einzubeziehen. Und es ist lukrativer und eröffnet zusätzliche Karrierechancen. Ferner muss man berücksichtigen, dass BlackRock, Vanguard und State Street die größten Aktionäre der großen Pharmaunternehmen sind. Da die meisten Großkapitalisten (einschließlich Gates) ihr Kapital heute zumindest teilweise über diese Fonds anlegen, hat die ökonomische Klasse der Kapitalisten ein gemeinsames Interesse an einer Profitsteigerung der Pharmaunternehmen. Der Verkauf von Impfstoffen und Tests bringt 2021 einen Gewinn von bis zu einer Billion Euro ein und wäre damit eines der größten Geschäfte aller Zeiten – an dem über die Fonds alle Großkapitalisten verdienen. Die großen Vermögen sind während der Coronakrise stark angewachsen, die ökonomische Ungleichheit hat alle Rekorde der Vorjahre noch einmal übertroffen.[477] Die gigantische Umverteilung nach oben hat sich erneut beschleunigt.

10 Die herrschende Klasse

Letztlich profitiert nur eine winzige Gruppe vom Kapitalismus, nämlich die Gruppe der Kapitalisten. Alle anderen Menschen stützen das System mehr oder weniger. Die Gründe dafür sind unter anderem relativer Wohlstand, Unwissenheit, Angst vor Unsicherheit oder einem sozialen Abstieg, Desinteresse und Faulheit. Die Gruppe der Kapitalisten rekrutiert sich fast vollständig aus einer einzigen sozialen Klasse. In den vorangehenden Kapiteln wurde deutlich, inwiefern diese Klasse die Entwicklungen in Wirtschaft, Politik, Recht und Öffentlichkeit beeinflusst oder gar steuert. Daher ist es gerechtfertigt, die oberste soziale Klasse als herrschende Klasse zu bezeichnen.

Die herrschende Klasse herrscht jedoch nicht, wie es früher ein König oder eine Aristokratie getan hat. Das vorliegende Buch ist notwendig, weil die Strukturen und Prozesse der Herrschaft im Kapitalismus nicht sichtbar sind. Ebenso unsichtbar ist die herrschende Klasse selbst. Da die meisten von uns nichts über sie wissen, können wir Verschwörungstheorien für plausibel halten. Der Kapitalismus wird von der herrschenden Klasse aber nur in Einzelfällen auf eine koordinierte Weise gesteuert. Vielmehr zerfällt die herrschende Klasse der Welt in viele nationale herrschende Klassen, die wiederum aus Netzwerken von miteinander befreundeten und verfeindeten Familien bestehen. Konkurrenz, Neid, Angst, Erbfeindschaft oder Abneigung sind häufiger als organisierte Kooperation.

Das folgende Kapitel soll einen begrifflichen und empirischen Eindruck der herrschenden Klasse vermitteln. Auf eine kurze theoretische Einführung folgen Skizzen der herrschenden Klassen Deutschlands und der USA. Sodann werden Strategien ihrer Legitimation erörtert, bevor der Schluss des Kapitels die Sicherung und Verbergung der Vermögen behandelt.

10.1 Definition

Um die herrschende Klasse zu verstehen und zu definieren, müssen einige populäre Vorstellungen verworfen werden. Die erste dieser Vorstellungen vermutet hinter dem Kapitalismus eine organisierte globale Clique von Reichen, die das Weltgeschehen entweder bewusst steuert oder durch ihre Position maßgeblich beeinflusst. Eine Clique dieser Art gibt es sicher nicht.

Erstens ist globale Machtausübung, auch für die herrschende Klasse der USA, bislang nur begrenzt möglich und wird durch nationalstaatliche Institutionen erschwert. Zweitens hat die Institution des Nationalstaats auch zur Folge, dass herrschende Klassen sich bislang nur innerhalb des Nationalstaats und nicht global reproduzieren können. Sie haben eine herrschende Position nur innerhalb „ihres" Nationalstaats, nicht innerhalb von anderen Staaten. Drittens ist der Kapitalismus kein globales Projekt einer einzigen Klasse, sondern er wird von nationalen herrschenden Eliten aktiv angeeignet und an die lokalen Verhältnisse angepasst. Viertens konkurrieren die Mitglieder der herrschenden Klasse miteinander, sowohl um Geld wie auch um Herrschaft.

Eine weitere irrige Vorstellung setzt führende Politiker und Manager mit der herrschenden Klasse gleich. Bei Politikern und Managern handelt es sich jedoch großenteils nur um die sichtbaren „Funktionseliten".[478] Sie sind sichtbar als Funktionäre der Gesellschaft, als Führungspersonen innerhalb der Arbeitsteilung. Unsichtbar dahinter steht die herrschende Klasse. Allerdings können die Herrschenden ihre Position nur halten, wenn sie die Funktionseliten kontrollieren. Sie müssen entweder Repräsentanten gewinnen, die leitende Funktionen übernehmen, oder selbst leitende Funktionen ausüben, also einen hohen Bildungstitel erwerben und einen Beruf ausüben. Die Mehrheit der Manager und Politiker rekrutiert sich nicht aus der herrschenden Klasse. Nur ein Großteil der allerhöchsten Funktionen, vom amerikanischen Präsidenten und Senat über die Führungspositionen der internationalen Organisationen bis zu den Vorständen der größten Unternehmen, wird von Mitgliedern der herrschenden Klasse bekleidet.

Irreführend ist auch die Gleichsetzung von Kapital und Herrschaft. Um Herrschaft auszuüben, benötigt man über Kapital hinaus soziale Beziehungen, Kenntnisse und eine entsprechende soziale Position. Die Investition von ökonomischem Kapital verschafft zwar eine Machtposition, aber sie ist nur dann Herrschaft, wenn sie mit Einfluss auf Politik, Gesellschaft und Medien verknüpft ist, wie die vorangehenden Kapitel es erläutert haben. Auf Dauer benötigt man ökonomisches Kapital, um sich in der herrschenden Klasse zu halten – aber ohne soziale Beziehungen oder die Vertrautheit mit den Abläufen innerhalb der Klasse verliert man seine Mitgliedschaft in der Klasse ebenso.

Schließlich ist insbesondere das Bild ideologisch, das die Boulevardpresse von der herrschenden Klasse als dem schönen und reichen Jetset zeichnet. Die wenigsten Mitglieder der herrschenden Klasse tragen ihren Reichtum offen zur Schau oder lassen sich auf Partys fotografieren. All die Kapitalisten, die Ulrich Viehöver für seine detaillierte Untersuchung einflussreicher Familien in Deutschland interviewt hat, fahren ein altes oder zumindest unauffälliges Auto und versuchen, Aufheben um ihre Person zu vermeiden.[479] Die herrschende Klasse ist von den Superreichen ebenso zu unterscheiden wie von den Funktionseliten, auch wenn sich diese Gruppen teilweise überschneiden.

Zweifellos sind die meisten Mitglieder der herrschenden Klassen reich, aber ihr wahres Vermögen bleibt unsichtbar. Die Zahlenspiele in Zeitschriften wie *Forbes* oder *Der Spiegel* geben Hinweise auf Reichtum, dienen aber in erster Linie zur Unterhaltung des Mythos der Meritokratie, also der Möglichkeit des sozialen Aufstiegs im Kapitalismus, dem ich mich am Ende des Kapitels widmen werde. Nur einige der in den Reichenlisten auftauchenden Individuen gehören herrschenden Klassen an, während größere Teile dieser Klassen keine Erwähnung finden. Der Adel, die Monarchen und das alte Geld fehlen. Personen und Mechanismen werden verschleiert, indem die falschen Individuen präsentiert und die falschen Kriterien angelegt werden.

Diese winzige Klasse ist für normale Menschen unsichtbar. Keiner von uns kennt eines ihrer Mitglieder. Während wir sehr wohl oft mit Mitgliedern der anderen Klassen zu tun haben, ist die herrschende Klasse wie durch eine Mauer vom Rest der Bevölkerung getrennt. Jeder von uns hat schon mit Marginalisierten zu tun gehabt, beispielsweise Langzeitarbeitslosen oder Obdachlosen, und wir alle haben regelmäßig mit Angehörigen der Mittelklassen zu tun, auch mit Etablierten, beispielsweise Ärzten, hohen Beamten und vielleicht auch Professoren. Aber keiner von uns verkehrt mit Angehörigen der herrschenden Klasse – genauer gesagt, sie verkehrt nicht mit uns.

Die herrschende Klasse zeichnet sich dadurch aus, dass sie ihre soziale Position nicht erst erlangen, geschweige denn beweisen muss. Erfolgreiche Menschen *erringen* Erfolge, aber die Herrschenden *sind* schon bei Geburt erfolgreich. Angehörige der etablierten Klasse schließen ihr Studium an einer Elitehochschule ab, aber die Eltern der Studierenden aus der herrschenden Klasse sitzen in den Aufsichtsräten dieser Universitäten. Wohlhabende Normalmenschen verwenden einen Teil ihrer Einkünfte für Kultur und Wohltätigkeit und engagieren sich in Stiftungen, aber die Herrschenden gründen und leiten die Stiftungen. Gebildete Bürger sind Anwälte und Ärzte, aber den Herrschenden gehören die großen Anwaltskanzleien und Krankenhäuser.

So lässt sich die herrschende Klasse genauer bestimmen. Sie muss sich nicht beweisen. Das unterscheidet viele der Superreichen und Aufsteiger, denen ihre soziale Herkunft und ihr Aufstiegskampf immer anhaften, von der herrschenden Klasse. Die Aufsteiger müssen sich beweisen und gehören eben deshalb nicht zur herrschenden Klasse. Die herrschende Klasse kann sich eine zynische Haltung zur Arbeit leisten, die das Leben der anderen Menschen bestimmt. Sie ist die einzige Klasse, die weder aus finanziellen noch aus moralischen Gründen arbeiten muss, wie es das Zitat der Stiftungsleiterin im Abschnitt über die sozialen Klassen in Deutschland zeigt (S. 71).

Meist aber arbeitet mindestens ein Mitglied der Familie – nämlich an der Sicherung des Vermögens, wie wir weiter unten sehen werden. Früher war dieses Familienmitglied Unternehmenschef, heute ist es Manager oder Vorstand des „Family Office". Oft geht eine weitere (oder dieselbe) Person in die Politik oder übernimmt eine die Politik beeinflussende Funktion. Nicht alle Familienmitglieder beteiligen sich und nicht alle Familienmitglieder arbeiten zusammen. Zwischen und in den Familien bestehen Allianzen, aber auch Konkurrenz und Feindschaft.

Die Konkurrenz innerhalb der herrschenden Klasse ist ein wesentlicher Motor des Kapitalismus. Wie die Feudalherren und die Könige des Altertums ständig miteinander Krieg führten, um mehr Land oder Untertanen zu haben als der Nachbar, so kämpfen die Mitglieder der herrschenden Klasse heute um die Bewahrung oder Verbesserung ihrer Position. Um nicht abgehängt zu werden oder gar zu verarmen, sucht man sein ökonomisches Kapital ständig zu vermehren. Der Kampf wird tatsächlich vor allem durch Geld vermittelt, aber er geht nicht um Geld. Das Ziel besteht nicht im Besitz größerer Autos oder größerer Häuser und nicht einmal eines größeren Vermögens, sondern in der Sicherung der eigenen Position und der damit verknüpften Privilegien. Man droht sie zu verlieren, wenn alle Nachbarn große Profite einfahren, man selbst aber nur geringe.

10.2 Die Zusammensetzung der herrschenden Klasse

Im Folgenden wollen wir die herrschende Klasse etwas genauer betrachten. Das dient nicht dazu, bestimmte Familien an den Pranger zu stellen. Vielmehr möchte ich erstens zeigen, dass nur sehr wenige Mitglieder der herrschenden Klasse dem Märchen „vom Tellerwäscher zum Millionär" entsprechen. Zweitens soll erläutert werden, dass und wie sich die Familien über Generationen hinweg reproduzieren und ihre herrschende Position beibehalten. Drittens muss der Verschleierung der Strukturen durch willkürliche Definitionen der herrschenden Klasse entgegengewirkt werden – beispielsweise ihre Definition als oberstes Prozent, Besserverdiener oder Manager. Schließlich kann sich die Leserschaft dann ein besseres Bild von der unsichtbaren Klasse machen.

Die herrschende Klasse und ihre Mitglieder tauchen eigentlich in keinen Untersuchungen auf – weil keiner von uns Kontakte zu ihnen hat. Das gilt selbst noch für Forschungsarbeiten, die sich ausdrücklich dieser Gruppe zuwenden wollen. Das maximale Vermögen der Menschen, die für die Studie *Vermögen in Deutschland*[480] befragt wurden, betrug 50 Millionen Euro – was eher an der Untergrenze der herrschenden Klasse liegt. Selbst für diese bahnbrechende Studie wurden also vielleicht keine oder kaum Mitglieder der herrschenden Klasse befragt. Wir erfahren am Ende wenig über diese Gruppe.

Um ansatzweise ermitteln zu können, wer zur herrschenden Klasse gehört, reicht es allerdings nicht, die Vermögen allein zu betrachten. Erstens veranlassen viele Superreiche, nicht in den Listen von *Forbes* aufzutauchen. Gerade die Reichsten versuchen, im Verborgenen zu bleiben. Beispielsweise verfügt die thailändische Königsfamilie über ein Vermögen, das etwa dem von Bill Gates entspricht, des – in periodischen Abständen genannten – reichsten Mannes der Welt, und die Familie Rothschild über ein Vielfaches davon.[481] Sie tauchen in keiner Statistik auf. Ferner bemühen sich die Superreichen, ihr Kapital zu verstecken, vor allem in Steueroasen, so dass ihre Vermögen intransparent bleiben. Ich werde am Ende des Kapitels darauf zurückkommen.

Vor allem aber haben manche Mitglieder alter, einflussreicher Familien nominell ein geringes Vermögen, während einige Schauspieler und Sportler große Summen anhäufen. Es ist nun bekannt, dass die alten Familien versuchen, sich gegen die „Neureichen" abzuschließen. In vielen Fällen ist das gar nicht notwendig, weil die meisten Aufsteiger so schnell verarmen, wie sie reich geworden sind. Nur wer sein Geld während des gesamten Lebens zusammenhält, hat eine Chance, in die Clubs und auf die Partys der alten Familien eingeladen zu werden. Wirklich geschafft hat man es oft erst dann, wenn man in eine der Familien eingeheiratet hat. Wir können diesen Prozess bei den deutschen und amerikanischen Industriellen des 19. Jahrhunderts beobachten, die teilweise in Adelsfamilien eingeheiratet haben – die Amerikaner interessanterweise in den britischen Adel. Beides werde ich unten genauer beleuchten.

Ökonomisches Kapital ist im Kapitalismus eine Grundbedingung, um zur herrschenden Klasse zu gehören. Diese Bedingung bezieht sich nicht auf ein einzelnes Individuum, sondern auf die Familie. Die Familie muss mindestens tendenziell genug besitzen, um zeitlebens von Zinsen zu leben, also in Deutschland deutlich mehr als eine Million Euro pro Person. Ein einzelner Millionär kann sich kaum nach oben kämpfen. Zwischen Reichen und Superreichen liegen Lichtjahre.[482] Erst ab einem Vermögen von 300 Millionen Euro ist man nicht mehr abstiegsgefährdet.[483] Eine weitere Grundbedingung sind machtvolle Netzwerke: familiäre oder freundschaftliche Bindungen zu anderen Herrschenden sowie Zugehörigkeit zur Klasse über mehrere Generationen. So berichtete mir ein Freund von einem Treffen deutscher Familienunternehmer, bei dem die erste Frage stets lautete, in wievielter Generation man das Unternehmen führe.

In Deutschland ging die herrschende Klasse aus Verbindungen zwischen Großindustriellen und alten Adels- und Königsfamilien hervor, die insbesondere im 19. Jahrhundert geschmiedet wurden. Hohe Beamte, Manager sowie erfolgreiche Geschäftsleute stiegen in diese soziale Klasse auf. Den Kern aber bildeten Familien, die seit Jahrhunderten die höchsten sozialen Positionen in der Gesellschaft bekleiden. Das Vermögen dieser Gruppe hat sich im Kapitalismus vervielfacht. 1908 hatten die drei reichsten Familien Deutschlands (Rothschild, Krupp und Henckel von Donnersmarck) ein Vermögen von 580 Millionen Mark, nach heutigem Wert rund drei Milliarden Euro. Heute hat das Vermögen der drei reichsten Familien (Reimann, Quandt und Schwarz) einen Wert von mindestens 87 Milliarden.[484] Die Rothschilds, Krupps und Donnersmarcks sind allerdings nicht verarmt, sondern haben ihr Vermögen im letzten Jahrhundert bedeutend vermehrt, die Rothschilds jedoch vor allem außerhalb Deutschlands.

In Deutschland sind die reichsten Familien fast allesamt Erben. Gehen wir einmal die (allerdings unvollständige) Liste durch. Es handelt sich um die Unternehmerfamilien Reimann (Benckiser Holding), Klatten/Quandt (BMW), Porsche/Piëch, Otto, Thyssen-Krupp, Oetker, Siemens, Jakobs, Flick, Finck (Merck Finck und Gründer von Allianz und Münchner Rück), Würth (Metallwaren), Henkel (Konsumgüter), Brenninkmeijer (C&A), Schwarz (Kaufland-Lidl), Boehringer (Pharma), Haniel (ursprünglich Metall und heute Handel und Textilien), Heraeus (Medizintechnik, Edelmetalle), Schaeffler (Maschinenbau), Liebherr, Bosch, Holtzbrinck (Medien), Oppenheim (Finanz), Braun (Medizintechnik), Kühne (Logistik), Mohn (Bertelsmann), Bode/Sethe/von Braunbehren (Waffen) sowie die Adligen Broermann, Warburg, Thurn und Taxis, Hohenzollern, Sachsen-Coburg, Gotha, Waldburg-Zeil und Guttenberg.[485] Jede dieser Familien verfügt über ein Milliardenvermögen, dessen Grundstock geerbt wurde. Einige von ihnen werden wir unten genauer betrachten.

Im 20. Jahrhundert aufgestiegen in die Klasse der Kapitalisten sind beispielsweise die inzwischen verstorbenen Gebrüder Albrecht (Aldi, mit einem Vermögen von zusammen mindestens 30 Milliarden Euro), Dietmar Hopp (SAP, 6 Milliarden) oder Hasso Plattner (SAP, 6 Milliarden). Sie haben allerdings noch keinen bleibenden Zugang zur herrschenden (sozialen) Klasse errungen. Ob ihnen der Aufstieg wirklich gelungen ist, können wir erst beurteilen, wenn ihre Enkel in die Clubs und Gesellschaften der herrschenden Klasse aufgenommen wurden.

Im weltweiten Vergleich kann man ebenfalls beobachten, dass die herrschenden Klassen sich großenteils aus alten Familien zusammensetzen und dass sie ihr Vermögen im vergangenen Jahrhundert spektakulär vermehrt haben. Zu den alten Familien gesellen sich einige Aufsteiger, bei denen unsicher ist, ob ihre Kinder und Enkel auch noch zu den Reichsten der Welt gehören werden. Insgesamt die reichste Familie der Welt sind vermutlich immer noch die Rothschilds (mit einem Gesamtvermögen von mindestens 300 Milliarden Dollar).[486] Zu den alten Familien mit einem großen Vermögen zählen beispielsweise das thailändische Königshaus, die arabischen Scheichs, Dassault (Rüstung und Medien), Murdoch (News Corporation), Johnson (Fidelity Investments), Lee (Samsung), McKesson (Pharma), Goldman-Sachs (Finanz), Lehman (Finanz), Loeb (Handel), Lazard (Finanz), Rockefeller und Vanderbilt.

In Europa wurzeln viele Familien der herrschenden Klasse im Feudaladel. Das ist in Deutschland oder Italien schwer sichtbar, weil es aktiv verdeckt wird und der Faschismus sowie seine Niederschlagung Brüche mit der Adelsherrschaft bewirkten. Zumindest haben Deutschland und Italien im Gegensatz zu vielen anderen Staaten der Welt keine Monarchie mehr. Dennoch lassen sich viele Familien der herrschenden Klasse Italiens ebenfalls Jahrhunderte zurückverfolgen. So haben Guglielmo Barone und Sauro Mocetti über Florenz herausgefunden: „Four of the five families with the highest incomes in 2014 were in the top 3 percent of earners there in 1427".[487] Auch viele der reichsten Engländer heute gehören alten Adelsfamilien an.[488]

In Österreich ist diese Tatsache eher bekannt. Das ganze 20. Jahrhundert hindurch bis heute waren in Österreich die Chancen des Adels, hohe Positionen in der Wirtschaft zu erringen, konstant höher als die des Großbürgertums.[489] Die Liste der vermögendsten Österreicher liest sich heute nicht viel anders als im 19. Jahrhundert, trotz mehrerer einschneidender Umbrüche. Die Familien von Liechtenstein, Eszterházy, Rothschild, Mayr-Melnhof, Karajan, Schwarzenberg, Abensberg-Traun, Arco, Auersperg, Coburg-Gotha, Czernin-Kinsky, Foscari-Widmann-Rezzonico, Habsburg-Lothringen, Hoyos, Hohenberg, Orsini-Rosenberg, Pengg, Reuss, Revertera, Seilern-Aspang, Starhemberg, Stepski und Thurn gehören heute zu den reichsten österreichischen Familien.[490]

10.3 Porträt der herrschenden Klasse in Deutschland

Bis 1871 bestand Deutschland aus König- und Fürstentümern, und bis 1919 war es eine Monarchie mit beschränkten Rechten für Nichtadlige. Viele der damals führenden Familien gehören auch heute noch der herrschenden Klasse an, sind aber für die Öffentlichkeit kaum sichtbar. Die vielleicht bekannteste dieser Familien sind die Thurn und Taxis, immer noch die größten Waldbesitzer Deutschlands. Die hohe Position der Familie lässt sich fast ein Jahrtausend zurückverfolgen, als die Vorfahren in Norditalien einen Postdienst einrichteten, der später nach Deutschland ausgedehnt wurde, wohin die Familie umsiedelte. Die heutige Statthalterin verkörpert bis heute die patrimoniale Sicht der Welt, die das Volk wie Kinder betrachtet und für alte Herrscherfamilien typisch ist: „Es hat sicherlich Junker gegeben, die sich unmöglich benommen haben. Aber es gab eben auch Landesherren, die sich um ihr Volk vorbildlich gekümmert haben."[491] Ihr Vater ging unterschiedlichen Tätigkeiten nach, war oft auf der Jagd und fuhr ein altes Auto, während ihre Mutter für Gesellschaftliches zuständig war.[492] Die Ablehnung kleinbürgerlicher Einstellungen kommt deutlich zum Ausdruck: „Liberalität hieß für meinen Vater vor allem, sich nicht spießbürgerlich einem Klischee zu unterwerfen oder unter allen Umständen gesellschaftlichen Zwängen zu fügen – vor allem wenn diese unsinnig oder unchristlich sind."[493]

Der Aufstieg von Bürgerlichen war in der feudalen Welt möglich vor allem durch die Heirat mit Adligen. Das war die vorrangige Strategie der reichen Kaufmannsfamilien im 19. Jahrhundert. Ein interessantes Beispiel ist die Verbindung der Familien Bohlen-Halbach und Krupp.[494] Die Bohlen-Halbachs waren vermögende Amerikaner, die sich 1852 die Burg Obergrombach kauften, um als Großgrundbesitzer einen deutschen Adelstitel zu erhalten. Ein Nachkomme der Familie heiratete 1906 Berta Krupp, die Erbin des deutschen Stahlimperiums. Damit stieg die Familie Krupp in den Adelsstand auf und knüpfte enge Kontakte mit dem deutschen Kaiser, der die Aufrüstung Deutschlands vor dem Ersten Weltkrieg unter anderem in Verbindung mit dem Unternehmen Krupp betrieb.

Die meisten Industriellenfamilien gingen aus Kaufmannsfamilien hervor, die insbesondere im Handel mit Kolonialwaren aktiv waren. Seit dem späten 20. Jahrhundert stellen sie ihre Strategie von der Führung großer Industrieunternehmen auf Holding-Gesellschaften um, die in unterschiedlichen Branchen und vor allem in der Finanzwelt aktiv sind. Ein Beispiel ist die Familie Haniel, die zu den reichsten Deutschlands gehört, aber in der Öffentlichkeit kaum bekannt ist. Ulrich Viehöver hat die Familie porträtiert. Das Vermögen der Haniels geht auf eine Kolonialwarenhandlung zurück, die Jan Noot 1756 in Ruhrort gründete.[495] Im 19. Jahrhundert stieg das Handelsunternehmen in die Industrie ein und wurde Ende des 20. Jahrhunderts in eine Holdinggesellschaft überführt. Heute gibt es Hunderte erbberechtigte Gesellschafter des Unternehmens Haniel. Die Familie kontrolliert alle Unternehmen über Bei- und Aufsichtsräte sowie Unternehmensanteile, die Geschäfte werden aber von Managern geführt. Die Familienmitglieder wählen einen 30köpfigen Familienbeirat, der sich um die Geschäfte kümmert. Die restlichen Mitglieder haben wenig Einfluss auf die Unternehmen.

Viehöver zufolge wird die Holding der Haniels nach dem Prinzip „Economic Value Added" von Professor Theo Siegerts geführt, der selbst im Unternehmen beschäftigt ist.[496] Hierbei muss der Profit über der durchschnittlichen Verzinsung am Kapitalmarkt liegen. Mehr als ein Viertel davon bleibt im Konzern. Die Manager müssen innerhalb von drei Jahren einen über dem Limit liegenden Gewinn erzielen, sonst werden sie gefeuert. Erwartet wird jedoch eine möglichst hohe Zahl. Die Idee der Haniels ist, so lange mittelständische Unternehmen in einer bestimmten Branche aufzukaufen, bis diese von drei bis vier gleich starken Oligopolisten beherrscht wird, die gemeinsam eine Art

Kartell bilden.[497] Das ist, wie ich oben zu zeigen versucht habe, prinzipiell die Struktur der heutigen kapitalistischen Wirtschaft.

Ein ähnliches Porträt wie das der Familie Haniel zeichnet Viehöver von der Familie Freudenberg, die ihre Ursprünge auf eine Lederhandlung zu Anfang des 19. Jahrhunderts zurückführen kann. Die Familie dehnte sich ebenfalls in die Industrie aus, um sich dann in einen Mischkonzern zu verwandeln, der von einem Familienbüro geleitet wird und in den verschiedensten Branchen aktiv ist. Auch hier gilt die Devise, nur dort zu investieren, wo man zu den Branchenführern gehören kann.[498] Interessant ist die Verknüpfung des Unternehmens mit der Politik und den deutschen Großunternehmen, die für viele der Familien aus der herrschenden Klasse typisch ist. Richard Freudenberg war ab 1919 Mitglied des Badischen Landtags und saß ab 1949 als Parteiloser im Bundestag.[499] Ferner war er Mitglied im Aufsichtsrat der Deutschen Bank, auch sein Enkel Wolfram Freudenberg war bei der Deutschen Bank tätig.[500] Bis heute vertreten Führungskräfte des Unternehmens Freudenberg seine Interessen in der Politik, meist im Gemeinderat Weinheims für die FDP. Ferner leitete Hans Freudenberg die Repräsentanz des Landes Baden-Württemberg in Berlin.[501]

Eine weitere alte Kaufmannsfamilie, die Viehöver untersucht hat, sind die Oppenheims. Ihr Unternehmen wurzelt in einem 1789 von Salomon Oppenheimer gegründeten Kommissions- und Wechselhaus. Anfang des 19. Jahrhunderts gründeten die jüdischen Oppenheims Niederlassungen in Nachbarländern, konvertierten dann teilweise zum Christentum und wurden daraufhin geadelt. Das Unternehmen war in der Folge vor allem als Bank tätig und hatte enge Kontakte zur politischen Führung, insbesondere zu Konrad Adenauer.[502] Der frühere Präsident der Bundesbank, Karl Otto Pöhl, wurde 1992 Partner von Oppenheim.[503] Bis 2005 leitete Freiherr von Oppenheim das Unternehmen in sechster Generation. Er übte zahlreiche Ämter aus, beispielsweise war er Präsident der Deutschen Gesellschaft für Auswärtige Politik und der IHK Köln sowie Ehrensenator der Universität Köln. Die Oppenheims betreuten die reichsten Deutschen, vor allem Familien aus der herrschenden Klasse, die keine Bank betreten. Vielmehr gingen die Oppenheims mit ihnen essen oder besuchten sie zu Hause. Gut jede vierte Familie aus dieser Klasse legte ihr Geld (teilweise) bei Oppenheim an.[504] Das Institut betreute 2004 mehr als 100 Milliarden Euro Vermögen.[505] Durch ihre Kontakte und familiäre Verschwiegenheit spielten die Oppenheims im 20. Jahrhundert eine wichtige Rolle bei Firmenübernahmen. Inzwischen wurde Oppenheim von der Deutschen Bank übernommen, aber die Familie gehört immer noch zum alten Geldadel des Landes.

10.4 Porträt der herrschenden Klasse der USA

Für die USA lässt sich die Geschichte der herrschenden Klasse sehr gut nacherzählen, weil sie mit der Kolonialisierung beginnt. Mehrere europäische Großmächte erhoben nach der „Entdeckung“ Amerikas durch Kolumbus Anspruch auf Teile des Gebiets der heutigen USA. Im 17. Jahrhundert begannen die Engländer mit der Errichtung einer Kolonie in Nordamerika. In dieser frühen Phase stand die Ausbeutung der Kolonie durch die Europäer im Vordergrund. Die Quellen des Reichtums waren vorrangig Fernhandel und Piraterie.[506] Die reichen Kaufleute lebten größtenteils im Nordosten, während die südlich und westlich davon gelegenen Gebiete von der Landwirtschaft geprägt waren, die von Sklaven betrieben wurde. Im 18. Jahrhundert gewann der Grundbesitz zunehmend an ökonomischer Bedeutung, die mit politischem Einfluss verknüpft war – ähnlich wie in England während der Jahrhunderte zuvor. Gustavus Myers schreibt dazu: „Der Feudalherr war zugleich der Hauptfabrikant und Haupthändler.“[507] Er erhielt Monopole für die Handelszweige, die er wollte, und sprach auf seinem Land Recht. In allen amerikanischen Bundesstaaten war nach der Unabhängigkeit 1776 ein gewisses Maß an Besitz die rechtliche Bedingung dafür, Gouverneur werden zu können.[508] Großgrundbesitzer und Kaufleute erfüllten diese Kriterien. Der Großgrundbesitzer George Washington war nicht nur der erste Präsident der USA, sondern auch einer der reichsten Amerikaner seiner Zeit.[509]

Im 19. Jahrhundert gesellte sich der Eisenbahnbau zu Fernhandel und Großgrundbesitz als zentrale Quelle von Reichtum. Die amerikanische Regierung trieb die Eroberung des Kontinents voran, indem sie große Landstriche durch Gewalt, rechtliche Tricks oder Kauf von der indigenen Bevölkerung erwarb. Ein Teil des Landes wurde dann an die großen Eisenbahngesellschaften weitergegeben, entweder umsonst oder zu einem Spottpreis.[510] Diese verkauften Teile davon weiter an Siedler. Die Gesellschaften verzögerten immer wieder den Bau der Bahnstrecken und baten die Regierung dann um Unterstützung, weil die Projekte teurer als erwartet seien.[511] Auf diese Weise erhielten sie beim Kauf des Landes und beim Bau der Gleise staatliche Subventionen.

Schließlich wurde Land, das Ressourcen wie Holz oder Bodenschätze barg, durch gefälschte Gutachten von der Regierung billig oder kostenlos an Unternehmen weitergegeben.[512] Die Gutachten darüber wurden von Investoren in Auftrag gegeben, die an diesen Landstrichen Interesse hatten. Im Westen bot die Regierung Siedlern Land für geringe Preise. Die Holzgesellschaften organisierten Menschen, die das Land unter diesen Bedingungen erwarben und gleich nach dem Erwerb mit einem geringen Gewinn, aber immer noch für einen Spottpreis an die Gesellschaften abtraten.[513] 1876 wurde schließlich ein Gesetz verabschiedet, dass im Westen beliebig viel Land gegen Barzahlung gekauft werden könne. Die großen Gesellschaften erwarben riesige Gebiete. Die Bedeutung des ländlichen Grundbesitzes wich im 19. Jahrhundert dem städtischen. Sowohl beim städtischen als auch beim ländlichen Grundbesitz kam es zu einer starken Konzentration, die mit einer Korruption unglaublichen Ausmaßes verknüpft war.

Einer der Vorreiter der städtischen Immobilienspekulation war John Jakob Astor, der als deutscher Einwanderer um 1800 in den Pelzhandel einstieg und die Gewinne in Grundstücke in New York anlegte. Er kaufte Wassergrundstücke, ließ sie von der Stadt trockenlegen und verkaufte sie dann mit einem Profit an die Stadt zurück.[514] Den Profit investierte er in Immobilienkredite. Wenn die Kredite nicht bedient wurden, eignete er sich die Immobilien an und vergrößerte so sein Vermögen. Astors Sohn William investierte in das Eisenbahnnetz. Über die Korruption im Zusammenhang mit Immobilienspekulation und mit dem Eisenbahnbau wurden staatliche Kommissionen eingerichtet, denen jeweils ein Mitglied der Familie Astor angehörte, so dass die Kommissionen für die Spekulanten günstige Ergebnisse erzielten.[515] Nachkommen der Familie zählen noch heute zu den Reichen der Welt und zur herrschenden Klasse der USA. Einige Familienmitglieder haben in den britischen Adel eingeheiratet, während andere in den USA geblieben sind.

In der zweiten Hälfte des 19. Jahrhunderts ging das Zentrum des Kapitalismus von Handel, Land und Landwirtschaft auf die Industrie über. Damit verknüpft waren Eisenbahnen, Stahl und Öl. Ferner bedeutete das den Niedergang der Sklaverei und der Südstaaten. Noch 1860 waren fast zwei Drittel der reichsten Amerikaner in den Südstaaten ansässig, und die Mehrheit von ihnen machten ihr Vermögen auf der Grundlage der Sklaverei.[516] Im Jahr 1900 dagegen hatten die USA bereits 193 000 Meilen Eisenbahngleise mit einer Investition von über 10 Milliarden Dollar, die jährlich Einkünfte von 1,5 Milliarden brachten, also eine Profitrate von 15 Prozent.[517]

Zu den reichsten Amerikanern, die ihr Vermögen während der Industrialisierung machten, zählten Cornelius Vanderbilt und John D. Rockefeller. Der erste Vanderbilt sammelte den Grundstock seines Reichtums durch Piraterie an.[518] Im amerikanischen Bürgerkrieg bekam er die Aufgabe, Kriegsschiffe der Nordstaaten auszurüsten, und kaufte die ersten Eisenbahnaktien. Die Familie gehört noch heute zu den wohlhabendsten der USA. Ihre Mitglieder sind Politiker und Unternehmer.

Der Name Rockefeller ist im 20. Jahrhundert vermutlich der Inbegriff von Reichtum gewesen. Der erste Rockefeller gründete die Standard Oil als Trust zur Versorgung der Eisenbahnen mit Öl. Jede Eisenbahn wurde in Geheimabsprachen zu guten Bedingungen bewegt.[519] William Vanderbilt wurde Teilhaber der Standard Oil. Auf diese Weise wurden viele Konkurrenten aus dem Feld geschlagen. Heute sind die Rockefellers Unternehmer und Politiker und zweifellos Mitglieder der herrschenden Klasse.

J. Pierpont Morgan war William Vanderbilts finanzieller Bevollmächtigter.[520] Sein Vater hatte eine Bank aufgebaut. J. Pierpont Morgans erstes Geschäft bestand darin, während des Bürgerkriegs im Jahr 1861 veraltete Gewehre aus dem Arsenal in New York für 3,50 Dollar pro Stück aufzukaufen und dann für 22 Dollar pro Stück an General Fremont in St. Louis zu verkaufen, wo Mangel an Gewehren herrschte.[521] Die Regierung weigerte sich zu bezahlen, so dass Morgan sie erfolgreich verklagte. Noch heute ist J.P. Morgan eines der mächtigsten Finanzunternehmen der Welt. Gustavus Myers schreibt über seine Studie: „Auf allen diesen ermüdenden Seiten haben wir weit und breit mit äußerster Sorgfalt nach einem Vermögen gesucht, das durch ehrliche Mittel erworben ist."[522] Er hat jedoch keines gefunden.

Ende des 19. Jahrhunderts war die herrschende Klasse der USA schon größtenteils gegen Aufsteiger abgeschlossen. Das Vermögen im Land war noch stärker konzentriert als in Großbritannien. Nur wenige Aufsteiger schafften es in der ersten Hälfte des 20. Jahrhunderts, sich in der herrschenden Klasse zu halten.[523] Die USA hatten eine Art erblichen Adel entwickelt. Zu diesem Schluss kam Ferdinand Lundberg schon seiner Studie von 1937.[524] Er identifizierte unter anderem folgende Statthalter der alten Familien: Astor VII., Rockefeller IV., Vanderbilt V., Belmont IV, Field V., Baker III. und DuPont III. Von den zwölf reichsten Familien in Detroit 1860 waren neun 1970 immer noch Mitglieder der Oberklasse, bei den drei anderen war der Besitz unter zu vielen Kindern aufgeteilt worden.[525]

Die herrschende Klasse der USA hat sich im 20. Jahrhundert weitgehend gegen Aufsteiger verschlossen, während gleichzeitig der Mythos vom amerikanischen Traum verkündet wurde. Die Klasse lebt in einer eigenen Welt mit eigenen Institutionen. So hat sie ein eigenes Bildungssystem einschließlich informeller Bildung wie Tutoren oder Zusatzunterricht.[526] Die Liste der besten Privatschulen der USA sah in den 1930ern so aus wie um 2000. 14 befinden sich in Neuengland und viele sind kirchlich. Viele Studierende aus allen sozialen Klassen besuchen die Yale University, aber nur die Kinder aus der herrschenden Klasse frequentieren bestimmte exklusive Clubs und wohnen in bestimmten Wohnheimen. Sie bilden ein Netzwerk, das auch nach dem Studium fortbesteht.

Wenn die Mitglieder der herrschenden Klasse nach dem Studium überhaupt arbeiten, dann als Unternehmer und Finanziers.[527] Einige von ihnen wenden sich jedoch Tätigkeiten zu, die nicht ihrer Klasse entsprechen, manche werden sogar revolutionär und „verraten" ihre Herkunft. Aber nach einiger Zeit kehren die meisten in ihre Klasse und zu deren Tätigkeiten zurück, weil sie sich von den Mitgliedern der anderen Klassen zu stark unterscheiden.[528] Sie bleiben dann unter sich, besuchen von außen unsichtbare Clubs und heiraten innerhalb der Klasse. Diese Klasse umfasst weniger als 0,5 Prozent der amerikanischen Bevölkerung.[529]

10.5 Meritokratie

Ein sozialer Aufstieg in die herrschende Klasse über ökonomisches Kapital ist möglich. Er ist allerdings erst gelungen, wenn die wirtschaftlich erfolgreichen Menschen auch so genanntes „soziales Kapital" erworben haben, also über einflussreiche Netzwerke verfügen, was oft über Heirat und erst in der zweiten Generation gelingt. Betrachtet man die reichen Aufsteiger der letzten Generation, so stellt man fest, dass nur ein Bruchteil ihrer Kinder immer noch wohlhabend, erfolgreich und einflussreich ist. Die Menschen, die als Individuen kurzzeitig zu Geld gekommen sind, müssen aus der Definition der herrschenden Klasse ausgeschlossen werden. Stützt sich die Untersuchung nur auf Momentaufnahmen von Reichtum, wird die herrschende Klasse unsichtbar, weil eine Momentaufnahme auch alle möglichen Sportler, Schauspieler, Lottogewinner, Kriminelle und Zocker umfasst, von denen nur wenige ihr Vermögen an die nächste Generation weitergeben können und noch weniger in die sozialen Netzwerke der herrschende Klasse aufgenommen werden.

Ferner muss man die gesamte Familie betrachten. Einige Mitglieder der Familie arbeiten, andere nicht; einige haben einen hohen Bildungstitel, andere haben die Schule abgebrochen; einige engagieren sich im Unternehmen der Familie, andere nicht. Die vorherrschende Form der geschäftlichen Aktivität ist heutzutage eine Holdinggesellschaft oder ein „Family Office", ein Familienbüro. Das Kapital der Familie ist diversifiziert in zahlreichen Unternehmungen angelegt. Ein Mitglied der Familie oder zumeist eine Gruppe von Familienmitgliedern kümmert sich um das Geschäft. Dieses Mitglied hat normalerweise eine sehr gute Ausbildung.

Auf dieser Grundlage entwickelt die herrschende Klasse das Bewusstsein, ihre Position nicht mehr Reichtum oder Geburt zu verdanken, sondern Intelligenz und Kompetenz.[530] Die Unternehmer, die am stärksten an der familiären Reproduktion interessiert sind, haben Wege gefunden, die Notwendigkeit einer formalen Bildung nicht als Last aufzufassen. Sie schicken ihre Kinder auf Schulen, deren Titel als bloße Legitimationsinstrumente dienen.[531] In der Öffentlichkeit können sie darauf verweisen, über eine höhere Bildung im Sinne von Kultiviertheit zu verfügen und verantwortungsvolle Positionen zu bekleiden.[532] Die Hinweise sind empirisch korrekt. Allerdings sind diese Eigenschaften auch dann vererbt, wenn eine eigene Leistung innerhalb des Bildungssystems damit verbunden ist. Man besucht die Yale University, weil der Vater dafür bezahlt oder gar im Aufsichtsrat der Universität sitzt, und man übernimmt die elterliche Firma, nicht die eines Konkurrenten. Weder der Bildungstitel noch der geschäftliche Erfolg beruht in erster Linie auf eigener Leistung. Die reichsten 8500 Deutschen vererben zwischen 2010 und 2020 je durchschnittlich 68,5 Millionen Euro, die reichsten 350 000 jeweils mehr als eine Million, während die untere Hälfte durchschnittlich 8500 Euro pro Erbfall vermacht.[533] Die Wohlhabenden in Deutschland meinen jedoch zu über 90 Prozent, ihres Glückes Schmied zu sein, und schreiben eine ungünstige soziale Situation großenteils den Betroffenen selbst zu.[534]

Die Oberschicht reagiert einerseits empört auf den Begriff „herrschende Klasse", kultiviert aber gleichzeitig genau diese Identität als Klasse. Beides hat Nelson W. Aldrich, ein Nachkomme Rockefellers, als Eigenschaften seiner sozialen Klasse herausgearbeitet und sie explizit als Klasse bezeichnet.[535]

Sie schließt sich gegen Aufsteiger und den Rest der Bevölkerung ab, den sie verachtet. Sie rechtfertigt ihre enthobene Position durch eine herausragende Leistung, durch Eigenschaften, die denen anderer Menschen so sehr überlegen sein sollen wie ihre Vermögen denen der gewöhnlichen Bevölkerung. Diese Rechtfertigung, die als meritokratisch bezeichnet wird, dient der Legitimation und der Abschließung, also der Produktion und Reproduktion, der Klasse.

Meritokratie im Sinne einer angemessenen Belohnung von Leistung setzt voraus, dass alle die gleichen Chancen haben. Da das nicht der Fall ist, sind einige Menschen von vornherein für die höhere „Leistung" prädestiniert. Ferner sind die Kriterien für den Erfolg abhängig von der Einrichtung der Gesellschaft. Ob Geld, ein beruflicher Stand, die Form der Nase, sportliche Leistung oder Geschick bei der Hausarbeit als Erfolg gelten soll, ist nicht objektiv festzustellen, sondern wird gesellschaftlich bestimmt. Durch jedes Kriterium werden einige Menschen bevorzugt und andere benachteiligt. In der kapitalistischen Gesellschaft werden die Eigenschaften der Kapitalisten und der herrschenden Klasse als positiv bewertet und die Angehörigen anderer Klassen großenteils davon ausgeschlossen.

Der wichtigste Selbstwiderspruch des Mythos der Meritokratie besteht darin, dass alle Menschen mit ungleichen gesellschaftlichen Voraussetzungen in den Wettbewerb eintreten. Selbstverständlich impliziert die Norm der Meritokratie auch, dass alle Menschen den Erfolg suchen und tatsächlich in einen Wettbewerb eintreten. In vielen Bereichen der Gesellschaft und für viele Menschen ist das jedoch nicht der Fall. Nicht alle Menschen suchen den gesellschaftlich verordneten Erfolg. Vielmehr ist die Meritokratie faktisch stark auf die Klasse der Etablierten konzentriert, auf die funktionalen Eliten, die durch schulische und berufliche Leistung miteinander konkurrieren.[536] Die Mitglieder der herrschenden Klasse werden erfolgreich geboren. Sie haben Geld, Ansehen, soziale Netzwerke und alles, was für den Erfolg notwendig ist, bereits bei der Geburt. Die Marginalisierten werden chancenlos geboren. Und die Kämpfer sind größtenteils zufrieden, wenn sie ihre soziale Position gesichert haben und über die Grundelemente eines komfortablen Lebens verfügen – in Deutschland gehören dazu Eigenheim, Auto und Sparbuch.

Die Vererbung des Vermögens schafft völlig ungleiche Ausgangsbedingungen zwischen den Angehörigen unterschiedlicher Klassen. Ebenso wichtig wie die Vermögen sind allerdings die sozialen Beziehungen, die eine Familie im Laufe der Jahre – oder besser: Jahrhunderte – geknüpft hat. Die herrschende Klasse besteht aus Netzwerken, die durch Beziehungen zwischen Feindschaft und Freundschaft zusammengehalten werden. Im Kern stehen Verwandtschaftsverhältnisse. Gegenseitige Gefallen können sowohl Freundschaft als auch Erpressung begründen. Auf diese Weise ist es für die Mitglieder nicht einfach, aus den Strukturen auszubrechen.

Ein gutes Beispiel für die Fortschreibung der sozialen Position unter veränderten Umständen sind die thailändischen Oligarchien, die *trakun*. Sie rekrutieren sich aus altem Adel, führenden Militärs und Geschäftsleuten.[537] Unter der Oberfläche einer Art Demokratie sind seit 1932 Adels- und Militärränge nicht mehr offizielle Insignien und Merkmale der Macht, aber unter der Oberfläche bleiben genau die Familien führend, die es auch vor der Demokratisierung waren. Die politische Macht der *trakun* wird durch Akkumulation, Management und Vererbung der Netzwerke und des Ansehens gewährleistet. So bewahrten die alten adligen Familien ihre soziale Position auch nach der Abschaffung der absoluten Monarchie. Da die Position seither nicht mehr erblich ist, müssen die *trakun* jedoch mehr Gesamtkapital akkumulieren, um in Wahlen, in der Wirtschaft, in der Verwaltung und in Netzwerken ihren Herausforderern überlegen zu bleiben. Diese Struktur wird nicht durch die politische Form der Demokratie beseitigt, noch ist sie mit Korruption zu verwechseln. Vielmehr handelt es sich um die Struktur der herrschenden Klasse.[538]

10.6 Verschleierung des Vermögens

Die herrschende Klasse kann ihr Vermögen besser verstecken als jede andere Klasse, zumal ein Normalverdiener weder ein bedeutendes Vermögen noch einen wirklichen Vorteil von einem Schwarzkonto hat. Für Reiche stehen Steueroasen und Briefkastenfirmen zur Verfügung, in denen man das Vermögen anlegen und vermehren kann, ohne einer staatlichen Instanz rechenschaftspflichtig zu sein. Ferner kann man sein Vermögen in Stiftungen überführen, die nur begrenzt oder gar nicht steuerpflichtig sind. Oft haben die Stiftungen gleichzeitig den Status der Gemeinnützigkeit und vertreten politische Interessen der Stifter. In einigen Fällen, wie bei der Bertelsmann-Stiftung, ist die Stiftung sogar Eigentümerin eines Großunternehmens. Auch die Familien Albrecht und Deichmann haben ihre Vermögen bereits in Stiftungen überführt, die Familie Schwarz in eine gemeinnützige GmbH; so bleiben die Gewinne großenteils steuerfrei.[539] Ferner werden große Vermögen und Einkommen auch vom Staat systematisch verschleiert. Bis 1999 wurden Menschen, die mehr als 300 000 Dollar im Jahr verdienten, nicht von den amerikanischen Statistiken erfasst. In Deutschland werden die Spitzenverdiener bis heute nicht in die Statistiken aufgenommen, weil sie diese zu sehr verzerren würden. Wenn der Abstand zwischen dem Reichsten und dem Ärmsten innerhalb der deutschen Statistik drei Zentimeter beträgt, so beträgt er zwischen den Reichsten innerhalb und denen außerhalb der Statistik etliche Meter.

Fast alle Großunternehmen verlegen wenigstens einen Firmensitz in eine Steueroase. Dort werden die Profite erwirtschaftet. Die Verluste werden dort gemacht, wo Steuern bezahlt werden müssen. 55 Prozent der Auslandsprofite amerikanischer Unternehmen werden in Steueroasen gemacht. Das ist organisierter und quasi-legaler Betrug. Google hat 2011 in Großbritannien einen Umsatz von vier Milliarden Dollar gemacht und weniger als zehn Millionen Dollar Steuern gezahlt (also nicht einmal ein halbes Prozent).[540] Es hatte seinen europäischen Hauptsitz in Irland, wo die Körperschaftssteuer 12,5 Prozent beträgt. Selbst dort wurde nicht der ganze Umsatz auf die Steuern angerechnet, weil die Gewinne an Orte verschoben werden, wo gar keine Steuern bezahlt werden. Beispielsweise musste die Zentrale in Irland Lizenzen an die Zentrale in Bermuda bezahlen. Coca-Cola bezahlte 2012 in Österreich 60 000 Euro Steuern, Pfizer machte im selben Jahr in Deutschland einen Gewinn von 102 Millionen Euro und erhielt eine Steuergutschrift von einer Million, während die Steuerquote von IKEA in Deutschland 0,0004 Prozent betrug.[541] IKEA gehört übrigens einer wohltätigen Stiftung, der Klaus-Werner Lobo und Hans Weiss zufolge 2012 mit 36 Milliarden Euro reichsten Stiftung der Welt, die allerdings weit weniger als ein Prozent des Vermögens für wohltätige Zwecke ausgibt, sondern vor allem dem Konzern Steuern sparen soll.[542] Der durchschnittliche Steuersatz aller Großunternehmen in Deutschland beträgt 0,64 Prozent des Umsatzes.[543]

2005 bot die Regierung Bush an, die Unternehmensgewinnsteuer von 35 auf 5,25 Prozent zu senken, wenn im Ausland gehaltene Gewinne in die USA zurücküberwiesen wurden; daraufhin wurden 312 Milliarden Dollar zurückgeführt.[544] Daran lässt sich ermessen, welche Beträge die Großunternehmen im Ausland halten, um Steuern zu sparen. In diesem Fall beispielsweise wurden ursprünglich rund 2,5 Billionen Dollar Steuern durch Verlagerung ins

Ausland gespart, das sind rund 20 Prozent des gesamten damaligen Bruttosozialprodukts der USA.

Neben den Großunternehmen verstecken die reichsten Privatpersonen ihr Geld in Steueroasen. Wenn man davon ausgeht, dass das Finanzvermögen der Haushalte der Welt (Aktien, Konten, Geld, Versicherungen) 2017 rund 95,5 Billionen Dollar betrug, waren mindestens acht Prozent davon in Steueroasen versteckt.[545] Das Tax Justice Network schätzte die in Steueroasen versteckte Summe 2012 sogar auf 21 bis 35 Billionen Dollar, also bis zu 15 Prozent des gesamten Vermögens der Welt.[546] In einigen Staaten ist es über die Hälfte des Vermögens.[547] Hierbei handelt es sich fast ausschließlich um Geld der Reichen und der Großunternehmen. Die reichsten 0,1 Prozent halten rund 80 Prozent des gesamten Vermögens, das in den Steueroasen lagert, die reichsten 0,01 Prozent rund 50 Prozent.[548] Wir können also sagen, dass die herrschende Klasse den größten Teil des in Steueroasen versteckten Vermögens besitzt.

Die erste Steueroase war 1869 Monaco. Fürst Charles III. schaffte damals die Einkommensteuer ab, da er durch das Casino genug verdiente. Daraufhin verlegten viele Adlige ihren Wohnsitz nach Monaco. Es folgte der amerikanische Bundesstaat Delaware 1898. Heute haben 65 Prozent der amerikanischen Fortune 500 ihren Firmensitz in Delaware. Die Eigentümer der dort registrierten Unternehmen müssen ihre Beteiligung nicht offenlegen. 1934 wurde das Schweizer Bankgeheimnis erlassen. Während in Europa im Zuge der Weltkriege die Steuern stiegen und die Kolonialreiche verschwanden, machte Großbritannien einige seiner Überseegebiete zu Steueroasen. Zusammen mit der City of London bilden sie ein integriertes Finanzsystem, das als gigantische Steueroase bezeichnet werden kann.

Einige Steuerflüchtlinge gründen heutzutage ihre eigenen Länder auf einem Stein im Ozean oder sogar rein virtuell, um ihre Gewinne dorthin zu verschieben.[549] Normalerweise wird jedoch eine existierende Steueroase aufgesucht. Um eine Steueroase zu nutzen, kann man seinen Wohnsitz dorthin verlegen oder sich als Dauertourist anmelden. Die häufigste Methode ist die Gründung einer Briefkastenfirma. Die Einrichtung einer Briefkastenfirma in einer Steueroase ist schon für wenige tausend Euro zu haben. Eine Briefkastenfirma hat einen nominellen Direktor, der alle Papiere unterzeichnet. Der eigentliche Eigentümer muss nicht öffentlich gemacht werden, aber er erhält vom Direktor die Befugnisse eines Anwalts.

Ein Beispiel, das Furore gemacht hat, sind die Enthüllungen der *Panama Papers*. Die von den Investigativjournalisten Bastian Obermayer und Frederik Obermaier veröffentlichten Enthüllungen beziehen sich auf das Unternehmen Mossack Fonseca.[550] Das Unternehmen geht laut Obermayer und Obermaier auf die Kooperation eines hohen Politikers von Panama mit dem Sohn eines geflüchteten ehemaligen SS-Offiziers zurück. Mossack Fonseca organisierte nominale Direktoren, oft einfache Leute, für Briefkastenfirmen. Steuervermeider können in Deutschland wahrheitsgemäß angeben, ein Konto nicht zu besitzen, wenn es einem Unternehmen gehört, das sich im Besitz eines anonymen Trusts (in einer Steueroase) befindet. Derartige Trusts organisierte Mossack Fonseca.

Obermayer und Obermaier zufolge sind im Jahr 2015 mehr als 50 Milliardäre der Fortune 500 nachweislich Kunden von Mossack Fonseca gewesen. Banken mit staatlicher Beteiligung wie die HSH Nordbank haben Kunden dabei geholfen, Briefkastenfirmen in Panama zu gründen.[551] Auch ein Teil des Hochadels taucht in der Kundenliste auf, darunter Habsburg, Stauffenberg, Wittgenstein und Bismarck, sowie viele Unternehmenschefs wie Piëch, Porsche und Quandt, zahlreiche führende Politiker, darunter die Familie Zuma, die in Südafrika bis heute unter Korruptionsverdacht steht, die Familie Annan, der frühere pakistanische Präsident Nawaz Sharif und Verwandte von Xi Jinping. Inzwischen sind weitere Daten von Steuerflüchtlingen an die Öffentlichkeit gedrungen. Beispielsweise hat die Familie Quandt/Klatten ein beträchtliches Vermögen auf den Bahamas gelagert, einer beliebten Steueroase.[552]

Die systematische Verschleierung des eigenen Vermögens durch die Reichen, die großenteils Mitglieder der herrschenden Klasse sind, ist in mehrerlei Hinsicht von Bedeutung. Erstens zeigt sie, dass die Vermögen in Wahrheit viel größer sind, als in den offiziellen Statistiken angegeben ist. Der Abstand zwischen der herrschenden Klasse und dem Rest hat ein astronomisches Ausmaß. Zweitens hat Kapitalismus wenig mit ehrlicher Konkurrenz durch gleiche und freie Individuen zu tun. Das Hauptziel für die Kapitalisten besteht darin, den eigenen Profit zu maximieren, während die herrschende Klasse auf diese Weise ihre abgehobene Position sichert. Drittens wird der Profit systematisch der Allgemeinheit entzogen, sowohl dem Staat wie auch der Bevölkerung. Wenn die herrschende Klasse Geld für Wohltätigkeit spendet, dann tut sie das vorrangig, um Steuern zu sparen oder um über ihre eigenen Stiftungen die Welt zu beeinflussen.

11 Fazit

Zum Abschluss seien noch einmal die wichtigsten Eigenschaften des kapitalistischen Systems zusammengefasst. Das System ist nur über das Verhältnis von Kapital, Herrschaft und Staat zu verstehen. Kapital und Herrschaft gibt es schon seit Jahrtausenden. Die Neuerung des westlichen Kapitalismus bestand darin, dass der Einsatz von Kapital staatlich institutionalisiert wurde und die gesamte Gesellschaft durchdrang. Der Staat ist nun keine Privatangelegenheit des Herrschers mehr, sondern wird ein formalisierter Apparat, und er wird von der Gruppe der Kapitalisten maßgeblich beeinflusst. Seine Schulden sind im Besitz von Privatpersonen, viele seiner Aktivitäten dienen der Vermehrung des Kapitals, und er sucht im Ausland gute Bedingungen für das einheimische Kapital, kontrolliert im Inland die Bevölkerung und leitet das Geld in die Taschen der Kapitalisten.

Die Gruppe der Kapitalisten wiederum rekrutiert sich fast vollständig aus einer sozialen Klasse, die sich über viele Generationen hinweg reproduziert hat. Im Kapitalismus bilden die Kapitaleigentümer eine herrschende Klasse, die den Staat und seine Institutionen instrumentalisiert, um Gewinn zu machen und dadurch ihre herrschende Position zu bewahren. Das bleibt unsichtbar, da alle Menschen frei zu sein und die gleichen Möglichkeiten zu haben scheinen, um Geld zu konkurrieren. Für die meisten Menschen ist das Geld aber kein Kapital, und sie haben keinen Zugang zur herrschenden Klasse.

Die kapitalistische Gesellschaft ist eine Hierarchie sozialer Klassen, in der die winzige oberste Klasse ihre herrschende Position durch die Monopolisierung des ökonomischen Kapitals, den sozialen Ausschluss anderer Klassen und Einflussnahme auf den Staatsapparat sichert. Ökonomisches Kapital ist eine Investition zum Zwecke des Gewinns, die meist in einer Form von Ausbeutung (von Menschen oder Natur) oder Raub besteht, aber auch andere Formen annehmen kann. Für die Mitgliedschaft in der herrschenden Klasse muss Vermögen als Kapital investiert werden und mit sozialen Netzwerken und Einfluss einhergehen. Der Rest der Bevölkerung ist zum Lebensunterhalt auf Arbeit oder Almosen angewiesen und hat kaum Einfluss auf den Staatsapparat.

Zu Beginn des 21. Jahrhunderts ist klar, dass das kapitalistische System die Welt an den Abgrund geführt hat. Es ist nicht mehr lange aufrechtzuerhalten.

Naturzerstörung, Ungleichheit, lokale Kriege und (seelische wie körperliche) Erkrankung der Menschen haben ein derartiges Ausmaß erreicht, dass das Ende nur eine Frage der Zeit ist. Das Ende des Kapitalismus wurde unzählige Maße vorhergesagt – es geht jetzt jedoch nicht mehr um eine Krise der kapitalistischen Wirtschaft, sondern um die Lebensgrundlagen. Wie im Feudalismus oder Despotismus wird die Gesellschaft im Kapitalismus von einer winzigen Gruppe beherrscht und ausgebeutet. Frühere Gesellschaftsformen haben die Welt jedoch nicht an den Abgrund geführt und die Ausbeutung nicht zu verschleiern gesucht.

In der Einleitung habe ich geschrieben, dass wir nicht unter „zu viel Demokratie" leiden, sondern unter zu wenig. Zentral scheint mir zu sein, eine wirklich demokratische Diskussion über die Zukunft und die Strukturen der Gesellschaft zu beginnen, an der sich alle Menschen möglichst weitgehend beteiligen können. Die Beteiligung setzt voraus, dass ein gewisses Verständnis des Systems verallgemeinert wird. Dazu will dieses Buch beitragen. In politischen Fragen vertreten wir meist die Meinung, die unseren Interessen zu entsprechen scheint. Diese Meinung wurde aber maßgeblich und oft vollständig durch die Strukturen geformt, die ich im neunten Kapitel skizziert habe. Wir alle müssen kritisch und selbstkritisch das System analysieren, um dann eine Diskussion über es zu beginnen.

Erst danach können konkrete Maßnahmen ergriffen werden. Sie sind allerdings schwierig. Es ist kaum möglich, das kapitalistische System durch rational geplantes Eingreifen zu verändern. Seine Bestandteile greifen so fest ineinander, dass sie schwer zu modifizieren sind. Wenn es gelingen sollte, einen Bereich (beispielsweise die Wissenschaft, die Rechtsprechung oder die Finanzmärkte) grundlegend zu verändern, wird die Gesamtrichtung des Systems dadurch nicht signifikant beeinflusst. Es muss das gesamte kapitalistische System in Angriff genommen werden.

Selbst die Abschaffung des Kapitalismus ändert die Herrschaftsstrukturen nicht unbedingt – und wenn, führt sie zu anderen Formen der Herrschaft. Wie die soziale Struktur der kapitalistischen Gesellschaft sich kaum von der des Feudalismus unterscheidet, so haben die Revolutionen des 19. und 20. Jahrhunderts kaum neue Strukturen geschaffen und die Ungleichheiten kaum beseitigt. Die Hierarchie verschwindet nicht, indem man eine neue Zeit ausruft oder neue Institutionen schafft. Wir alle haben die Hierarchie verinnerlicht und handeln entsprechend. Wenn wir in eine neue Gesellschaftsform geworfen werden, reproduzieren wir die alte, weil wir nicht anders können. Einzelne Institutionen können verändert und einzelne hierarchische Handlungsmuster verboten werden. Aber wir werden nicht über Nacht zu neuen Menschen. Und es ist unrealistisch, alle Institutionen einer Gesellschaft innerhalb kurzer Zeit zu transformieren – zumal gar nicht klar ist, welche Institutionen es gibt, wie sie zu verändern sind und in welche Richtung sie verändert werden sollten.

Da Kapitalismus nur ein Mittel von Herrschaft ist, muss eine Veränderungsstrategie daraufhin geprüft werden, ob sie sich gegen das zerstörerische System des Kapitalismus richtet oder gegen Herrschaftsstrukturen ganz allgemein. Für eine Reform oder gar Beseitigung des Kapitalismus wird man auch viele Mitglieder der herrschenden Klasse begeistern können, da auch sie unter den zerstörerischen Auswirkungen und Krisen des Kapitalismus zu leiden haben. Tatsächlich wird sich die soziale Klasse der Etablierten, aus der sich die meisten Politiker, Journalisten und Wissenschaftler rekrutieren, viel mehr gegen eine Abschaffung des Kapitalismus sträuben. Anders sieht es aus, wenn die Strategie gegen Herrschaft gerichtet ist. Dann werden Herrschende und Etablierte gemeinsam Widerstand leisten.

Die Revolutionen des 20. Jahrhunderts zeigen, dass die Versuche, den Kapitalismus zu reformieren oder zu beseitigen, oft in noch zerstörerischere Systeme mündeten. Das beruht darauf, dass die Gewalt, die im Zuge des Umsturzes verübt wird, sich über die eigentliche Revolution hinaus fortsetzt oder gar verstärkt, da die Gruppe, die an die Macht gekommen ist, diese sichern möchte und gegen eine Vielzahl von Gegnern zu kämpfen hat. Darüber hinaus haben die Revolutionäre die kapitalistischen Strukturen verinnerlicht und werden nicht zu völlig „guten" Menschen, sobald eine neue Regierungsform ausgerufen ist.

Daher wäre es auch verkehrt, den Hass lediglich auf die herrschende Klasse zu richten. Ihr Sturz würde nur dazu führen, dass sich eine andere Gruppe oder Klasse an ihre Stelle setzt und die alten Hierarchien transformiert, aber nicht abgeschafft werden. Ferner ist die herrschende Klasse nicht allein für den Fortbestand der kapitalistischen Gesellschaft verantwortlich. Alle Klassen tragen dazu bei. Jede/r von uns ist mitverantwortlich. Die Etablierten (oder Funktionseliten) leisten vielleicht einen größeren Beitrag zum Erhalt des Systems. Berufspolitiker, Richter, Starjournalisten, Professoren und Manager führen im Kapitalismus die Alltagsgeschäfte und formen das System dabei mehr, als es die Kapitalisten tun. Die Kämpfer (oder Mittelklassen) leisten ihren Beitrag durch ihre tägliche Arbeit. Und die Marginalisierten stützen das System, indem sie nicht aufbegehren. Selbstverständlich profitiert am Ende in erster Linie die herrschende Klasse vom kapitalistischen System. Aber sie gestaltet es nicht alleine, sie bewahrt nicht alleine die Hierarchie, und sie versteht das System nicht unbedingt besser als eine andere Klasse. Schließlich ist der Kapitalismus für die Herrschaft auch eine Bedrohung, da er durch seine Dynamik und prinzipielle Offenheit unaufhörlich Krisen und Umwälzungen hervorbringt. Während Herrschaft nach Stabilität verlangt, erzeugt Kapitalismus das Gegenteil.

Es ist gar keine Frage, dass etwas getan werden muss. Das System wird mittelfristig alle verkäuflichen Ressourcen vernichten und die Ungleichheit so weit verschärfen, dass eine winzige Gruppe von Kapitalisten einer verelendeten Mehrheit von nahezu Besitzlosen gegenübersteht. Es ist daher unbedingt erforderlich, etwas zu tun. Ich selbst halte es für so gut wie unmöglich, das kapitalistische System zu beseitigen, bevor es die Erde unbewohnbar gemacht hat, da das gesamte Weltsystem reformiert werden müsste. Wenigstens die mächtigsten Staaten müssten dem Kapitalismus abschwören, und zwar mehr oder weniger gleichzeitig. Das ist unwahrscheinlich. Dennoch können wir alle dazu beitragen, das System zu verändern und die Welt vielleicht für eine Zukunft nach der sukzessiven Zerstörung vorzubereiten. Folgendes könnten wir beitragen:

Zunächst sollten Sie jeder Information gegenüber eine kritische Haltung einnehmen. Denken Sie über die Interessen nach, die mit der Information verfolgt werden. Prüfen Sie, ob sie in sich konsistent, fundiert und überzeugend ist. Hinterfragen Sie alle Bestandteile der Information. Das gilt auch für dieses Buch.

Nehmen Sie eine kritische Haltung gegenüber ihren eigenen Vorannahmen ein. Alles, was Sie glauben, kann falsch sein – besser gesagt: ist vermutlich falsch. Vieles von dem, was wir glauben, wurde im Interesse des Kapitals produziert, wie ich oben zu zeigen versucht habe. Was wir für gut und richtig halten, ist nicht unveränderlich. Und kaum etwas davon haben wir selbst erdacht, sondern wir haben es von anderen übernommen, häufig aus den Medien, im Schulunterricht oder von Experten – die allesamt stark vom kapitalistischen System beeinflusst sind.

In Reaktion auf Änderungen innerhalb des Systems werden die Kapitalisten neue Investitionsmöglichkeiten suchen und finden. Das System wird transformiert, aber nicht grundlegend geändert. Als Individuum können Sie jedoch viel zur positiven Veränderung des Systems beitragen, indem Sie sich der Sphäre des Kapitalismus möglichst weitgehend entziehen sowie Konsum, Arbeit und Subjektivität in die Bereiche von Markt und sozialer Wirtschaft verlagern. Ein erster Schritt besteht darin, vom Kapital unabhängiger zu werden. Mit Menschen, die geistig und materiell nicht vom Kapital abhängig sind, ist ein kapitalistisches System unmöglich. Der Staatsapparat wird Sie dann zwar zwingen, sich den Bedürfnissen des Kapitals zu beugen – aber Sie sind ein Staatsbürger oder eine Staatsbürgerin und haben zwar einen geringen, aber immerhin einen echten Einfluss auf den Staat. Nutzen Sie ihn, die Demokratie auszubauen, anstatt sie wieder abzuschaffen.

Abkürzungsverzeichnis

BSP – Bruttosozialprodukt
CFR – Council on Foreign Relations
CIA – Central Intelligence Agency
IWF – Internationaler Währungsfonds
NGO – Non-governmental Organization (Nichtregierungsorganisation)
OECD – Organization for Economic Cooperation and Development (Organisation für wirtschaftliche Zusammenarbeit und Entwicklung)
TNC – Transnational Corporation (transnationales Großunternehmen)
TTIP – Transatlantic Trade and Investment Partnership (Transatlantisches Freihandelsabkommen)
UNO – United Nations Organization (Vereinte Nationen)
WHO – World Health Organization (Weltgesundheitsorganisation)
WTO – World Trade Organization (Welthandelsorganisation)

Literaturverzeichnis

Abu-Lughod, Janet L. (1989): Before European Hegemony. The World System A.D. 1250-1350; New York/Oxford: Oxford University Press

Aldrich, Nelson W. (1988): Old Money. The Mythology of America's Upper Class, New York: Alfred A. Knopf.

Alstadsaeter, Annette, Niels Johannesen, Gabriel Zucman (2018): „Who the Owns Wealth in Tax Havens? Macro Evidence and Implications for Global Inequality", Journal of Public Economics, 162 (89-100)

Altvater, Elmar/Birgit Mahnkopf (1999): Grenzen der Globalisierung. Ökonomie, Ökologie und Politik in der Weltgesellschaft, Münster: Westfälisches Dampfboot.

Ammermüller, Andreas, Andrea M. Weber, Peter Westerheide (2005): Die Entwicklung und Verteilung des Vermögens privater Haushalte unter besonderer Berücksichtigung des Produktivvermögens, Mannheim: ZEW.

Arendt, Hannah (1967): Vita activa, München: Piper.

Bairoch, Paul (1993): Economics and World History. Myths and Paradoxes, New York: Harvester Wheatsheaf.

Balser, Markus/Uwe Ritzer (2016): Lobbykratie, München: Droemer Knaur.

Baran, Paul A./Paul M. Sweezy (1973): Monopolkapital. Ein Essay über die amerikanische Wirtschafts- und Gesellschaftsordnung, Frankfurt/M: Suhrkamp.

Bartels, Charlotte/Carsten Schröder (2020): „Die Bedeutung von Mieteinkommen und Immobilien für die Ungleichheit in Deutschland", Wirtschaftsdienst, 100. Jg., Nr. 10 (741-746).

Bennett, Lance W. (1990): „Toward a Theory of Press-State Relations in the United States", Journal of Communication, Jg. 40 (103-125).

Berger, Jens (2014): Wem gehört Deutschland? Frankfurt: Westend.

Bernays, Edward (2007): Propaganda – Die Kunst der Public Relations, Freiburg: Orange Press.

Bose, Sugata/Ayesha Jalal (1998): Modern South Asia. History, Culture, Political Economy, Routledge.

Bourdieu, Pierre (1976): Entwurf einer Theorie der Praxis, Frankfurt/M: Suhrkamp.

Bourdieu, Pierre (1982): Die feinen Unterschiede, Frankfurt/M: Suhrkamp.

Bourdieu, Pierre (1989): Der Staatsadel, Konstanz: UVK.

Brand, Ulrich/Markus Wissen (2017, 7. Auflage): Imperiale Lebensweise, München: Oekom Verlag.

Brandmeir, Kathrin, Michaela Grimm, Michael Heise, Arne Holzhausen (2016): Allianz Global Wealth Report 2016, München: Allianz.

Braudel, Fernand (1971): Die Geschichte der Zivilisation – 15. bis 18. Jahrhundert, München: Kindler.

Braudel, Fernand (1986): Die Dynamik des Kapitalismus, Stuttgart: Klett-Cotta.

Burn, Gary (2006): The Re-Emergence of Global Finance, Basingstoke/New York: Palgrave.

Carroll, William K. (2010): Corporate Power in a Globalizing World, Don Mills: Oxford University Press.

Chantavanich, Supang, Boike Rehbein, Sirima Thongsawang (2020): „Inequality, Sociocultures and Habitus in Thailand", Sojourn, Jg. 35, Nr. 3 (493-524).

Chossudovsky, Michel (2002): Global brutal. Der entfesselte Welthandel, die Armut, der Krieg, Frankfurt/M: Zweitausendeins.

Crouch, Colin (2000): Postdemokratie, Frankfurt/M: Suhrkamp.

Deleuze, Gilles (1992): Foucault, Frankfurt/M: Suhrkamp.

Dicken, Peter (2003, 6. Auflage): Global Shift: Reshaping the Global Economic Map in the 21st Century, London/Thousand Oaks/New Delhi: Sage.

Domhoff, G. William (1983): Who Rules America Now? New York: Simon & Schuster.

Donohue, George A., George A., Phillip J. Tichenor, Clarice N. Olien (1995): „A Guard Dog Perspective on the Role of Media", Journal of Communication, Jg. 45, (115-131).

Doppstadt, Joachim, Claus Koss, Stefan Toepler (2002): Vermögen von Stiftungen. Bewertung in Deutschland und den USA, Gütersloh: Verlag Bertelsmann Stiftung.

Doren, Alfred (1901): Die Florentiner Wollentuchindustrie, Stuttgart: Cotta.

Dowbar, Ladislau (2017): A era do capital improdutivo, São Paulo: Autonomia Literaria.

Druyen, Thomas (2007): Goldkinder. Die Welt des Vermögens, Hamburg: Murmann Verlag.

Entman, Robert M. (1993): „Framing: Toward Clarification of a Fractured Paradigm", Journal of Communication, Jg. 43 (51-58).

Ferreira Rocha, Emerson/Boike Rehbein (2020): „Social Inequality, Sociocultures, and Social Ontology in Brazil", Benjamin Baumann/Daniel Bultmann (Hg.): Social Ontology, Sociocultures and Inequality in the Global South, London/New York: Routledge (157-179).

Fichtner, Jan, Eelke M. Heemskerk, Javier Garcia-Bernardo (2017): „Hidden Power of the Big Three? Passive Index Funds, Re-concentration of Corporate Ownership, and New Financial Risk", in Business and Politics, Jg. 19, (298-326).

Foucault, Michel (1975): Überwachen und Strafen, Frankfurt/M: Suhrkamp.

Foucault, Michel (2004): Geschichte der Gouvernementalität (2 Bände), Frankfurt/M: Suhrkamp.

Frank, André Gunder (1998): ReOrient, Berkeley: University of California Press.

Frank, Robert L. (2007): Richistan, New York: Three Rivers Press.

Freudenthal, Gideon (1982): Atom und Individuum im Zeitalter Newtons, Frankfurt/M: Suhrkamp.

Friedman, Milton (1976): Kapitalismus und Freiheit, München: dtv.

Friz, Diana Maria (2011): Bertha Krupp und ihre Kinder, München: dtv.

Gøtzsche, Peter C. (2015): Tödliche Medizin und organisierte Kriminalität, München: riva.

Gray, John (1999): Die falsche Verheißung. Der globale Kapitalismus und seine Folgen, Alexander Fest Verlag.

Hachmeister, Lutz/Günther Rager (2005): Wer beherrscht die Medien? Die 50 größten Medienkonzerne der Welt, München: Beck.

Hale, John R. (1979): Die Medici und Florenz, Stuttgart/Zürich: Belser.

Hamilton Matos dos Santos, Claudio et al. (2015): Estimativas do estoque de capital fixo da administração pública, 2000-2014, Brasília: IPEA.

Harvey, David (2005): A Brief History of Neoliberalism, Oxford: Oxford University Press.

Healy, David I. (2002): „Conflicting interests in Toronto: Anatomy of a controversy at the interface of academia and industry", Perspectives in Biology and Medicine, 45.2 (250-263).

Heberer, Thomas (2001): „Korruption als globales Phänomen und seine Ausprägungen in Ostasien", Duisburg: Institute for East Asian Studies (Project Discussion Paper No. 9).

Heinrich-Böll-Stiftung (Hg.) (2017): Der Konzernatlas 2017, Berlin: Heinrich-Böll-Stiftung.

Henwood, Doug (1998): Wall Street. How It Works and for Whom, London/New York: Verso.

Herman, Edward S./Noam Chomsky (1988): Manufacturing Consent. The Political Economy of the Mass Media, New York: Pantheon Books.

Hobbes, Thomas (1970): Leviathan, Stuttgart: Reclam.

Hobsbawm, Eric (1996): The Age of Extremes. A History of the World, 1914–1991, New York: Vintage Books.

Hobson, John A. (1968): Der Imperialismus, Köln: Kiepenheuer & Witsch.

Hopkins, Anthony G. (2002): Globalization in World History, London: Pimlico.

Huffschmid, Jörg (1969): Politische Ökonomie der Finanzmärkte, Hamburg: VSA.

Huffschmid, Jörg (1999): Politische Ökonomie der Finanzmärkte, Hamburg: VSA.

Irvin, George (2008): Super Rich. The Rise of Inequality in Britain and the United States, Cambridge/Malden: Polity Press.

Jodhka, Surinder S./Katherine Newman: „In the Name of Globalisation. Meritocracy, Productivity and the Hidden Language of Caste", Economic and Political Weekly 42/41, 2007 (4125-4135).

Jones, Eric L. (1988): Growth Recurring. Economic Change in World History, Oxford: Clarendon Press.

Kahl, Joseph A. (1957): The American Class Structure, New York: Rinehart.

Keller, Suzanne (1963): Beyond the Ruling Class, New York: Random House.
Kirchhof, Paul (2012): Deutschland im Schuldensog, München: C.H. Beck.
Kneifel, Hanns (2005): Ich, Francis Drake, München: Heyne.
Korom, Philipp (2013): Die Wirtschaftseliten Österreichs, Konstanz: UVK.
Kreiß, Christian (2013): Profitwahn, Marburg: Tectum Verlag
Krüger, Uwe (2013): Meinungsmacht. Der Einfluss von Eliten auf Leitmedien und Alpha-Journalisten – eine kritische Netzwerkanalyse, Köln: Herbert von Halem Verlag.
Krysmanski, Hans Jürgen (2011): Hirten & Wölfe. Wie sich Geld- und Machteliten die Welt aneignen, Münster: Westfälisches Dampfboot.
Kulischer, Josef (1965): Allgemeine Wirtschaftsgeschichte des Mittelalters und der Neuzeit, Band 1, München: R. Oldenbourg.
Langohr, Herwig M. und Patricia T. (2008): The Rating Agencies and their Credit Ratings, Chichester: Wiley.
Lessenich, Stephan (2016): Neben uns die Sintflut. Die Externalisierungsgesellschaft und ihr Preis, Berlin: Hanser.
Lobo, Klaus-Werner/Hans Weiss (2018, 2. Auflage): Schwarzbuch Markenfirmen. Die Welt im Griff der Konzerne, München: Ullstein.
Luhmann, Niklas (1975): Soziologische Aufklärung, Band 2, Opladen: Westdeutscher Verlag.
Lumsdaine, Robin L., Daniel N. Rockmore, Nicholas Foti, Gregory Leibon, J. Doyne Farmer (2015): The Intrafirm Complexity of Systematically Important Financial Institutions, Oxford: Institute for New Economic Thinking.
Lundberg, Ferdinand (1937): America's 60 Families, New York: The Vanguard Press.
Lundberg, Ferdinand (1968): The Rich and the Super-rich, New York: Lyle Stuart.
Martens, Jens (2004): „Private Akteure und Partnerschaftsinitiativen in der internationalen Politik", Armutsminderung durch den Privatsektor? Analysen, Berichte, Kontroversen, Wien: Österreichische Forschungsstiftung für Entwicklungshilfe (ÖFSE) (43-54).
Marx, Karl (1974): Grundrisse, Berlin: Dietz.
Marx, Karl/Friedrich Engels (1962ff): Marx-Engels-Werke (40 Bände), Berlin: Dietz.
Mattei, Ugo/Laura Nader (2008): Plunder. When the Rule of Law is Illegal, Malden/Oxford/Victoria: Blackwell Publishing 2008
Matthes, Eva (2014): „Bildungsmedien online. Über kostenloses Unterrichtsmaterial im Internet", tv diskurs/Verantwortung in audiovisuellen Medien, 18 (58-61).
Mayer, Jane (2018): Dark Money, Melbourne/London: Scribe.
McCoy, Alfred (2003): The Politics of Heroin. CIA Complicity in the Global Drug Trade, New York: Lawrence Hill Books.
McGann, James G. (2007): Think Tanks and Policy Advice in the United States, Oxon/New York: Routledge.

McGann, James G./Richard Sabatini (2011): Global Think Tanks, Abingdon/New York: Routledge.

McNeill, William (1992): The Global Condition. Conquerers, Catastrophes, and Community, Princeton: Princeton University Press.

Mies, Maria/Vandana Shiva (1995): Ökofeminismus. Beiträge zur Praxis und Theorie, Zürich: Rotpunktverlag.

Mignolo, Walter (2007): „Coloniality and Modernity", Cultural Studies, 21. Jahrgang (155-167).

Milanovic, Branko (2005): Worlds Apart. Measuring International and Global Inequality, Princeton: Princeton University Press.

Müller, Albrecht (2009): Meinungsmache, München: Droemer.

Müller, Wolfgang (2009): Die großen Wirtschaftslügen. Raffgier mit System, München: Knaur.

Myers, Gustavus (1916): Die großen amerikanischen Vermögen, Frankfurt/M: S. Fischer.

Nederveen Pieterse, Jan (1989): Empire & Emancipation. Power and Liberation on a World Scale, New York/London/Westport: Praeger.

Neuberger, Günter/Michael Opperskalski (1982): CIA in Westeuropa, Bornheim: Lamuv.

Neuberger, Günter/Michael Opperskalski (1983): CIA in Mittelamerika, Bornheim: Lamuv.

Obermayer, Bastian/Frederik Obermaier (2016, 4. Auflage): Panama Papers. Geschichte einer weltweiten Enthüllung, Köln: Kiepenheuer&Witsch.

Odendahl, Theresa (1999): Charity Begins at Home, New York: Basic Books.

Osterhammel, Jürgen (1995): Kolonialismus: Geschichte – Formen – Folgen, München: Beck.

Palan, Ronen, Richard Murphy, Christian Chavagneux (2010): Tax Havens. How Globalization Really Works, Ithaca/London: Cornell University Press.

Panikkar, Kavalam Madhava (1955): Asien und die Herrschaft des Westens, Zürich: Steinberg-Verlag.

Phillips, Kevin (2002): Wealth and Democracy. A Political History of the American Rich, New York: Broadway Books.

Piketty, Thomas (2014): Kapital im 21. Jahrhundert, München: C.H. Beck.

Pilger, John (2002): The New Rulers of the World, London/New York: Verso.

Polanyi Levitt, Kari (2013): From the Great Transformation to the Great Financialization, London/New York: Zed Books.

Polanyi, Karl (1978): Die große Transformation, Frankfurt/M: Suhrkamp.

Pomeranz, Kenneth (2000): The Great Divergence. China, Europe, and the Making of the Modern World Economy, Princeton: Princeton University Press.

Poulantzas, Nicos (1972): Pouvoir politique et classes sociales (2 Bände), Paris: Maspero.

Rangsivek, Katja (2013): Trakun, Politics and the Thai State, Universität Kopenhagen: unveröffentlichte Dissertation.

Rehbein, Boike (1999): Gesellschaft und Theorie. Zum Einfluss der Sozialstruktur auf die Begriffsbildung Bacons und Galileis, Emmendingen: Martin Seeh Verlag.

Rehbein, Boike et al. (2015): Reproduktion sozialer Ungleichheit in Deutschland, Konstanz: UVK.

Rehbein, Boike/Hermann Schwengel (2008): Theorien der Globalisierung, Konstanz: UTB.

Rehbein, Boike/Jessé Souza (2014): Ungleichheit in kapitalistischen Gesellschaften, Weinheim: Beltz.

Rehbein, Boike/Tamer Söyler (2020): „The Social Ontology of Caste", Benjamin Baumann/Daniel Bultmann (Hg.): Social Ontology, Sociocultures and Inequality in the Global South, London/New York: Routledge (85-99)

Reid, Anthony (1993): Southeast Asia in the Age of Commerce (2 Bände), New Haven/London: Yale University Press.

Restall, Matthew/Felipe Fernández-Armesto (2012): The Conquistadors. A Very Short Introduction, Oxford: Oxford University Press.

Rhee, Robert J. (2015): „Why Credit Rating Agencies Exist", Siena: Economic Notes by Banca Monte dei Paschi, Vol. 44 (161-175).

Ronsini, V. M. (2014): „‚Many People Are Just Dreamers': Telenovelas and the Ideology of Meritocracy", Television & New Media, 15/6 (551-561).

Rousseau, Jean-Jacques (1986): Gesellschaftsvertrag, Stuttgart: Reclam.

Rummel, Rudolph J. (1994): Death by Government, New Brunswick: Transaction Publishers.

Saraví, Gonzalo (2015): Juventudes fragmentadas. Socialización, clase y cultura en la construcción de la desigualdad, Mexico City: FLACSO.

Schmöckel, Matthias (2008): Rechtsgeschichte der Wirtschaft, Tübingen: Mohr Siebeck.

Schuler, Thomas (2010): Bertelsmannrepublik Deutschland, Frankfurt/New York: Campus.

Seewald, Peter (2004): Gloria von Thurn und Taxis: Die Fürstin – Im Gespräch mit Peter Seewald, München: Diana Verlag.

Smith, Adam (1978): Der Wohlstand der Nationen, München: dtv.

Souza, Jessé (2012): Os batalhadores brasileiros, Belo Horizonte: UFMG.

Speth, Rudolf (2010): „Stiftungen und Think Tanks", in Dagmar Simon, Andreas Knie, Stefan Hornbostel (Hg.): Handbuch Wissenschaftspolitik, Wiesbaden: Springer VS (390-405):

Stahnisch, Frank W./Marja Verhoef (2012): „The Flexner Report of 1910 and Its Impact on Complementary and Alternative Medicine and Psychiatry in North America in the 20th Century", Evidence-Based Complementary and Alternative Medicine (doi:10.1155/2012/647896).

Stalder, Felix (2016): Kultur der Digitalität, Frankfurt/M: Suhrkamp.

Stefania Vitali, James B. Glattfelder, Stefano Battiston (2011): The Network of Global Corporate Control", PLoS One, 6. Jahrgang (1-18).

Stierli, Markus, Anthony Shorrocks (2015), Jim Davies, Rodrigo Lluberas, Antonios Koutsoukis: Global Wealth Report 2015, Zürich: Crédit Suisse.

Stiglitz, Joseph (2002): Die Schatten der Globalisierung, Berlin: Siedler.

Stiglitz, Joseph (2012): The Price of Inequality, London: Allen Lane.

Strange, Susan (1996): The Retreat of the State, Cambridge: Cambridge University Press.

Suerbaum, Ulrich (1989): Das elisabethanische Zeitalter, Stuttgart: Reclam.

Tabb, William K. (2006): „The Power of the Rich", in Monthly Review, Jg. 58, Nr. 3.

Tawney, Richard H. (1946): Religion und Frühkapitalismus, Bern: Francke.

Thöns, Matthias (2018): Patient ohne Verfügung. Das Geschäft mit dem Lebensende, München: Piper.

Tyler, George R. (2008): Billionaire Democracy. The Hijacking of the American Political System, Dallas: BenBella Books.

van Dülmen, Richard (1982): Entstehung des frühneuzeitlichen Europa, 1550-1648, Frankfurt/M: Fischer.

Vester, Michael, Peter von Oertzen, Heiko Geiling, Thomas Hermann, Dagmar Müller (2001, 2. Auflage): Soziale Milieus im gesellschaftlichen Strukturwandel, Frankfurt/M: Suhrkamp.

Vickers, Adrian (2005): A History of Modern Indonesia, Cambridge: Cambridge University Press.

Viehöver, Ulrich (2006): Die Einflussreichen, Frankfurt/New York: Campus.

Wachtel, Howard M. (1990): The Money Mandarins. The Making of a Supranational Economic Order, Armonk: M.E. Sharpe.

Wadenpohl, Nils (2014): Finanzspekulation mit Grundnahrungsmitteln, Hamburg: Diplomica Verlag.

Wallerstein, Immanuel (1986): Das moderne Weltsystem, Band I, Frankfurt/M: Syndikat.

Webb, Gary (1998): Dark Alliance, New York: Seven Stories Press.

Weber, Max (1986): Gesammelte Aufsätze zur Religionssoziologie, Tübingen: Mohr.

Welthaus Bielefeld (Hg.) (2001): Atlas der Weltverwicklungen, Wuppertal: Peter Hammer Verlag.

White, Lawrence J. (2001): „The Credit Rating Industry. An Industrial Organization Analysis", Paper presented at the Conference Rating Agencies in the Global Financial System.

Windolf, Paul (2008): „Eigentümer ohne Risiko. Die Dienstklasse des Finanzmarktkapitalismus", Zeitschrift für Soziologie, 37 (516-535).

Woodiwiss, Michael (2005): Gangster Capitalism. The United States and the Global Rise of Organized Crime, London: Constable & Robinson.

Ziegler, Jean (2003): Die neuen Herrscher der Welt, München: Goldmann.

Endnoten

Vorgeschichte

1 Max Weber: Gesammelte Aufsätze zur Religionssoziologie, Band I, Tübingen: Mohr 1986: 14.

2 Adam Smith: Der Wohlstand der Nationen, München: dtv 1978: 307.

3 Weber 1986, a.a.O.: 12.

4 Die Klassiker der Erforschung des Kapitalismus, allen voran Adam Smith (1978, a.a.O.: 3, 28) und Karl Marx (Das Kapital, Band I, Berlin: Dietz 1962: 89) waren der Meinung, dass alle Werte im Kapitalismus durch Arbeit geschaffen würden. Daher sei die Arbeit die Grundlage des Kapitalismus und die Steigerung der Arbeitsproduktivität der wichtigste Wachstumsfaktor. Sie richteten sich gegen die Physiokraten, die den Grundstein der Wirtschaft im Boden erblickten, und die Merkantilisten, die den (ungleichen) Handel für den Motor des Wachstums hielten. Alle drei Positionen scheinen einen Teilaspekt des Kapitalismus zu verallgemeinern. Alle drei Aspekte halte ich für wichtig, aber nicht für zentral. Ich werde hingegen zu zeigen versuchen, dass die exklusive Verfügung über Kapital und die Möglichkeit seiner Vermehrung die Grundlagen des Kapitalismus sind.

5 Das ist das zentrale Argument von Karl Polanyi: Die große Transformation, Frankfurt/M: Suhrkamp 1978. Eine ähnliche Idee entwickelte später Fernand Braudel: Die Dynamik des Kapitalismus, Stuttgart: Klett-Cotta 1986. Ich werde im Abschnitt über den Markt darauf zurückkommen.

6 Mit dem Begriff „westlich" bezeichne ich zunächst das westliche Europa, im 20. Jahrhundert auch Nordamerika, Australien und Neuseeland. Für die jüngste Phase der Geschichte fasse ich diese Regionen auch unter dem Begriff „globaler Norden" zusammen.

7 Darin sind sich Karl Marx und Adam Smith ebenso einig wie die unterschiedlichen Schulen der heutigen Volkswirtschaftslehre.

8 Schon um 1800 war das Pro-Kopf-Einkommen in den USA höher als in England; in China beschäftigte eine Eisenfabrik zwei Jahrhunderte v.u.Z. bereits über 1000 Arbeiter (Eric L. Jones: Growth Recurring. Economic Change in World History, Oxford: Clarendon Press 1988: 15, 74). Das Gusseisen gab es in China mehr als 1000 Jahre früher als in Europa, das

Schießpulver mehr als 400 Jahre (Fernand Braudel: Die Geschichte der Zivilisation – 15. bis 18. Jahrhundert, München: Kindler 1971: 410, 425).

9 Alfred Doren: Die Florentiner Wollentuchindustrie, Stuttgart: Cotta 1901: 399ff.

10 Braudel (1971, a.a.O.: 536f.) weist darauf hin, dass der Wechsel schon im alten Babylon vor 4000 Jahren bekannt war, aber erst im 13. Jahrhundert wieder eingeführt wurde. Durch den Fernhandel innerhalb Europas und die Kreuzzüge verbreitete er sich rasch im gesamten Mittelmeerraum und Teilen Europas. Im Gegensatz zu Technologie und Industrie war Europa den Ländern Asiens im Hinblick auf die Finanzinstrumente überlegen (Jones 1988, a.a.O.: 137).

11 Mathias Schmöckel: Rechtsgeschichte der Wirtschaft, Tübingen: Mohr Siebeck 2008: 99.

12 *Der Spiegel*, online, Chronik 1096-1480, 4/2009.

13 John R. Hale: Die Medici und Florenz, Stuttgart/Zürich: Belser 1979: 13.

14 Hale 1979, a.a.O.: 23.

15 Hale 1979, a.a.O.: 85ff, 123.

16 *Der Spiegel*, online, Chronik 1096-1480, 4/2009.

17 England wurde durch die Eingliederung Schottlands später zum Vereinigten Königreich und durch die Einverleibung Irlands zu Großbritannien; der Einheitlichkeit halber benutze ich im historischen Abriss ausschließlich den Terminus England.

18 Smith 1978, a.a.O.: 305.

19 Selbst orthodoxe Marxisten erkennen heute an, dass durch die Ausbeutung natürlicher Ressourcen Wert erzeugt wird, nicht nur durch die Ausbeutung von Arbeit. Man spricht daher auch von Inwertsetzung: Elmar Altvater/Birgit Mahnkopf: Grenzen der Globalisierung. Ökonomie, Ökologie und Politik in der Weltgesellschaft, Münster: Westfälisches Dampfboot 1999: 131.

20 Die Forderung, dem Geld, das der Staat druckt, müsse ein Gegenwert entsprechen, geht meist von falschen Voraussetzungen aus. Diesem Geld entspricht immer ein beträchtlicher Gegenwert. Über die aktuelle und potentielle Produktion hinaus handelt es sich um das gesamte Land des Nationalstaats, seine Ressourcen, seine Infrastruktur, seine Bevölkerung und ihre Fähigkeiten. Der monetäre Gegenwert all dessen ist kaum abschätzbar. Heutzutage aber wird ein immer größerer Teil des Geldes von

Geschäftsbanken gedruckt, vor allem in Form von ungedeckten Krediten und undurchsichtigen Wertpapieren. Ihnen entspricht kein Gegenwert, denn die Banken halten nicht die ihnen äquivalenten Kapitalinvestitionen. Die Profite dieser Geschäfte streichen die Banken ein. Für das Risiko kommt der Staat auf. Geld wird nicht mehr in Umlauf gebracht, um die wirtschaftlichen Prozesse zu erleichtern, sondern um private Profite zu machen, auch wenn der Wert des Geldes letztlich von der Macht des jeweiligen Staates abhängt.

21 Walter Mignolo: „Coloniality and Modernity", *Cultural Studies*, 21. Jahrgang, 2007: 155, 158. Mignolo spricht jedoch in erster Linie von Moderne und nur in zweiter Linie von Kapitalismus.

22 André Gunder Frank: ReOrient, Berkeley: University of California Press 1998.

23 Anthony Reid: Southeast Asia in the Age of Commerce, Band 2, New Haven/London: Yale University Press 1993: 24

24 Kavalam Madhava Panikkar: Asien und die Herrschaft des Westens, Zürich: Steinberg-Verlag 1955: 51-57.

25 Jürgen Osterhammel: Kolonialismus: Geschichte – Formen – Folgen, München: Beck 1995: 34.

26 Matthew Restall/Felipe Fernández-Armesto: The Conquistadors. A Very Short Introduction, Oxford: Oxford University Press 2012: 8, 57.

27 Restall/Fernández-Armesto 2012, a.a.O.: 107.

28 Hanns Kneifel: Ich, Francis Drake, München: Heyne 2005.

29 Paul Bairoch: Economics and World History. Myths and Paradoxes, New York: Harvester Wheatsheaf 1993: 89.

30 Panikkar a.a.O.: 96.

31 Braudel 1986, a.a.O.: 60.

32 Jan Nederveen Pieterse: Empire & Emancipation. Power and Liberation on a World Scale, New York/London/Westport: Praeger: 179.

33 John A. Hobson: Der Imperialismus, Köln: Kiepenheuer & Witsch 1968.

34 Karl Marx bezeichnete das als „ursprüngliche Akkumulation" (Marx: Grundrisse der Kritik der politischen Ökonomie, Berlin: Dietz 1974: 225f.).

35 Osterhammel a.a.O.: 36.

36 Nederveen Pieterse 1989, a.a.O.: 109ff.

37 Paul Bairoch (1993, a.a.O.: 59, 72) hat zu zeigen versucht, dass die Kolonien für die Industrialisierung gar keine Rolle spielten, da sie weder wichtige Rohstoffe lieferten noch als Absatzmärkte fungierten. Allerdings vernachlässigt er dabei die Akkumulation des Kapitals, die der Kolonialismus möglich machte und die für Marx' Erklärung des Industriekapitalismus zentral war.

38 Kenneth Pomeranz: The Great Divergence. China, Europe, and the Making of the Modern World Economy, Princeton: Princeton University Press 2000: 20.

39 Nederveen Pieterse 1989, a.a.O.: 115.

40 Sugata Bose/Ayesha Jalal: Modern South Asia. History, Culture, Political Economy, Routledge 1998: 56.

41 Ugo Mattei/Laura Nader: Plunder. When the Rule of Law is Illegal, Malden/Oxford/Victoria: Blackwell Publishing 2008: 132.

42 Rudolph J. Rummel: Death by Government, New Brunswick: Transaction Publishers 1994.

43 Osterhammel a.a.O.: 67.

44 Ulrich Suerbaum: Das elisabethanische Zeitalter, Stuttgart: Reclam 1989: 132f. Siehe auch Richard van Dülmen: Entstehung des frühneuzeitlichen Europa, 1550-1648, Frankfurt/M: Fischer 1982: 325f. – Ich gebrauche den Begriff Staatsapparat, wenn ich die Regierung und die Verwaltung als institutionelles Geflecht meine.

45 Braudel 1986, a.a.O.: 85.

46 Anthony G. Hopkins: Globalization in World History, London: Pimlico 2002: 29.

47 Das hat Michel Foucault sehr genau herausgearbeitet, beispielsweise in Überwachen und Strafen, Frankfurt/M: Suhrkamp 1975.

48 Braudel 1971, a.a.O.: 447.

49 Richard H. Tawney: Religion und Frühkapitalismus, Bern: Francke 1946: 148.

50 John Gray: Die falsche Verheißung. Der globale Kapitalismus und seine Folgen, Alexander Fest Verlag 1999: 17.

51 George Irvin: Super Rich. The Rise of Inequality in Britain and the United States, Cambridge/Malden: Polity Press 2008: 13f.

52 Gray 1999, a.a.O.: 21.

53 Günter Neuberger/Michael Opperskalski: CIA in Mittelamerika, Bornheim: Lamuv 1983: 133.

54 Hale 1979, a.a.O.: 12, 23, 156.

55 Doug Henwood: Wall Street. How It Works and for Whom, London/New York: Verso 1998: 22.

56 Siehe z.B. Nils Wadenpohl: Finanzspekulation mit Grundnahrungsmitteln, Hamburg: Diplomica Verlag 2014: 8.

57 Kevin Phillips: Wealth and Democracy. A Political History of the American Rich, New York: Broadway Books 2002: 10.

58 Josef Kulischer: Allgemeine Wirtschaftsgeschichte des Mittelalters und der Neuzeit, Band 1, München: R. Oldenbourg 1965: 350.

59 „The politics and management of government debt ... produced many of the large personal European and American fortunes of the eighteenth and early nineteenth centuries." (Phillips 2002, a.a.O.: 214) Siehe hier auch zum Folgenden.

60 Phillips 2002, a.a.O.: 16.

61 Galilei entwickelte seine Erkenntnisse teilweise in seiner eigenen Werkstatt und wandte sie dort direkt gewinnbringend an (Boike Rehbein: Gesellschaft und Theorie. Zum Einfluss der Sozialstruktur auf die Begriffsbildung Bacons und Galileis, Emmendingen: Martin Seeh Verlag 1999.)

62 Siehe Gideon Freudenthal: Atom und Individuum im Zeitalter Newtons, Frankfurt/M: Suhrkamp 1982.

63 Marx und Weber zufolge ist die formal freie Lohnarbeit ein entscheidendes Charakteristikum des westlichen Kapitalismus. Kenneth Pomeranz (2000, a.a.O.) hat jedoch gezeigt, dass der mittelalterliche Arbeitsmarkt in China vielleicht liberalisierter war als im kapitalistischen Europa. In China hatte die Gruppe der Kapitalisten jedoch kaum gesellschaftlichen Einfluss. Darüber hinaus hat Janet L. Abu-Lughod herausgearbeitet, dass freie Lohnarbeit und Geld viel älter sind als die moderne Industrialisierung, und Sklavenarbeit besteht auch in dieser fort. Auch zwischen kommerzieller und industrieller Revolution kann man keine klare Grenze ziehen, ebenso wenig wie zwischen verschiedenen Formen der Industrialisierung und zwischen dem 13. und dem 16. Jahrhundert (Abu-Lughod: Before European Hegemony. The World System A.D. 1250-1350; New York/Oxford: Oxford University Press 1989: 10). Entscheidend für

den institutionalisierten Kapitalismus ist die Verallgemeinerung der Lohnarbeit, die mit der Enteignung der Bauernschaft verknüpft ist.

64 Vgl. William McNeill: The Global Condition. Conquerers, Catastrophes, and Community, Princeton: Princeton University Press 1992: 54.

65 Kari Polanyi Levitt: From the Great Transformation to the Great Financialization, London/New York: Zed Books 2013: 158

66 Pomeranz 2000, a.a.O.: 91f.

67 Panikkar 1955, a.a.O.: 51.

68 Eintrag „Wirtschaft der Vereinigten Staaten" auf de.wikipedia.org, Zugriff 1.4.2020.

69 Karl Marx/Friedrich Engels: Manifest der Kommunistischen Partei, Marx-Engels-Werke, Band 4, Berlin: Dietz 1964: 465.

70 Marx: Das Kapital, Band 1, 1962, a.a.O.: 12-16.

71 Marx: Das Kapital, Band 1, 1962, a.a.O.: 184-192.

72 Marx: Grundrisse, 1974, a.a.O.: 225.

73 Smith 1978, a.a.O.: 141ff.

74 Klaus-Werner Lobo/Hans Weiss: Schwarzbuch Markenfirmen. Die Welt im Griff der Konzerne, München: Ullstein 2018 (2. Auflage): 40.

75 Zur Externalisierung siehe auch Stephan Lessenich: Neben uns die Sintflut. Die Externalisierungsgesellschaft und ihr Preis, Berlin: Hanser 2016.

76 Ulrich Brand/Markus Wissen: Imperiale Lebensweise, München: Oekom Verlag 2017 (7. Auflage): 31, 43f., 63.

77 Siehe beispielsweise Maria Mies und Vandana Shiva: Ökofeminismus. Beiträge zur Praxis und Theorie, Zürich: Rotpunktverlag 1995.

78 Polanyi Levitt 2013, a.a.O.: 147.

79 Thomas Hobbes: Leviathan, Stuttgart: Reclam 1970.

80 Jean-Jacques Rousseau: Gesellschaftsvertrag, Stuttgart: Reclam 1986.

81 Smith 1978, a.a.O.: 9-55.

82 Smith 1978, a.a.O.: 14, 60.

83 Emerson Ferreira Rocha/Boike Rehbein: „Social Inequality, Sociocultures, and Social Ontology in Brazil", Benjamin Baumann/Daniel Bultmann (Hg.): Social Ontology, Sociocultures and Inequality in the Global South, London/New York: Routledge 2020 (157-179).

84 Supang Chantavanich, Boike Rehbein, Sirima Thongsawang: „Inequality, Sociocultures and Habitus in Thailand", *Sojourn*, 35. Jg., Nr. 3, 2020 (493-524).

85 Die Unterscheidung von Alltagswirtschaft, Marktwirtschaft und Kapitalismus übernehme ich von Fernand Braudel 1986, a.a.O.: 98.

86 Braudel 1986, a.a.O.: 98.

Kapital und Arbeit

87 Marx, Das Kapital, Band III, Berlin: Dietz 1962: 893.

88 Joseph E. Stiglitz erklärt, dass er zwar den Slogan der „one percent" aufgreife, der in der Bewegung Occupy Wall Street vorherrschte, dass es sich in Wahrheit aber höchstens um 0,1 Prozent handele (Stiglitz: The Price of Inequality, London: Allen Lane 2012: XII).

89 „Der Arbeiter ist nur als Arbeiter da, sobald er *für sich* als Kapital da ist, und er ist nur als Kapital da, sobald ein Kapital *für ihn* da ist. Das Dasein des Kapitals ist *sein* Dasein, sein *Leben*" (Marx-Engels-Werke, Band 40, Berlin 1953: 523).

90 Jens Berger: Wem gehört Deutschland? Frankfurt: Westend 2014: 141.

91 *Der Tagesspiegel*, 12.8.2019.

92 Das ist einer der Kernpunkte im einflussreichen Werk von Thomas Piketty: Kapital im 21. Jahrhundert, München: C.H. Beck 2014.

93 „Hauptursachen der Finanzmarktkrise", *Der Spiegel* online, 11.9.2009. Dieser Artikel zeigt auch relativ gut das Zusammenwirken verschiedener Institutionen und vermittelt so zumindest einen Eindruck vom Funktionieren des kapitalistischen Systems.

94 Paul A. Baran/Paul M. Sweezy: Monopolkapital. Ein Essay über die amerikanische Wirtschafts- und Gesellschaftsordnung, Frankfurt/M: Suhrkamp 1973: 63f.

95 Smith 1978, a.a.O.: 16-19.

96 Stefania Vitali, James B. Glattfelder, Stefano Battiston: The Network of Global Corporate Control", *PLoS One*, 6. Jahrgang, 2011 (1-18). Bereits 1967 hatten in Deutschland die 50 größten Unternehmen einen Anteil von 42,2% am Gesamtumsatz (Jörg Huffschmid: Politische Ökonomie der Finanzmärkte, Hamburg: VSA 1969: 39).

97 Peter Dicken: Global Shift: Reshaping the Global Economic Map in the 21st Century, London/Thousand Oaks/New Delhi: Sage 2003: 373.

98 Vitali et al. 2011, a.a.O.

99 *Der Spiegel* online: „Millionenbußgeld wegen Preisabsprachen", 21.11.2019. Vgl. *Der Spiegel* online: „Autoindustrie nicht krimineller als andere",

24.2.2018, wo gezeigt wird, dass Absprachen in anderen Branchen ebenso üblich sind.

100 Das gilt schon für Adam Smith 1978, a.a.O.: 16. Besonders deutlich wird es beim Nobelpreisträger Milton Friedman, der auch zu den Vordenkern des Neoliberalismus zählt. Er verwendet die Begriffe Markt und Kapitalismus austauschbar und erläutert sie durch einen Robinson Crusoe und voneinander isolierte Haushalte, die sich angeblich prinzipiell selbst versorgen können und freiwillig in den Markt eintreten, weil er Vorteile bringt (Friedman: Kapitalismus und Freiheit, München: dtv 1976: 32-35). Wer von uns aber kann sich selbst versorgen, wer von uns tritt freiwillig in den Markt ein, und wer plädiert für eine kapitalistische Monopolisierung der Marktkräfte?

101 Hannah Arendt: Vita activa, München: Piper 1967: 85.

Ungleichheit und Herrschaft

102 Markus Stierli, Anthony Shorrocks, Jim Davies, Rodrigo Lluberas, Antonios Koutsoukis: Global Wealth Report 2015, Zürich: Crédit Suisse 2015: 18.

103 Stierli et al. 2015, a.a.O.: 26.

104 Stierli et al. 2015, a.a.O.: 6.

105 Stierli et al. 2015, a.a.O.: 27.

106 Stierli et al. 2015, a.a.O.: 30.

107 Kathrin Brandmeir, Michaela Grimm, Michael Heise, Arne Holzhausen: Allianz Global Wealth Report 2016, München: Allianz 2016: 50.

108 Berger 2014, a.a.O.: 44.

109 Andreas Ammermüller, Andrea M. Weber, Peter Westerheide: Die Entwicklung und Verteilung des Vermögens privater Haushalte unter besonderer Berücksichtigung des Produktivvermögens, Mannheim: ZEW 2005: III.

110 Ammermüller et al. 2005, a.a.O.: 85.

111 Berger 2014, a.a.O.: 31, 44.

112 Annette Alstadsaeter, Niels Johannesen, Gabriel Zucman: „Who the Owns Wealth in Tax Havens? Macro Evidence and Implications for Global Inequality“, Journal of Public Economics, 162, 2018 (89-100): 92.

113 William K. Tabb: „The Power of the Rich“, *Monthly Review*, Jg. 58, No. 3, 2006.

114 Phillips 2002, a.a.O.: 110.
115 http://www.oecd.org/social/broken-elevator-how-to-promote-social-mobility-9789264301085-en.htm.
116 Pierre Bourdieu: Entwurf einer Theorie der Praxis, Frankfurt/M: Suhrkamp 1976: 164ff.
117 Das hat Bourdieu in seinem Hauptwerk am Beispiel Frankreichs in den 1960er Jahren detailliert herausgearbeitet (Bourdieu: Die feinen Unterschiede, Frankfurt/M: Suhrkamp 1982).
118 Es sollte darauf hingewiesen werden, dass der Habitus meiner Forschung zufolge nicht die Einzelheiten des Lebensstils und auch nicht die politische Haltung determiniert. Diese Eigenschaften werden durch ein komplexes Geflecht von Faktoren bedingt.
119 Bourdieu 1982, a.a.O.: 184, 195.
120 Das wird genauer ausgeführt in Boike Rehbein/Jessé Souza: Ungleichheit in kapitalistischen Gesellschaften, Weinheim: Beltz 2014.
121 Siehe beispielsweise die Interviews in Theresa Odendahl: Charity Begins at Home, New York: Basic Books 1999.
122 Surinder S. Jodhka/Katherine Newman: „In the Name of Globalisation. Meritocracy, Productivity and the Hidden Language of Caste“, Economic and Political Weekly 42/41, 2007 (4125-4135).
123 Boike Rehbein et al.: Reproduktion sozialer Ungleichheit in Deutschland, Konstanz: UVK 2015: 37.
124 Siehe oben den Abschnitt zu sozialen Klassen.
125 Rehbein et al. 2015, a.a.O.
126 Genauso wie ich es mit Bezug auf Deutschland tue, charakterisiert der mexikanische Soziologe Gonzalo Saraví die Ungleichheit in Mexiko (Saraví: Juventudes fragmentadas. Socialización, clase y cultura en la construcción de la desigualdad, Mexico: FLACSO 2015: 27).
127 Die Klassengrenzen erkennt selbst die konservative Soziologin Suzanne Keller an: „The lowest class ... can never, *as a class*, become rich. Individuals may enter or leave it but the characteristics of the class prevail.“ (Keller: Beyond the Ruling Class, New York: Random House 1963: 41)
128 Zu Thailand siehe unsere Untersuchung (Chantavanich et al. 2020, a.a.O.).

129 In Brasilien haben wir 600 qualitative Interviews in allen Bundesstaaten geführt. Die Ergebnisse sowie die Methode unserer Untersuchung sind in Ferreira Rocha/Rehbein 2020, a.a.O., nachzulesen.
130 Jessé Souza: Os batalhadores brasileiros, Belo Horizonte: UFMG 2012.
131 Joseph A. Kahl: The American Class Structure, New York: Rinehart 1957.
132 In Indien haben wir knapp 300 qualitative Interviews in fast allen Bundesstaaten (und in sieben Sprachen) geführt. Die Ergebnisse sind noch nicht veröffentlicht. Siehe aber unsere vorbereitende Studie (Boike Rehbein/Tamer Söyler: „The Social Ontology of Caste", Benjamin Baumann/Daniel Bultmann [Hg.]: Social Ontology, Sociocultures and Inequality in the Global South, London/New York: Routledge 2020 [85-99]).
133 Diesen Vorschlag machte unlängst wieder Thomas Piketty in der *Frankfurter Allgemeinen Zeitung*, 8.3.2020.

Die globale Ordnung

134 Ferdinand Lundberg: America's 60 Families, New York: The Vanguard Press 1937: 134-142.
135 Howard M. Wachtel: The Money Mandarins. The Making of a Supranational Economic Order, Armonk: M.E. Sharpe 1990: 51.
136 Hans Jürgen Krysmanski: Hirten & Wölfe. Wie sich Geld- und Machteliten die Welt aneignen, Münster: Westfälisches Dampfboot 2011: 102.
137 Piketty 2014, a.a.O.: 44.
138 Robert L. Frank: Richistan, New York: Three Rivers Press 2007: 38.
139 David Harvey: A Brief History of Neoliberalism, Oxford: Oxford University Press 2005: 15.
140 Zwischen 1974 und 1977 erzielte die OPEC einen Überschuss von 173 Mrd. Eurodollar (Wachtel 1990, a.a.O.: 105).
141 Harvey 2000, a.a.O.: 12.
142 Wachtel 1990, a.a.O.: 106.
143 Ebd.
144 Wachtel 1990, a.a.O.: 108.
145 Jean Ziegler: Die neuen Herrscher der Welt, München: Goldmann 2003: 176, 213; Joseph Stiglitz: Die Schatten der Globalisierung, Berlin: Siedler 2002: 34.
146 Ziegler 2003, a.a.O.: 177.
147 Mattei/Nader 2008, a.a.O.: 56.

148 Stierli et al. 2015, a.a.O.: 6.
149 Michel Chossudovsky: Global brutal. Der entfesselte Welthandel, die Armut, der Krieg, Frankfurt/M: Zweitausendeins 2002: 321.
150 Henwood 1998, a.a.O.: 96.
151 Die Vorstandsvorsitzenden amerikanischer Großunternehmen hielten 1992 nur zwei Prozent aller Aktien amerikanischer Großunternehmen; 2002 waren es zwölf Prozent (Michael Woodiwiss: Gangster Capitalism. The United States and the Global Rise of Organized Crime, London: Constable & Robinson 2005: 103).
152 Polanyi Levitt 2013: 165f.
153 Zitiert in Krysmanski 2011: 123.
154 Ziegler 2003, a.a.O.: 37.
155 Friedman 1976, a.a.O.
156 Gray 1999, a.a.O.: 60-62.
157 https://de.statista.com/statistik/daten/studie/249719/umfrage/historische-staatsquoten-ausgewaehlter-laender-im-vergleich/; Zugriff am 1.4.2020.
158 Phillips 2002, a.a.O.: 149.
159 „82 of the 275 top U.S. corporations paid no taxes between 2001 and 2003, although they declared $102 billion in pre-tax profits." (Ronen Palan, Richard Murphy, Christian Chavagneux: Tax Havens. How Globalization Really Works, Ithaca/London: Cornell University Press 2010: 55).
160 Berger 2014, a.a.O.: 40.
161 Berger 2014, a.a.O.: 61.
162 Piketty 2014, a.a.O.: 46.
163 Christian Kreiß: Profitwahn, Marburg: Tectum Verlag 2013: 27.
164 *Der Tagesspiegel*, 23.7.2012: 1.
165 Polanyi Levitt 2013, a.a.O.: 184.
166 Phillips 2002, a.a.O.: 104.
167 0 bedeutet die absolute Gleichverteilung, 1 die Konzentration des gesamten Einkommens oder Vermögens in einer Person.
168 Brandmeir et al. 2016, a.a.O.: 121.
169 1997 entließ der Vorstandsvorsitzende von Kodak, George Fisher, 20 000 Menschen und erhielt dafür Aktien im Wert von 60 Millionen Dollar (Ziegler 2003, a.a.O.: 85).
170 Piketty 2014, a.a.O.: 44.

171 Siehe hierzu auch Baran/Sweezy 1973, a.a.O.: 24ff.
172 Berger 2014, a.a.O.: 83.
173 „Corporations had long-term planning horizons; strategies were designed to increase sales and market share; profits were generally reinvested; dividend payments were conservative; and shareholders of blue-chip stock considered it a long-term investment." (Polanyi Levitt 2013: 181)
174 Dicken 2003, a.a.O.: 198.
175 Dicken 2003, a.a.O.: 210.
176 Dicken 2003, a.a.O.: 227.
177 Dicken 2003, a.a.O.: 293.
178 William K. Carroll: Corporate Power in a Globalizing World, Don Mills: Oxford University Press 2010: 203.
179 Vitali et al. 2011, a.a.O.
180 Vitali et al. 2011, a.a.O.: 6.
181 Vitali et al. 2011, a.a.O.: 20.
182 Robin L. Lumsdaine, Daniel N. Rockmore, Nicholas Foti, Gregory Leibon, J. Doyne Farmer: The Intrafirm Complexity of Systematically Important Financial Institutions, Oxford: Institute for New Economic Thinking 2015: 11.
183 Dicken 2003, a.a.O.: 372f.
184 Lobo/Weiss 2018, a.a.O.: 187.
185 Der Konzernatlas 2017, Berlin: Heinrich-Böll-Stiftung 2017: 44.
186 Ebd.
187 Statista (https://de.statista.com/themen/51/wohnen/; Zugriff am 1.4.2020).
188 Berger 2014, a.a.O.: 66.
189 Charlotte Bartels/Carsten Schröder: „Die Bedeutung von Mieteinkommen und Immobilien für die Ungleichheit in Deutschland", *Wirtschaftsdienst*, 100. Jg., Nr. 10 (2020): 741-746.
190 Berger 2014, a.a.O.: 70.
191 Die Informationen sind auf Wikipedia in den Artikeln zu den Unternehmen nachzulesen.
192 Philipp Korom: Die Wirtschaftseliten Österreichs, Konstanz: UVK 2013: 230ff.
193 http://www.wald-prinz.de/waldbesitzer-wem-gehort-der-wald/665; Zugriff am 1.4.2020.
194 *Der Spiegel*, 28.12.2019: 76.

Finanzkapital

195 Karl Marx: Das Kapital, Band III, Berlin: Dietz 1962: 413-505. Hier beschreibt Marx sehr klar auch die Rolle der Staatsschulden und die Bildung von Aktiengesellschaften. Allerdings hält er das Geld für eine fiktive Größe, die er aus der Produktion ableitet, während ich darin ein kapitalistisches Herrschaftsmittel sehe, das innerhalb des kapitalistischen Systems eine vermutlich wichtigere Rolle einnimmt als die Produktion.

196 Paul Kirchhof: Deutschland im Schuldensog, München: C.H. Beck 2012: 19.

197 Die Zinszahlungen von Individuen und Körperschaften in Brasilien belaufen sich auf 15 Prozent des BSP, die Zinszahlungen des Staates auf etwa sieben Prozent (Ladislau Dowbar: A era do capital improdutivo, São Paulo: Autonomia Literaria 2017: 245).

198 Paul Windolf: „Eigentümer ohne Risiko. Die Dienstklasse des Finanzmarktkapitalismus", *Zeitschrift für Soziologie*, 37, 2008 (516-535).

199 *Financial Times* Deutschland, 1.7.2011, 4-5.

200 Eintrag „Liste der größten Banken der Welt" auf de.wikipedia.org; Zugriff am 1.4.2020.

201 Claudio Hamilton Matos dos Santos et al.: Estimativas do estoque de capital fixo da administração pública, 2000-2014, Brasília: IPEA 2015: 15, 23.

202 Dowbar 2017, a.a.O.: 106.

203 Berger 2014, a.a.O.: 107.

204 Berger 2014, a.a.O.: 120.

205 Berger 2014, a.a.O.: 109.

206 Jörg Huffschmid: Politische Ökonomie der Finanzmärkte, Hamburg: VSA 1999: 94.

207 Jan Fichtner, Eelke M. Heemskerk, Javier Garcia-Bernardo: „Hidden Power of the Big Three? Passive Index Funds, Re-concentration of Corporate Ownership, and New Financial Risk", in Business and Politics, Jg. 19, 2017 (298-326).

208 Siehe Gary Burn: The Re-Emergence of Global Finance, Basingstoke/New York: Palgrave 2006: 72.

209 Krysmanski 2011, a.a.O.: 184.

210 Berger 2014, a.a.O.: 111.

211 Huffschmid 1999, a.a.O.: 21.
212 Eine Methode ist das „short selling“: Fonds leihen sich von einer Bank überbewertete Aktien, verkaufen sie sofort, lösen einen Kurssturz aus und kaufen sie nach dem billig Kurssturz zurück, um sie schließlich der Bank zum ursprünglichen Preis zurückzugeben (Wolfgang Müller: Die großen Wirtschaftslügen. Raffgier mit System, München: Knaur 2009: 42.
213 Altvater, Mahnkopf 1999, a.a.O.: 190; Wolfgang Müller 2009, a.a.O.: 44.
214 Stiglitz 2002, a.a.O.: 12.
215 Branko Milanovic: Worlds Apart. Measuring International and Global Inequality, Princeton: Princeton University Press 2005: 149.
216 Eintrag „Weltbank“ auf de.wikipedia.org; Zugriff am 1.4.2020.
217 Ziegler 2003, a.a.O.: 177.
218 Stiglitz 2002, a.a.O.: 12, 59.
219 Ziegler 2003, a.a.O.: 212.
220 Mattei/Nader 2008, a.a.O.: 59.
221 Zum Folgenden siehe Ziegler 2003, a.a.O.: 186ff.
222 Chossudovsky 2002, a.a.O.: 59.
223 Atlas der Weltverwicklungen (hg. vom Welthaus Bielefeld), Wuppertal: Peter Hammer Verlag 2001: 177.
224 John Pilger: The New Rulers of the World, London/New York: Verso 2002: 2.
225 Palan et al. 2010, a.a.O.: 174.
226 Ziegler 2003, a.a.O.: 179.
227 Mattei/Nader 2008, a.a.O.: 36, 41.
228 Chossudovsky 2002, a.a.O.: 109f.
229 Chossudovsky 2002, a.a.O.: 119.
230 Chossudovsky 2002, a.a.O.: 127.
231 Chossudovsky 2002, a.a.O.: 161f.
232 Stiglitz 2002, a.a.O.: 58.
233 Zitiert nach Ziegler 2003, a.a.O.: 155.
234 Ziegler 2003, a.a.O.: 158.
235 Phillips 2002, a.a.O.: 231.
236 Mattei/Nader 2008, a.a.O.: 79.
237 Chossudovsky 2002, a.a.O.: 49.
238 Woodiwiss 2005, a.a.O.: 186.

239 Dowbar 2017, a.a.O.: 100ff.
240 Dowbar 2017, a.a.O.: 110.
241 Chossudovsky 2002, a.a.O.: 101.
242 Herwig M. und Patricia T. Langohr: The Rating Agencies and their Credit Ratings, Chichester: Wiley 2008: 14.
243 Lawrence J. White: The Credit Rating Industry. An Industial Organization Analysis, Paper presented at the Conference Rating Agencies in the Global Financial System 2001: 6.
244 Langohr 2008, a.a.O.: 23.
245 Robert J. Rhee: „Why Credit Rating Agencies Exist", Siena: Economic Notes by Banca Monte dei Paschi, Jg. 44, 2015 (161-175): 163.
246 White 2001: 29.
247 White 2001, a.a.O.: 13.
248 Elliot Blair Smith: „Bringing Down Wall Street as Ratings Let Loose Subprime Scourge", Bloomberg, 24.9.2008.
249 Statista (https://de.statista.com/statistik/daten/studie/445537/umfrage/umsatz-der-groessten-pruefungs-und-beratungsunternehmen-weltweit-nach-region/); Zugriff 1.4.2020.
250 Susan Strange: The Retreat of the State, Cambridge: Cambridge University Press 1996: 136.
251 Strange 1996, a.a.O.: 138 (auch zum Folgenden).
252 Strange 1996, a.a.O.: 140.
253 Müller 2009, a.a.O.: 90.
254 Strange 1996, a.a.O.: 140.
255 Müller 2009, a.a.O.: 90.
256 *The Guardian*, 1.6.2005.
257 Woodiwiss 2005, a.a.O.: 102f.

Politik

258 Nicos Poulantzas: Pouvoir politique et classes sociales I, Paris: Maspero 1972: 46.
259 Colin Crouch: Postdemokratie, Frankfurt/M: Suhrkamp 2000.
260 Jean-Claude Juncker in *Der Spiegel*, 27.12.1999.
261 Vgl. hierzu Michael Vester, Peter von Oertzen, Heiko Geiling, Thomas Hermann, Dagmar Müller: Soziale Milieus im gesellschaftlichen Strukturwandel, Frankfurt/M: Suhrkamp 2001: 14ff, 34ff, 68.

262 G. William Domhoff: Who Rules America Now? New York: Simon & Schuster 1983: 127. Zwischen 1789 und 1861 waren 98 Prozent der amerikanischen Kabinettsmitglieder Angehörige der ökonomischen Oberklasse, und noch zwischen 1897 und 1972 waren 78 Prozent der Kabinettsmitglieder Geschäftsleute und 60 Prozent Mitglieder der reichsten ökonomischen Klasse (ebd.: 142).
263 Domhoff 1983, a.a.O.: 138.
264 Domhoff 1983, a.a.O.: 140.
265 Domhoff 1983, a.a.O.: 189.
266 Chossudovsky 2002, a.a.O.: 396.
267 Ziegler 2003, a.a.O.: 40.
268 Ziegler 2003, a.a.O.: 90.
269 Die enge Verstrickung zwischen Enron und der Regierung führte zu einem Skandal, der oben im Abschnitt über Buchhaltung kurz skizziert wurde.
270 Chossudovsky 2002, a.a.O.: 309.
271 Tabb 2006, a.a.O.
272 Berger 2014, a.a.O.: 163.
273 *Handelsblatt*, 3.6.2020.
274 James G. McGann/Richard Sabatini: Global Think Tanks, Abingdon/New York: Routledge 2011: 55
275 James G. McGann: Think Tanks and Policy Advice in the United States, Oxon/New York: Routledge 2007: 98.
276 McGann/Sabatini 2011, a.a.O.: 2.
277 McGann/Sabatini 2011, a.a.O.: 4.
278 McGann 2007, a.a.O.: 46.
279 Domhoff 1983, a.a.O.: 133. Siehe hierzu auch den vorangehenden Abschnitt.
280 Domhoff 1983, a.a.O.: 86.
281 https://lobbypedia.de/wiki/Stiftung_Wissenschaft_und_Politik; Zugriff 1.4.2020.
282 Odendahl 1990, a.a.O.: 26.
283 Odendahl 1990, a.a.O.: 215.
284 Odendahl 1990, a.a.O.

285 Ruben Rosenberg Coloni: „Bill Gates, Big Pharma, Bogus Philanthropy", https://static.mediapart.fr/files/2017/12/31/20130613-newsjunkiepost-b-bill-gates-big-pharma-bogus-philanthropy.pdf; Zugriff 1.4.2020.
286 Odendahl 1990, a.a.O.: 137.
287 Frank 2007, a.a.O.: 162.
288 Rudolf Speth: „Stiftungen und Think Tanks", Dagmar Simon, Andreas Knie, Stefan Hornbostel (Hg.): Handbuch Wissenschaftspolitik, Wiesbaden: VS Verlag 2010 (390-405): 392.
289 Domhoff 1983, a.a.O.: 92.
290 Krysmanski 2011, a.a.O.: 69.
291 Domhoff 1983, a.a.O.: 100.
292 Domhoff 1983, a.a.O.: 103.
293 Korom 2013, a.a.O.: 184.
294 Joachim Doppstadt, Claus Koss, Stefan Toepler: Vermögen von Stiftungen. Bewertung in Deutschland und den USA, Gütersloh: Verlag Bertelsmann Stiftung 2002: 96.
295 Ziegler 2003, a.a.O.: 170.
296 Krysmanski 2011, a.a.O.: 46.
297 Lobo/Weiss 2018, a.a.O.: 46.
298 Ulrich Viehöver: Die Einflussreichen, Frankfurt/M: Campus 2006: 180.
299 Thomas Schuler: Bertelsmannrepublik Deutschland, Frankfurt/New York: Campus 2010: 19.
300 Schuler 2010, a.a.O.: 99.
301 Schuler 2010, a.a.O.: 221.
302 Schuler 2010, a.a.O.: 223.
303 Zum gesamten Absatz siehe Viehöver 2006, a.a.O.: 178.
304 Viehöver 2006, a.a.O.: 182.
305 Schuler 2010, a.a.O.: 127.
306 Schuler 2010, a.a.O.: 180ff.
307 Schuler 2010, a.a.O.: 197.
308 Schuler 2010, a.a.O.: 192.
309 Schuler 2010, a.a.O.: 194.
310 Schuler 2010, a.a.O.: 246.
311 Schuler 2010, a.a.O.: 67.
312 Schuler 2010: a.a.O.: 68.
313 Schuler 2010, a.a.O.: 58.

314 Viehöver 2006, a.a.O.: 182.
315 Viehöver 2006, a.a.O.: 181.
316 Viehöver 2006, a.a.O.: 183.
317 Viehöver 2006, a.a.O.: 186.
318 Viehöver 2006, a.a.O.: 187.
319 Viehöver 2006, a.a.O.: 185.
320 „Lauf Mädchen lauf", *Handelsblatt*, 30.3.2020. „Über den Klee", *Der Spiegel*, 20.8.2016.
321 Schuler 2010, a.a.O.: 104.
322 Schuler 2010, a.a.O.: 106.
323 Schuler 2010, a.a.O.: 108.
324 Tabb 2006, a.a.O.
325 Tabb 2006, a.a.O.
326 George R. Tyler: Billionaire Democracy. The Hijacking of the American Political System, Dallas: BenBella Books 2018: 68.
327 Lobo/Weiss 2018, a.a.O.: 27.
328 Jane Mayer: Dark Money, Melbourne/London: Scribe 2018: 204f.
329 Tyler 2018, a.a.O.: 68.
330 Tyler 2018, a.a.O.: 74.
331 Mayer 2018, a.a.O.
332 Tyler 2018, a.a.O.: 115.
333 Tyler 2018: 104; auch zum folgenden Satz.
334 Tabb 2006, a.a.O.
335 Rummel 1994, a.a.O.
336 Eric Hobsbawm: The Age of Extremes. A History of the World, 1914–1991, New York: Vintage Books 1996: 12.
337 Mattei/Nader 2008, a.a.O.: 114.
338 Thomas Friedman im *New Statesman*, 26.11.2001.
339 Chossudovsky 2002: 401.
340 Pilger 2002, a.a.O.: 130.
341 Chossudovsky 2002, a.a.O.: 379.
342 Chossudovsky 2002, a.a.O.: 385.
343 Alfred McCoy: The Politics of Heroin. CIA Complicity in the Global Drug Trade, New York: Lawrence Hill Books 2003; siehe auch Gary Webb: Dark Alliance, New York: Seven Stories Press 1998; Webb musste für seine Enthüllungen mit dem Leben bezahlen.

344 Chossudovsky 2002, a.a.O.: 363.
345 Woodiwiss 2005, a.a.O.: 159; auch zum folgenden Satz.
346 Neuberger/Opperskalski 1983, a.a.O.: 117.
347 Woodiwiss 2005, a.a.O.: 124f.
348 Neuberger/Opperskalski 1983, a.a.O.: 130.
349 Woodiwiss 2005, a.a.O.: 132; auch zum folgenden Satz.
350 Neuberger/Opperskalski 1983, a.a.O.: 152.
351 Adrian Vickers: A History of Modern Indonesia, Cambridge: Cambridge University Press 2005: 158.
352 Woodiwiss 2005, a.a.O.: 169ff.
353 Woodiwiss 2005, a.a.O.: 175.
354 Steve Sweeny: „After Bolivia, Elon Musk says capitalists can overthrow any government they want", *People's World*, 27.7.2020.
355 Woodiwiss 2005, a.a.O.: 199.
356 *The Guardian*, 8.5.1992, zitiert nach Pilger 2002, a.a.O.: 67.
357 Pilger 2002, a.a.O.: 46.
358 Zu diesem Absatz siehe Mattei/Nader 2008, a.a.O.: 118.
359 Niklas Luhmann: Soziologische Aufklärung, Band 2, Opladen: Westdeutscher Verlag 1975: 51-71.
360 Boike Rehbein/Hermann Schwengel: Theorien der Globalisierung, Konstanz: UTB 2008: 11, 130.
361 Immanuel Wallerstein: Das moderne Weltsystem I, Frankfurt/M: Syndikat. (Die amerikanische Erstausgabe erschien 1974.)
362 Siehe beispielsweise Marx-Engels-Werke, Band 40, Berlin: Dietz 1985: 477ff.

Recht

363 Michel Foucault: Überwachen und Strafen, a.a.O.; Foucault: Geschichte der Gouvernementalität, Frankfurt/M: Suhrkamp 2004 (zwei Bände).
364 Foucault 1976, a.a.O.: 355ff.
365 Mattei/Nader 2008, a.a.O.: 14.
366 Arendt 1967, a.a.O.: 76.
367 Mattei/Nader 2008, a.a.O.: 147.
368 Mattei/Nader 2008, a.a.O.: 140f.
369 Mattei/Nader 2008, a.a.O.: 77, 141.
370 Woodiwiss 2005, a.a.O.: 41

371 Ebd.
372 Dowbar 2017, a.a.O.: 88.
373 Lobo/Weiss 2018, a.a.O.: 91.
374 Lobo/Weiss 2018, a.a.O.: 87.
375 *Handelsblatt*, 10.4.2019; *Süddeutsche Zeitung*, 23.12.2015.
376 Alle Informationen in diesem Absatz stammen aus *Der Spiegel*, 26.1.2019: 15, 20.
377 Zu diesem Absatz siehe *Der Spiegel*, 8.2.2020: 29ff.
378 Wolfgang Müller 2009, a.a.O.: 89.
379 *Der Spiegel*, 8.6.2020 (https://www.spiegel.de/wirtschaft/blackrock-behaelt-umstrittenen-beratungsauftrag-der-eu-kommission-a-2844884c-5016-41dc-b24d-fca2e3a53764; Zugriff 28.5.2021).
380 *Der Spiegel*, 26.1.2019: 15.
381 *Der Spiegel*, 26.1.2019: 20.
382 Mattei/Nader 2008, a.a.O.: 67.
383 Mattei/Nader 2008, a.a.O.: 72ff., 153.
384 Woodiwiss 2005, a.a.O.: 35.
385 *Time*, 5.7.2012.
386 *The Guardian*, 16.9.16. Die Deutsche Bank wird ständig wegen Gesetzesbruchs verurteilt, wie Lobo und Weiss (2018: 230) auflisten: 2009 in den USA wegen irreführender Angaben gegenüber Investoren, 2010 in den USA wegen Mithilfe zur Steuerhinterziehung, 2011 wurde in den USA eine Klage wegen missbräuchlichen Verkaufs von Krediten gegen eine Zahlung von 1,3 Milliarden Dollar eingestellt. 2013 wurde die Deutsche Bank von der EU-Kommission wegen unerlaubter Beeinflussung der Leitzinsen verurteilt. 2014 erklärte sich die Bank bereit, die Mediengruppe Kirch zu entschädigen, weil sie mitverantwortlich für deren Konkurs sei.
387 Elizabeth Warren: „One Way to Rebuild our Institutions“, *New York Times*, 29.1.16.
388 Woodiwiss 2005, a.a.O.: 34.
389 Ziegler 2003, a.a.O.: 93.
390 Zitiert nach Ziegler 2003, a.a.O.: 142.
391 Woodiwiss 2005, a.a.O.: 48f.
392 Woodiwiss 2005, a.a.O.: 49.
393 Ziegler 2003: 118.

394 George Soros in der *Financial Times*, 8.12.1998.
395 Vgl. hierzu den Aufsatz von Thomas Heberer über China und Vietnam: „Korruption als globales Phänomen und seine Ausprägungen in Ostasien", Duisburg: Institute for East Asian Studies, Project Discussion Paper No. 9, 2001.
396 Zu diesem Absatz siehe Woodiwiss 2005, a.a.O.: 51f.
397 Siehe Artikel „Savings and Loan Crisis", en.wikipedia.org; Zugriff 28.5.2021.
398 „Der große Cum-Ex-Skandal", *Frankfurter Allgemeine Sonntagszeitung*, 22.3.2020.
399 „Massives Organisationsversagen im Finanzministerium", Deutschlandfunk, 19.10.2018.
400 „Der große Cum-Ex-Skandal", *Frankfurter Allgemeine Sonntagszeitung*, 22.3.2020.
401 Woodiwiss 2005, a.a.O.: 30.
402 Woodiwiss 2005, a.a.O.: 71.
403 Lobo/Weiss 2018, a.a.O.: 133.
404 Lobo/Weiss 2018, a.a.O.: 127.
405 „Der britische Bobby wird zum Auslaufmodell", *Die Welt*, 22.3.2012.

Medien, Bildung und Wissenschaft

406 Dieser Begriff des Diskurses stammt von Michel Foucault. Siehe dazu Gilles Deleuze: Foucault, Frankfurt/M: Suhrkamp 1992: 70ff.
407 Edward Bernays: Propaganda – Die Kunst der Public Relations, Freiburg: Orange Press 2007: 95.
408 Bernays 2007, a.a.O.: 92.
409 Robert M. Entman: „Framing: Toward Clarification of a Fractured Paradigm", Journal of Communication, Jg. 43, 1993 (51-58): 52.
410 Lance W. Bennett: „Toward a Theory of Press-State Relations in the United States", Journal of Communication, Jg. 40, 1990 (103-125).
411 Bennett 1990, a.a.O.: 116.
412 Uwe Krüger: Meinungsmacht. Der Einfluss von Eliten auf Leitmedien und Alpha-Journalisten – eine kritische Netzwerkanalyse, Köln: Herbert von Halem Verlag 2013: 23.
413 Krüger 2013, a.a.O.: 149.
414 Krüger 2013, a.a.O.: 220.

415 Krüger 2013, a.a.O.: 253.
416 Zu diesem Beispiel siehe Krüger 2013, a.a.O.: 21.
417 Edward S. Herman/Noam Chomsky: Manufacturing Consent. The Political Economy of the Mass Media, New York: Pantheon Books 1988: 20.
418 Herman/Chomsky 1988, a.a.O.: 23.
419 Bernays 2007, a.a.O.: 83.
420 Herman/Chomsky 1988, a.a.O.
421 Felix Stalder: Kultur der Digitalität, Frankfurt/M: Suhrkamp 2016: 206.
422 Bernays 2007, a.a.O.: 40.
423 Vgl. Lutz Hachmeister/Günther Rager: Wer beherrscht die Medien? Die 50 größten Medienkonzerne der Welt, München: Beck 2005.
424 Herman/Chomsky 1988, a.a.O.: 12.
425 Hachmeister/Rager 2005, a.a.O.
426 Vgl. Hachmeister/Rager 2005, a.a.O.
427 Günter Neuberger/Michael Opperskalski: CIA in Westeuropa, Bornheim: Lamuv 1982: 216.
428 Neuberger/Opperskalski 1982, a.a.O.: 63.
429 Neuberger/Opperskalski 1982, a.a.O.: 68.
430 Albrecht Müller: Meinungsmache, München: Droemer 2009: 127ff.
431 George A. Donohue, George A., Phillip J. Tichenor, Clarice N. Olien (1995): „A Guard Dog Perspective on the Role of Media", Journal of Communication, Jg. 45, 1995, (115-131): 119.
432 Krysmanski 2011, a.a.O.: 61.
433 Odendahl 1990, a.a.O.: 16.
434 Carroll 2010, a.a.O.: 212.
435 Domhoff 1983, a.a.O.: 98.
436 „Klar, dass nicht zu fairen Arbeitsbedingungen geforscht wird", *Der Spiegel*, 21.12.2018.
437 *The Guardian*, 2.2.2007.
438 Phillips 2002, a.a.O.: 244ff.
439 „Hochschulen: Drittmittel immer bedeutender", *Deutsches Ärzteblatt*, 109/49: 91.
440 Zu diesem Absatz siehe Speth et al. 2010, a.a.O.: 398.
441 Schuler 2010, a.a.O.: 148.
442 Schuler 2010, a.a.O.: 161.
443 Ebd.

444 Schuler 2010, a.a.O.: 168.
445 Dowbar 2017, a.a.O.: 123.
446 Markus Balser/Uwe Ritzer: Lobbykratie, München: Droemer Knaur 2016: 268.
447 Balser/Ritzer 2016, a.a.O.: 251f.
448 Balser/Ritzer 2016, a.a.O.: 256.
449 Eva Matthes: „Bildungsmedien online. Über kostenloses Unterrichtsmaterial im Internet", *tv diskurs/Verantwortung in audiovisuellen Medien*, 18/2014: 58-61.
450 „Kinder mit Angst vor Arbeitslosigkeit", *Frankfurter Allgemeine Zeitung*, 8.2.2012.
451 Frank W. Stahnisch/Marja Verhoef: „The Flexner Report of 1910 and Its Impact on Complementary and Alternative Medicine and Psychiatry in North America in the 20th Century", *Evidence-Based Complementary and Alternative Medicine*, 2012 (doi:10.1155/2012/647896).
452 Stahnisch/Verhoef 2012, a.a.O.
453 Peter C. Gøtzsche: Tödliche Medizin und organisierte Kriminalität, München: riva 2015: 133-151.
454 Matthias Thöns: Patient ohne Verfügung. Das Geschäft mit dem Lebensende, München: Piper 2018: 140.
455 Thöns 2018, a.a.O.: 136-139.
456 *The Guardian*, 7.12.2003.
457 Markus Pohlmann: „Medical Ghostwriting, Wissenschaftsbetrug und das ‚Ghost Marketing' der pharmazeutischen Industrie", HEIGOS Blog, https://heigos.hypotheses.org/12365 (Zugriff 26.7.2020).
458 David I. Healy: „Conflicting interests in Toronto: Anatomy of a controversy at the interface of academia and industry", *Perspectives in biology and medicine*, 45.2 (2002): 250-263. Siehe auch Gøtzsche 2015, a.a.O.: 95ff.
459 Lobo/Weiss 2018, a.a.O.: 168f.
460 Thöns 2018, a.a.O.: 207.
461 Thöns 2018, a.a.O.: 215.
462 Thöns 2018, a.a.O.: 15.
463 Thöns 2018, a.a.O.: 65.
464 Thöns 2018, a.a.O.: 54.
465 Thöns 2018, a.a.O.: 173-176.
466 Thöns 2018, a.a.O.: 71.

467 Thöns 2018, a.a.O.: 223. Siehe auch Götzsche 2015, a.a.O.: 154.
468 Thöns 2018, a.a.O.: 239.
469 *Handelsblatt*, 12.5.2019.
470 Thöns 2018, a.a.O.: 239.
471 Lobo/Weiss 2018, a.a.O.: 155.
472 So führt Thöns (2018, a.a.O.: 243) einen Fall an, in dem 3500 Ärzte verdächtigt wurden, von Ratiopharm bestochen worden zu sein.
473 *Le Monde*, 21.5.2016: 8.
474 *Der Spiegel*, 17.7.2019; siehe auch Kris Newby: Bitten. The Secret History of Lyme Disease and Biological Weapons, New York: Harper Collins 2019.
475 Auf Grundlage von Empfehlungen der WHO konnte Roche mit Tamiflu einen großen Gewinn erzielen, obwohl seine Wirksamkeit angezweifelt wurde (Lobo/Weiss 2018, a.a.O.: 288.
476 Jens Martens: „Private Akteure und Partnerschaftsinitiativen in der internationalen Politik", Armutsminderung durch den Privatsektor? Analysen, Berichte, Kontroversen, Wien: Österreichische Forschungsstiftung für Entwicklungshilfe (ÖFSE) 2004: 43-54.
477 *Der Spiegel*, 30.5.2020: 86-91.

Die herrschende Klasse

478 Keller 1963, a.a.O.
479 Viehöver 2006, a.a.O.
480 Lauterbach et al. 2011, a.a.O.
481 https://www.vermoegenmagazin.de/vermoegen-familie-rothschild/; Zugriff 1.4.2020; „Reich, reicher, Vajiralongkorn", *Der Tagesspiegel*, 19.6.2018.
482 Thomas Druyen: Goldkinder. Die Welt des Vermögens, Hamburg: Murmann Verlag 2007: 20.
483 Lauterbach et al. 2011, a.a.O.: 39.
484 *Manager Magazin*, 2.10.2020.
485 Hierbei handelt es sich um öffentlich zugängliche Informationen, die man auf einer Plattform wie Wikipedia nachprüfen kann.
486 Siehe Fußnote 442.
487 *Le Monde*, 21.5.2016, zitiert bei Tyler 2018, a.a.O.: 77.
488 Irvin 2008, a.a.O.: 13f.
489 Korom 2013, a.a.O.: 169.

490 Korom 2013, a.a.O.: 184.
491 Gloria von Thurn und Taxis: Die Fürstin – Im Gespräch mit Peter Seewald, München: Diana Verlag 2004: 43.
492 Thurn und Taxis 2004, a.a.O.: 11f.
493 Thurn und Taxis 2004, a.a.O.: 29.
494 Zu diesem Absatz siehe Diana Maria Friz: Bertha Krupp und ihre Kinder, München: dtv 2011.
495 Zu diesem Absatz siehe Viehöver 2006, a.a.O.: 91-99.
496 Viehöver 2006, a.a.O.: 103f.
497 Viehöver 2006, a.a.O.: 106.
498 Viehöver 2006, a.a.O.: 117.
499 Viehöver 2006, a.a.O.: 125.
500 Viehöver 2006, a.a.O.: 136.
501 Viehöver 2006, a.a.O.: 131.
502 Viehöver 2006, a.a.O.: 253.
503 Viehöver 2006, a.a.O.: 257.
504 Viehöver 2006, a.a.O.: 246.
505 Viehöver 2006, a.a.O.: 236.
506 Gustavus Myers: Die großen amerikanischen Vermögen, Frankfurt/M: S. Fischer 1916: 25.
507 Myers 1916, a.a.O.: 24.
508 Myers 1916, a.a.O.: 42.
509 Myers 1916, a.a.O.: 23.
510 Myers 1916, a.a.O.: 199.
511 Myers 1916, a.a.O.: 202.
512 Myers 1916, a.a.O.: 203.
513 Hierzu und zum folgenden Satz Myers 1916, a.a.O.: 212ff.
514 Myers 1916, a.a.O.: 97f.
515 Myers 1916, a.a.O.: 134ff.
516 Phillips 2002, a.a.O.: 22.
517 Phillips 2002, a.a.O.: 43.
518 Myers 1906, a.a.O.: 266.
519 Myers 1906, a.a.O.: 324.
520 Myers 1906, a.a.O.: 328.
521 Myers 1906, a.a.O.: 535.
522 Myers 1906, a.a.O.: 493.

523 Phillips 2002, a.a.O.: 69.
524 Ferdinand Lundberg: The Rich and the Super-rich, New York: Lyle Stuart 1968.
525 Domhoff 1983, a.a.O.: 36.
526 Domhoff 1983, a.a.O.: 24.
527 Domhoff 1983, a.a.O.: 37.
528 Domhoff 1983, a.a.O.: 40.
529 Domhoff 1983, a.a.O.: 44.
530 Pierre Bourdieu: Der Staatsadel, Konstanz: UVK 1989: 389.
531 Bourdieu 1989, a.a.O.: 396.
532 Rehbein et al. 2015, a.a.O.: 63.
533 Berger 2014, a.a.O.: 133.
534 Lauterbach et al. 2015, a.a.O.: 160ff.
535 Nelson W. Aldrich: Old Money. The Mythology of America's Upper Class, New York: Alfred A. Knopf 1988.
536 Vgl. V. M. Ronsini: „ ‚Many People Are Just Dreamers': Telenovelas and the Ideology of Meritocracy", *Television & New Media*, 15/6, 2014: 551-561.
537 Zu diesem Absatz siehe Katja Rangsivek: Trakun, Politics and the Thai State, Universität Kopenhagen: unveröffentlichte Dissertation 2013.
538 Chantavanich et al. 2020, a.a.O.
539 Berger 2014, a.a.O.: 149.
540 *International Herald Tribune*, 19.11.2012.
541 Lobo/Weiss 2018, a.a.O.: 96, 101, 115.
542 Lobo/Weiss 2018, a.a.O.: 254.
543 Lobo/Weiss 2018, a.a.O.: 117.
544 Tyler 2018, a.a.O.: 105.
545 Annette Alstadsaeter et al. 2018, a.a.O.
546 James S. Henry in BBC News, 21.7.2012.
547 Alstadsaeter et al. 2018, a.a.O.: 90.
548 Alstadsaeter et al. 2018, a.a.O.: 91.
549 Woodiwiss 2005, a.a.O.: 189.
550 Bastian Obermayer/Frederik Obermaier: Panama Papers. Geschichte einer weltweiten Enthüllung, Köln: Kiepenheuer&Witsch 2016 (4. Auflage). Die Informationen der folgenden zwei Absätze stammen aus diesem Buch.

551 Die HSH Nordbank wurde inzwischen auch im Zusammenhang mit der Finanzkrise wegen Betrugs verurteilt – wie fast jede andere Bank; typisch ist auch, dass die verantwortlichen Manager insgesamt lediglich 4,85 Millionen Euro Strafe zahlen mussten und von Freiheitsstrafen verschont blieben (*Manager Magazin*, 6.6.2019).

552 *Der Spiegel*, 23.5.2020: 72-75.

Register

Adenauer, Konrad 182
Aldrich, Nelson W. 187
Allende, Salvador 134
Annan, Kofi 170
Arbenz Guzmán, Jacobo 133
Arendt, Hannah 57, 142
Assange, Julian 161
Astor, John Jakob 28, 184
Astor, William 184

Bairoch, Paul 212
Baker, James 121
Balser, Markus 165
Baran, Paul 54
Barnett, Thomas 88
Barnevik, Percy 149
Barone, Guglielmo 179
Battiston, Stefano 93
Beckenbauer, Franz 63
Bennett, Lance 154
Berger, Roland 162
Berlusconi, Silvio 159
Bernays, Edward 156
Bertelsmann, Carl 127
Bertelsmann, Friederike 127
Bezos, Jeff 80
Bierhoff, Oliver 62, 63
Bingham, William 28
Boleyn, Anne 25
Bomhard, Nikolaus von 164
Bourdieu, Pierre 65, 68
Brand, Ulrich 34
Braudel, Fernand 9, 45, 209, 210
Brok, Elmar 129
Brzezinski, Zbigniew 125
Bush 121
Bush, George W. 121, 130, 135, 190
Bush, Prescott 121

Carlucci, Frank 121
Carnegie, Andrew 167
Charles III., Fürst von Monac0 191
Cheney, Dick 121
Chomsky, Noam 156
Clinton, William (Bill) 87, 133
Cullen, Hugh Roy 162
Cutler, Robert 134

Derby, Elias H. 61
Dillon, Douglas 120
Drake, Francis 20
Drew, Daniel 145
Duer, William 28
Dulles, Allen W. 133
Dulles, John Foster 133

Earl of Essex 20
Eiff, Wilfried von 128
Elizabeth I. von England 23
Evans, Donald L. 121

Fernández-Armesto, Felipe 20
Fischer, Andrea 128
Flexner, Abraham 167
Ford, Henry 150
Foucault 212
Foucault, Michel 142
Fratzscher, Marcel 123
Freudenberg, Richard 182
Freudenberg, Wolfram 182
Friedman, Milton 216
Friedman, Thomas 132

Galilei, Galileo 29, 213
Gates, William (Bill) 80, 121, 124, 170, 171, 177

Girard, Stephen 28
Glattfelder, James B. 93
Glotz, Peter 129
Gore, Al 130
Gray, John 89

Hamilton, Alexander 28, 29
Hartz, Peter 129
Hearst 150
Hearst, William Randolph 150
Heinrich VIII. von England 25
Herman, Edward 156
Herzog, Roman 128
Hobbes, Thomas 37, 38, 39, 66, 142
Hopp, Dietmar 179
Hussein, Saddam 135

Jinpeng, Xi 170
Jinping, Xi 192
Jodhka, Surinder 67

Kahl, Joseph A. 75
Kennedy, John F. 120
Kepler, Johannes 29
Kim Jong-Un 120
Kissinger, Henry 124, 125
Klatten, Susanne 164
Kolumbus, Christoph 20, 183
Krüger, Uwe 155
Krupp, Berta 181

Lahnstein, Manfred 129
Lamont, Thomas 84
Leyen, Ursula von der 147
Lobo, Klaus-Werner 169, 190
Locke, John 142
Luhmann, Niklas 136
Lundberg, Ferdinand 84, 185

Marx 215
Marx, Karl 14, 31, 32, 48, 61, 99, 137, 209, 211, 212, 213, 221
Maschmeyer, Carsten 122
Matthes, Eva 166
Mayer, Jane 130
McClone, John 134
McCormick, Harold 150
McNamara, Robert 120
Medici, Cosimo de‘ 18
Meffert, Heribert 126
Merkel, Angela 129
Merz, Friedrich 122
Metzger, Oswald 129
Mignolo, Walter 20
Mocetti, Sauro 179
Mohn, Brigitte 128
Mohn, Johannes 127
Mohn, Liz 128
Mohn, Reinhard 126, 128, 164
Morgan, John Pierpont 84, 185
Morris, Robert 28
Müller, Albrecht 160
Müller, Wolfgang 147
Musk, Elon 135
Myers, Gustavus 183

Neuberger, Günter 133
Newman, Catherine 67
Noot, Jan 181

Obermaier, Frederik 192
Obermayer, Bastian 192
Odendahl, Theresa 124
Oetker, Arend 123
Oppenheimer, Salomon 182
Opperskalski, Michael 133

Perthes, Volker 124
Pinera, Sebastian 120
Pinkwart, Andreas 164
Pinochet, Augusto 134
Plattner, Hasso 179
Pöhl, Karl Otto 182
Polanyi, Karl 209

Polo, Marco 18
Preston, Lewis 121
Profit, Stefan 129
Putin, Vladimir 120, 170

Quandt, Stefan 164

Reagan, Ronald 89, 122
Reithofer, Norbert 164
Restall, Matthew 20
Ricardo, David 31
Rice, Condoleezza 121
Riester, Walter 122, 129
Ritter, Klaus 124
Ritzer, Uwe 165
Rockefeller 56, 61, 120
Rockefeller, John D. 123, 126, 167, 185
Roosevelt, Franklin D. 87
Rostow, Walt 125
Rousseau, Jean-Jacques 38, 39
Rürup, Bert 122
Rusk, Dean 120
Ryan, Leo 134

Sauer, Joachim 129
Schily, Otto 128, 129
Schröder, Gerhard 122, 128, 129
Schuler 128
Schuler, Thomas 127, 128
Sese Seku, Mobutu 134
Sharif, Nawaz 192
Shinawatra, Thaksin 159
Siegerts, Theo 181
Smith, Adam 13, 14, 19, 31, 32, 33, 38, 39, 55, 209
Snowden, Edward 161
Sommer, Theo 155
Soros, George 123
Springer, Axel 159
Steinbrück, Peer 162
Suder, Katrin 147
Suharto, Haji Mohamed 134
Süssmuth, Rita 128
Sutherland, Peter 121
Sweezy, Paul 54

Tabb 224
Tabb, William 131
Thatcher 36
Thatcher, Margaret 89
Thöns, Matthias 168
Trump, Donald 170

Vanderbilt, Cornelius 145, 185
Vanderbilt, William 185
Viehöver 175, 232
Viehöver, Ulrich 129, 181, 182
Vitali, Stefania 93

Wallerstein, Immanuel 136, 139
Washington, George 183
Weber, Max 13, 14, 213
Weidenfeld, Werner 129
Weiss, Hans 169, 190
Whitacre, Mark 149
Whitney, John Hay 160
Winnacker, Ernst-Ludwig 164
Wissen, Markus 34
Wolfensohn, James 121
Wolfgang Müller 222
Woodiwiss 222, 229
Woodiwiss, Michael 150
Wulff, Christian 165

Zetsche, Dieter 164
Zuckerberg, Mark 80
Zypries, Brigitte 128